本书编委会

主　编：张　磊
编　委：张君敏　欧阳伟华
　　　　欧慧谋

韩山师范学院学术文库丛书

韩山师范学院出版基金资助

An Introduction to
the Mathematics Teaching skills

数学教学技能导论

张 磊 ◎ 编著

暨南大学出版社
JINAN UNIVERSITY PRESS

中国·广州

图书在版编目（CIP）数据

数学教学技能导论／张磊编著. —广州：暨南大学出版社，2015.7
ISBN 978 - 7 - 5668 - 1497 - 5

I. ①数… II. ①张… III. ①数学课—教学研究—中小学 IV. ①G633. 602

中国版本图书馆 CIP 数据核字（2015）第 142331 号

出版发行：暨南大学出版社

地　址：中国广州暨南大学
电　话：总编室（8620）85221601
　　　　营销部（8620）85225284　85228291　85228292（邮购）
传　真：（8620）85221583（办公室）　85223774（营销部）
邮　编：510630
网　址：http：//www. jnupress. com　http：//press. jnu. edu. cn

排　版：广州联图广告有限公司
印　刷：佛山市浩文彩色印刷有限公司

开　本：787mm×1092mm　1/16
印　张：17. 25
字　数：318 千
版　次：2015 年 7 月第 1 版
印　次：2015 年 7 月第 1 次

定　价：39. 80 元

前　言

课堂教学技能是指运用专业知识，哲学、教育学、心理学的有关知识以及教学经验，执行课堂教学的教学行为，也可以理解为在课堂教学中采用与教师特定的意图有关系的意图性行为，它包括动作技能和心智技能，其中占主要方面的是复杂的心智技能。培养教师驾驭课堂的教学技能，是增强教师教学实践能力的前提和基础。教学技能不会在学习教学理论过程中自发习得，它必须在学习现代教学理论的基础上，通过反复训练才能形成。

每一项课堂教学技能都有明确的含义和功能，是能够表现和被观察到的，是能够被广大教师所驾驭的，是能够适应各科教学规律的，是能够促使教师与学生和谐互动的，也是能够进行定性与定量相结合的评价的。

对课堂教学技能进行系统、科学的分类，便于我们明确每一项技能的训练目的，为我们提供示范，便于我们进行客观评价。目前，世界各国的师范教育工作者对教学技能的分类存在着很大的差异。不同的分类角度和文化背景影响了分类的一致性。北京教育学院"微格教学"课题组结合我国教学情境，设定了导入技能、提问技能、讲解技能、教学语言技能、变化技能、强化技能、演示技能、板书技能和结束技能9项课堂教学技能。

众所周知，京剧演员必须具备唱、念、做、打等基本功，他们在戏台上的一招一式，都是经过长期苦练而成。京剧在严格训练的基础上形成一定的程式并发展成各种流派的表演艺术。因此，每一位教师和师范生都要纠正在学科教学法的学习中重宏观轻微观的倾向。每项教学技能，都不是细枝末节，教师不仅要十分精细地理解其丰富的内涵和多变的类型，还须接受专门训练，并聚精会神地去做，如此才能掌握。

为此，本书以教育心理学、教育学、数学课程论和数学教学论的理论知识为研究基础，主要阐述了如何有效运用数学课堂教学实践技能，提高数学课堂教学质量。全书共讨论了11种数学课堂教学技能——导入技能、语言技能、板书技能、演示技能、提问技能、说课技能、说题技能、讲解技能、强化技能、变化技能、结束技能的有效性运用。在各个教学技能的论述中，作者紧密联系当前基础教育数学课程改革的现状，选择了丰富的典型教学案例，并结合技能运用的要点对每个案例予以点评，以帮助执教者更有效地运用数学课堂教学的各项技能，进而实现高效的数学课堂教学目标。本书的编写特点如下：

（1）数学课堂教学技能设置更加全面。不仅包括数学课堂教学本身，课前、课后的技能，比如教学设计、课后反思，还有具有中国特色的说课技能和说题技能，都在我们的视域之中。

（2）内容注重继承与发展。既选取传统"微格教学"中经实践检验过的对数学教师培养有重要作用的内容，又注重基础教育课程改革对数学教师专业化发展提出的新要求，由此构建起本书的框架体系。

（3）紧密结合数学课堂教学实践，重点突出数学教学技能的有效运用。既反映数学课堂教学技能运用过程中所涉及的数学教育学所包含的课程论、学习论、教学论和思维论的理论指导，又力求符合数学课堂教学的实际需要，借助"数学教学案例分析"来架起理论与实践的桥梁。本书收集了大量鲜活的课堂教学案例，并给出必要的点评，有利于执教者进一步学习。教师职业是一种实践性很强的职业，案例设计中注意教师文化内涵的丰富和提升，注重教师精神价值体系的改造和重建，更注重教师教学技能的强化训练，从而提升执教者运用教学技能的有效性。

（4）凸显先进性与可操作性。既体现基础教育课程改革所需的"新课程"、"新理念"、"新方法"，如依据基础教育课程改革对教师的新要求，拓展教学技能的外延，增加说课技能、评课技能、多媒体教学技能、教学设计技能等内容，又总结反思我国数学"微格教学"中的成功与不足，并融合两者，为数学课堂教学技能的有效运用提供具体的、可操作性强的方案。

（5）彰显技能运用的主线。每章节的设计主线围绕技能的有效运用，有关技能必要的理论阐述尽量简化，以突出技能运用的操作方法和实施要点，进行有效的技能优化，提高教学效益，为基础教育培养"上手快、后劲足"的数学教师。

本书既可以作为高等师范院校数学专业学生的教学技能训练课程的教学参考书，也可以作为在职数学教师进修提高的科研参考书。本书的出版，能够使高等师范院校数学专业的师范生得到更加系统、全面、有效的数学课堂教学技能的培养，同时也能更好地促进中学数学教师教学水平的提高，对推进高等师范院校数学教育发展，优化数学课堂，提高教学效率起到积极的作用。

本书编写的具体分工为：第一章至第十一章由张磊编写，第十二章由欧慧谋编写，第十三章由欧阳伟华编写。

本书的出版得到了韩山师范学院科研处的大力支持，特此致谢。编写中，我们参考、引用了一些专家、学者的文献资料，在此对文献作者表示诚挚的谢意。

由于作者水平有限，本书一定存在疏漏及不妥之处，敬请使用本书的教师、学生和专家批评指正。

张　磊

2015 年元旦于韩山师范学院

目 录

CONTENTS

066 第五章　几乎可以服务于无限目的的
板书技能
——谈数学教学板书技能的运用与提升

094 第六章　凡是需要知道的事物，都要
通过事物本身来进行教学
——谈数学教学演示技能的运用与提升

111 第七章　教，不在于全盘授予，而在
循序诱导
——谈数学教学提问技能的运用与提升

第一章 导读
—— 数学教学技能理论概述

　　课堂教学技能是指运用专业知识，哲学、教育学、心理学的有关知识以及教学经验，执行课堂教学的教学行为，也可以理解为在课堂教学中采用与教师特定的意图有关系的意图性行动。它包括动作技能和心智技能，其中占主要方面的是复杂的心智技能。培养教师驾驭课堂教学技能，是增强教师教学实践能力的前提和基础。教学技能不会在学习教学理论过程中自发习得，它必须在学习现代教学理论的基础上，通过反复训练才能形成。

　　每一项课堂教学技能都有明确的含义和功能，是能够表现和被观察到的，是能够被广大教师所驾驭的，是能够适应各科教学规律的，是能够促使教师与学生和谐互动的，也是能够进行定性与定量相结合的评价的。

　　对课堂教学技能进行系统、科学的分类，便于我们明确每一项技能的训练目的，为我们提供示范，便于我们进行客观评价。目前，世界各国的师范教育工作者对教学技能的分类存在着很大的差异。不同的分类角度和文化背景影响了分类的一致性。北京教育学院"微格教学"课题组结合我国教学情境，设定了导入技能、提问技能、讲解技能、教学语言技能、变化技能、强化技能、演示技能、板书技能和结束技能9项课堂教学技能。

1. 导入技能

　　导入技能是指教师在进入新课题时，通过建立问题情境，引起学生注意，激发其学习兴趣，使其明确学习目标，形成学习动机和建立知识间联系的一类教学行为。

　　导入的目的在于激发学生学习的积极性和求知欲。教师若想在短时间内使所有的学生都集中思想和精力，积极投入到对新知识的学习中，需要在全面了解学生已有认知结构的基础上，选择恰当的方式激活这种结构，使学生在有趣、有疑、有乐、有劲的状态下学习，使其大脑处于"待命"状态。

　　在数学课堂教学中，教师的导入应紧扣教学目标和知识间的联系。鉴于数学具有完整的学科体系，在教学中应注意学科的系统性，把握好导入的契机。导入方式可因讲解的内容而异，其主要原则有三个。第一，整体性原则。数学不仅要重视新旧知识点的前后衔接，更要强调知识模式的结构和内化，要以数学认知结构为主体，通过数学知识模式的构建，形成关于教师、学生、知识的整体系统，而在该系统中，导入便是一个关键点。

第二，趣味性原则。正如巴班斯基所说："一堂课之所以必须有趣味性，并非为了引起笑声或耗费精力，趣味性应该使课堂上掌握所学材料的认识活动积极化。"对此，教师要根据学生的年龄特征和学习心理状态，结合数学的学科特点，趣味性地导入新课，引起学生的注意。数学源于生活，故教师可多选用日常生活中的事物导入，如在讲授"圆台的侧面积计算公式"时，可通过工匠准备材料的问题引入："某工匠欲制造一个铁皮水桶，其上口径为 30 cm，下口径为 20 cm，高为 25 cm，这位工匠须准备多少材料？"水桶虽是学生经常接触的生活用具，但他们往往不会去想如何计算它的表面积，以此问题导入可使其产生认知冲动，激发其探讨的兴趣。此外，各种历史典故、名人逸事、问题悬念也都能在数学教师的精心组织和设计下，成为教师与学生之间情感交流的媒介，成为引出抽象数学问题的导线。第三，启发性原则。教师可以采用启发诱导的方式导入新课，激发学生积极的思维活动，这也是课堂教学成功的关键。教师要仔细研究课题，有针对性地选择素材来导入新内容，有效地引起学生对新知识的热切探求，用生活事例诱发出学生对数学知识的求知欲。鉴于数学的学科特点，数学课的导入一定要注意选材的直观性、通俗性和新旧知识的衔接性等问题，这样才能吸引学生的注意力，启动学生数学认知结构的构建。

俗话说："好的开始是成功的一半。"若把课堂比作舞台，那么教学过程最初的导入环节就像整台戏的序幕，安排得体的导入设计能更好地牵引整个教学过程，最终收获先声夺人的效果。

2. 教学语言技能

基本教学行为才是指教学语言技能的构成要素，包括：言语行为，即教学口语，如语音和吐字、音量和语速、语气和节奏、语调、语汇等；非言语行为，即态势语，如身姿语、手势语、表情语、目光语、空间距离、服饰等。

在大部分学生眼中，数学一直与"定理"、"法则"、"记忆"、"运算"、"冷峻"、"机械"等词语联系在一起。一些艰涩难懂的地方，即便是老师讲解过的，学生也仍觉得像无字天书般难学难懂、枯燥乏味。事实上，造成这一现象的原因是多方面的，其中，与部分教师照本宣科，一味注重数学知识的传递，而未能利用科学简洁的语言表达方式为学生打好坚实的知识理解基础有很大的关系。

数学是研究数量关系和空间形式的科学，数量关系和空间形式的表达离不开语言这一重要载体，而数学语言往往相对简洁、抽象、概括、直观，这时便需要数学教师通过课堂教学语言来加以解释。如对概念、定理的教学，由于数学中的每个概念都有确切的含义，每个定理都有确定的条件制约其结论，因此，在教学中，教师要力求做到用词准确、叙述精练、前后连贯、逻辑严密，避免用日常用语代替数学专业术语，也不要贪图说话方便而以简略的语言形式代替完整的语句，导致遗漏了概念和定理的重要条件，从而造成学生印象模糊，不能很好地理解教师所讲内容，甚至形成错误理解。

诚然，语言是教学信息的重要传播手段，而对于数学教师而言，掌握必要的教学语言技能，运用简洁、科学的表达方式正是这门学科对教师课堂教学的首要要求。

3. 板书技能

板书是教师在理解教材的基础上，对教材内容的高度提炼，是教师教学和学生获取知识的思路图，是课堂教学一个重要的环节。它不仅可以概括教师上课时所讲授的内容，补充教师口头语言的不足，还有具体性与形象性的特点，可以帮助学生进一步深入理解和掌握教材的重点，突破教学难点，这一点在数学教学过程中显得尤为必要。

众所周知，数学是一门经常与方法打交道的学科，教师适当的板书演算往往要比单纯的语言讲授来得事半功倍。例如讲到"小数点位置移动引起小数大小的变化"时，教师可以借助问题："把 0.004 m 的小数点向右移动一位、两位、三位……小数的大小有什么变化？"倘若这时教师仅靠语言表达进行讲解，会显得单薄无力，很难帮助学生在头脑中形成清晰的操作步骤，行之有效的方法是结合板书教学。教师可以借助板书，向学生演示逐渐移动小数点位置引起小数大小的变化过程，引导学生对例证作整体观察：小数点向右移动一位，从 0.004 m 到 0.04 m，从原来的 4 mm 变成 40 mm，扩大为原来的 10 倍；小数点向右移动两位，从 0.004 m 到 0.4 m，从原来的 4 mm 变成 400 mm，扩大为原来的 100 倍。仿此进行，让学生得出：小数点向右移动一位、两位、三位……原来的数就扩大了 10 倍、100 倍、1 000 倍……然后教师顺势提出新问题："观察怎样才能得出小数点向右移动时小数大小变化的规律。"学生运用逆向思维和类比思维找到变化规律，教师根据学生的回答逐一将其板书并补充完整。这一教学过程能够引导学生对例证的板书进行观察、比较、抽象、概括等，从特殊到一般归纳得出结论，促进学生思维能力的提高。

始终展现于黑板之上的教学板书不仅能够使学生边听、边看、边想、边记，多种感官参与活动，在观察中比较、分析、综合、抽象和概括，形成一定的思维模式，还能让学生学会如何抓要点、重点、难点，如何运用归纳、总结、论证、说明等学习方式方法，掌握必要的学习技巧，为之后进一步提高学习能力奠定基础。另外，严谨美观的板书还能让冷峻严肃的数学课在一定程度上变得赏心悦目,给学生以艺术美和科学美的享受,进而激发学生学习的兴趣,帮助其完成知识的构建。因此,一堂完整的数学课是少不了板书这支"点睛"之笔的。

4. 演示技能

演示技能是教师运用实物、样品、标本、模型、图表、幻灯片、影片和录像等进行实际表演和示范操作,指导学生进行观察、分析、归纳和实际操作等,让学生获取感性材料,从中获得知识,培养其观察、思维、操作能力的一类教学行为。

演示技能在数学教学过程中同样起着不容小觑的作用。

首先,演示技能可为理性认识提供直观感知。在数学教学中,为了使学生准确地掌握基本概念和原理,巩固所学内容,教师可按照感知活动的规律和特点,通过教具、音像等演示,为学生提供丰富的感性材料,引导学生运用不同的感官,从不同的角度,认真观察和动手操作,帮助他们建立起感性认识与理性认识的联系,使抽象难懂的知识变得直观形象,易于理解。

其次,演示技能还培养了学生观察和思维能力。观察是人们通过视觉获取信息,运用思维辨认其形式、结构和数量关系,从而发现某些规律或性质的方法。尽管观察法是最原始、最基本的认识事物方法之一,却是进行数学思维所必需的、首要的方法。就数学基础而言,公理就是通过观察事物的运动变化抽象概括出来的。因此,在数学课堂教学中,教师通过教具来启发、指导学生,对培养学生的观察和分析能力,使他们学会全面、辩证地认识问题,提高思维能力,是非常重要的。

再次,演示技能还能深化学生对知识的理解。教师进行生动形象的直观演示,能激发学生强烈的求知欲,集中学生的注意力,使其较快地理解并掌握新知识和新概念。例如学生容易把握对顶角的一大特征——具有公共顶点,却往往容易忽略另一重要特征——其中一个角的两边是另一个角的两边的反向延长线。对此,教师在教学中,可制作一个活动的对顶角模型,先将两个角放在顶点的两侧,然后分别转动每一个角的两边,使它们分别成为另一个角的两边的反向延长线,从而构成对顶角的模型。通过观看教师的演示,学生会在脑海中形成清晰、深刻的印象,就不会再忽略对顶角的这一重要特征了。

5. 提问技能

当前,教师不够重视课堂提问是数学教学中普遍存在的问题,具体表现为提问目的不够明确和提问方式随心所欲,最终导致提问效果不尽如人意。事实上,数学课堂教学是教师与学生双方共同设疑、释疑、解疑的过程，是以解决问题为核心开展的，提问是其中的一个基本环节，是实现师生相互交流、提高教学质量的重要步骤，应该得到教师的充分重视。

教师通过提问，可以强化知识的接受，客观评价学生的学习情况，调节课堂教学的进程，增加教师与学生之间的情感交流。换言之，提问技能具有反馈、评价、激励强化、调控等多项功能。

要特别强调的是，教师运用提问技能时应遵循有效性、科学性、层次性和整体性原则，避免"是不是"、"对不对"等无效的提问，避免含糊不清、模棱两可、答案不确定或超出学生认知水平的提问，以及层次混乱或置多数学生于不顾而形成"一对一"问答场面的提问。

课堂提问还有许多实施要点需要我们注意。

首先，教师的提问要有序。教师在设计问题时，要按照课程的逻辑顺序，考虑学生的认识顺序，循序而问，步步深入。前后颠倒、信口提问，只会扰乱学生的思维顺序。

其次，提问的内容要有度。浅显、随意的提问提不起学生思考的兴趣，随声附和的回答并不能反映他们思维的深度，而超前、深奥的提问又使学生不明所以，难以形成思维。只有适度的提问才能引发学生的认知冲突。例如让学生"叙述正多边形的定义"，这样设问似乎过于简单，可将其改为让学生"指出下面四个命题中真命题的个数"：

①各角相等的圆内接多边形是正多边形；

②各边相等的圆内接多边形是正多边形；

③各角相等的圆外切多边形是正多边形；

④各边相等的圆外切多边形是正多边形。

学生可以通过对各命题的认真思考来加深对正多边形的理解。

再次，提问语言要有启发性。数学语言有严谨、简洁、形式符号化的特点，教师的提问语言既要体现数学的这一特点，又要结合学生的认知特点，用自然的语言准确、精练地表达。若用符号语言提问，则要辅以适当的解释。最后，提问还要注意把握好时机，要给学生一定的思考时间，并对学生的回答作出及时的反应。新课之前的复习性提问有助于学生回忆旧知识；导入新课时的启发性提问可以创设情境；重要结论导出过程中的归纳性提问有助于学生发现规律；知识应用过程中的分析性提问有助于学生巩固知识，打开思路。提出问题后，教师应作适当的停顿便于学生思考，待学生答完问题后再稍微停顿数秒。几秒钟的等待可体现出学生的主体地位。而对于学生的回答，教师及时作出或肯定，或否定，或追问的回应，则可强化提问的效果。

6. 讲解技能

数学是以数或式的运算、定理、公式的论证为主的学科，其教学手段和方式多以教师的讲解为主。然而，数学的讲解多以符号语言为载体，其实质在于揭示知识结构及要素，阐述数学概念的内涵和外延，以便学生理解、接受、保持、记忆、掌握和运用数学知识。因此，数学的讲解技能更要求教师运用严谨的逻辑结构和准确、精练的教学语言教学，必要时辅以计算、推演和图形绘制等方式。

由于讲解具有信息单向性传递的特点，因此，根据教师的授课方式进行分类更易于说明讲解的基本类型。以教师的授课方式可将讲解分为五类：适合传授事实性知识（如概念定义、题目分析、公理说明等）的解释型讲解；用于事实陈述、概念描述和结论阐述的描述型讲解；运用分析、综合、归纳、演绎、类比等逻辑方法对数学问题进行推理论述的推论型讲解；对已有的结论提供证据进行推理的证明型讲解；对知识提炼概括、归纳小结式的总结型讲解。无论哪一种讲解，都离不开语言这一重要媒介。讲解的语言与日常说话不同，要运用准确、精练的数学语言、符号语言完整地表达所要讲授的内容。倘若讲解时遇到难点和关键，教师要给予学生必要的警示、适当的停顿和重复，引起学生注意并帮助其记忆。但与此同时，教师还应注意讲解的阶段性。若讲解的内容过多，要将其进行适当分段，防止冗长、单调的刺激造成学生的学习疲劳。

教师的讲解既能够使学生了解和初步掌握数学知识，形成初步印象并保持和记忆，又能通过剖析数学知识的来源、形成和结构，启发学生思维（尽管启发学生思维的方法有很多，但数学教师最常用的还是讲解），提高其数学思维能力和解决问题的能力。另外，生动有趣、深入浅出的讲解还可以吸引学生的注意力，激发其学习数学的兴趣。因此，讲解是教师上好数学课必不可少的技能。

7. 强化技能

由桑代克的"猫开笼"实验和斯金纳的"食物刺激小白鼠"实验得出的学习理论来看，有效的学习是强化的过程。教师在课堂教学中，应该注意运用强化技能，不断强化学生的学习动机，激发其学习数学的兴趣。教师的肯定或奖励能对学生起到外强化的作用，使学生在物质上或心理上得到满足；而教师帮助学生克服学习上的困难，能对学生起到内强化的作用，使学生体验到成功的喜悦。

语言是传递信息最主要、最直接的渠道。语言的重复和停顿、语音的强弱、语调的轻重都具有一定的强化功能，尤其是教师通过语言对学生提出明确的学习要求时，会使学生产生强烈的学习动机，从而自主地学习。

如教师在讲授"指数函数的图像和性质"时，可先向学生提出记忆要求，促使他们自主强化记忆。当学生提出某些难记、易混的性质并加以讨论后，教师可用精简易懂的语言加以概括，帮助学生抓住记忆的关键，找出记忆的规律，减轻学生短时间记忆的压力。

从提高学生的学习效率看，练习是教师在课堂教学中最有效的强化手段之一，尤其是在帮助学生获得数学技能方面。如果说学习数学知识是在解决懂与不懂的问题，那么学习数学技能就是在解决会与不会、熟与不熟的问题。对于教师而言，光让学生听懂课上的知识是不够的，还应通过有意识的练习活动帮助其加以巩固。只有这样，才能使学生将所学经验变成自己的财富，实现"会"与"熟"的目标。然而，练习不等于机械重复，过多的、简单重复的练习只会加重学生的作业负担，使其产生厌烦心理。要想达到较好的练习效果，教师应做到：有针对性地布置练习，练习的量和次数要适度，以多样化的练习来提高学生的学习兴趣，并对练习结果作出及时的反馈。

在教学过程中，教师的动作是引起学生注意的刺激物之一。教师可恰当地运用动作来对学生施以刺激，如恰当、巧妙地运用眼神与学生进行心灵上的交流，表达自己内在的丰富的思想感情，或眉头严厉作思索状，或眉开眼笑作赞许状，或目光严厉以示警惕，或目光柔和以表鼓励；再如借助恰当的手势辅助口头语言，增强语言的形象感和说服力，如在讲授函数的增减性时，右手适时上摆和下摆，函数的增减性概念就一目了然了。

教学过程不仅包含了教师教的过程，还包含了学生通过自己的活动进行学习的过程，而教师在这一过程中起引导者的作用。学生在教学活动中的主体意识不断增强，教师应在引起学生的认识需要之后，引导学生自己研究、探索并寻求达到目的的新方式和新手段，使学生的思维活动处于一种积极的状态。

事实证明，教师在教学过程中，以正确的教学理论为指导，按教育科学规律办事，重视情感因素，重视创造问题情境，重视内部动机对学生学习的作用，努力使学生产生对学习的渴望，并及时对学生的学习效果作出评价，不仅可以调整学生的认知行为，还可使其在情感上产生积极的效果。因此，教师在数学课堂教学中，要十分注意强化技能的运用。

8. 变化技能

学生的注意力是在学习过程中形成的，教师讲课时抑扬顿挫的声调、演示所呈现的鲜明现象、灵活多样的教学方式等，都可引起学生的无意注意，使他们将注意力集中于教师的教学。而当讲到重点、难点及关键点时，教师可加以强调和提醒，以唤起学生的有意注意，使其注意有明确的指向。

然而，在课堂上，虽然学生单靠无意注意学习是无法顺利完成学习任务的，但若过分要求他们依靠有意注意来学习，又易引起学生的学习疲劳。因此，在略显冷峻的数学教学过程中，教师应当运用变化技能，使学生的上述两种注意有节奏地转换，以激发并保持其对教学活动的注意。

再者，根据启发式教学的特点，教师应该调动学生参与教学活动的积极性。鉴于学生的认识水平和学习能力存在差异，教师呈现给学生的教学内容是否能够引起学生的思考和反应，将直接影响到学生参与教学的主动程度。教师在向学生传递教学信息时，应运用变化技能，有针对性地采取不同的表达方式，让学生较顺利地接受信息，进行思考并作出反应。例如，引导学生分析"一元二次不等式 $ax^2 + bx + c > 0$（$a \neq 0$）的解集为全部实数的条件"时，对主动程度较高的学生可以只用语言提问，而对主动程度较低的学生则可以用二次函数 $y = ax^2 + bx + c$（$a \neq 0$）的图像来启发思考。

最后，变化技能的运用还是教师教学个性与风格的主要表现之一。教师运用变化技能可以把课上得充满生气，既能显示出教师的学识和能力，又能体现其循循善诱、诲人不倦的师德，还有利于师生间的情感交流，有利于形成愉快、和谐的课堂氛围。

9. 结束技能

结束技能是教师对教学活动进行归纳、总结、转化，及时使学生系统化地巩固和运用所传授的知识和技能，使新知识有效地纳入学生原有的知识结构中去的教学行为。将这项技能运用于课堂教学，既能及时反馈教与学的效果，使学生感受到掌握新知识的喜悦，又可通过设置悬念，促使学生展开更加深刻的思维活动。

纵观许多新数学教师的教学现状，不乏存在重视导入的设计，而相对忽视结尾的安排，导致"虎头蛇尾"，从而影响整个教学效果的现象。事实上，数学是一门逻辑性强、前后连贯有序的学科。教师更应该在新知识讲授结束时，及时运用结束技能做好总结、复习和巩固工作。

结束技能的实施，一方面，教师要考虑总结的及时性和结束语言的精练性。记忆是一个由瞬间记忆到短期记忆，再到长期记忆，不断巩固的转化过程。而实现这个转化过程的最基本手段就是及时小结和进行周期性的复习。教师要紧密结合教学内容和教学目的，突出重点和知识结构，针对学生的知识掌握情况及课堂教学情况等，运用精练且便于学生记忆、检索、运用的结束语言帮助学生对所学知识作及时归纳，使之成为学生自己的知识储备。一方面，教师的总结还应具有概括性、联系性和启发性的特点。

某一阶段内容的教学结束时，教师应概括本章或本学科知识的结构，强调重要概念、定理、公式的内容和规律，精心加工得出系统、简约、有效的知识网络，帮助学生了解概念、定理的来龙去脉，为学生揭示知识间的内在联系，使数学知识在其头脑中形成相应的知识网络，使学生对所学知识融会贯通。鉴于数学中的定理、法则、公式等内容之间存在着各种各样的联系，教师在进行小结时，应该根据知识之间的相互联系将其进行对比归类。例如，揭示特殊和一般关系的材料、内容相似或相近的材料的特征时，可采用对比归类法，如余弦定理与勾股定理，分式的运算性质与分数的运算性质等，一经对比，其异同点便清晰可见，易于学生记忆；对于一些具有因果关系、相反关系的材料，可采用联想归类法，如绝对值的一些性质与算术根的一些性质，排列与组合的知识等都可以放在一起小结，既方便学生记忆新知识，又有利于学生巩固旧知识；而对于一些从属关系、并列关系的教学内容，则可采用分类小结法，如平行四边形的性质、特殊的平行四边形的性质以及梯形的性质等，它们既有明确区别，又有确凿联系，教师可将其环环相扣，层层推进，帮助学生建立牢固的知识网络。

如果说巧妙的新课导入能引起学生的学习兴趣，开启其思维的闸门，那么，恰到好处的课堂小结则能起到画龙点睛、承上启下的作用，在给学生留下深刻印象的同时，也能激起他们对下次课的期待。

综上可见，课堂教学是一个极其复杂的过程，教师必须扎实学好教学技能相关的理论知识。然而，仅仅掌握理论知识还远远不够，更重要的是要用理论来指导实践。教师对各种技能的掌握与否直接影响到教学质量和学生学习效果的好坏。只有较好地掌握课堂教学技能，才能提高自身的经验积累和教学水平，才能根据不同的环境和情况，灵活地运用各种教学技能，以激发学生的学习兴趣和动机，引导学生掌握学科知识，形成能力和发展智力，为他们顺利完成学习任务创造有利条件。而让教师真正掌握课堂教学技能的方法就是反复实践，只有这样才能收获课堂教学技能的优化效果。因此，我国现阶段的基础教育改革与发展要求师范生有目的、有计划地训练课堂教学技能，努力把教育理论知识和学科专业知识有效地转化为具体的课堂教学能力，以便毕业后更快、更好地胜任教学工作。

众所周知，京剧演员必须具备唱、念、做、打等基本功。他们在戏台上的一招一式，都是经过长期苦练而成的。京剧在严格训练的基础上形成一定程式并发展成各种流派的表演艺术。因此，每一位教师和师范生都要纠正在学科教学法的学习中重宏观、轻微观的倾向。每项教学技能都不是细枝末节，教师不仅要十分精细地理解其丰富的内涵、多变的类型，还须接受专门训练并聚精会神地去做，如此才能掌握。

第二章 一个训练数学教学技能的平台
—— 谈微格教学的理论与实践

正如上一章所言，数学课堂教学是一个极其复杂的过程，教师必须扎实学好教学技能相关的理论知识。而仅仅掌握理论知识还远远不够，更重要的是要用理论来指导实践。教师只有亲自参与数学课堂的教学，才能真正明白掌握数学课堂教学技能的重要意义，才能将理论知识运用于实际操作中，实现教学目标。传统的"师傅带徒弟"的培训师范生的方式已不能满足教师掌握多种教学技能的需要，应运而生的便是"高效率，低消耗"的教师教学技能培训方式——微格教学。

一、概 念

顾名思义，微格教学的"微"，是微型、片段及小步的意思；"格"摘自"格物致知"，是推究、探讨及变革的意思，这里是指分类研究教学行为的规律，从而掌握教学技能。

微格教学的创始人之一艾伦（W. Allen）认为微格教学是"一个有控制的实习系统，它使师范生有可能集中解决某一特定的教学行为，或在有控制的条件下进行学习"。英国的乔治·布朗（G. Brown）说："它是一个简化了的、细分的教学，从而使学生易于掌握。"

总之，微格教学是一个以现代教育理论为指导，应用现代视听技术的有控制的实践系统。在理解微格教学的含义时，首先要明确它是以认识论、现代教育理论、教育心理学和学科教学论为理论依据的；其次，它应用现代视听技术手段进行教学行为的即时反馈，从而使这一可控的教学系统具有先进性和实效性的特点；再次，它是一个实践性与操作性极强的教学实践系统；最后，它的功能是培训教师和师范生的教学技能。

1958 年美国掀起的教育改革运动，也涉及教师教育的领域。为了适应现代社会的要求与教育革新的步伐，需要把重点放在理论与实践的统一过程和教师的各种技能的训练上，并主张应用现代科学技术推进教师培训工作。

1963 年，美国斯坦福大学的艾伦和他的同事，对"角色扮演"（相当于我国师范生教育实习前的试讲）进行改造。他们先将复杂的教学过程中的各种教学技能进行科学的分类，再把不同的教学技能对受训者进行单独训练；对受训者的教学行为进行分析、反馈和评价；通过对每一种技能的逐步完善，形成了微格教学课程。

20世纪70年代英国诺丁汉大学的乔治·布朗，将微格教学进一步发展改进，提出备课、感知（指对师生相互作用的反馈信息的感知）、执教为微格教学的三个要素。在英国有90%以上的教师培训院校开设了微格教学课程。师范生经培训后，再到中学进行教育实习。

70年代初，澳大利亚悉尼大学积极移植并开设微格教学课程。1972年，《悉尼基本教学技能》第一分册出版，全书（共五个分册）于1976年全部出版。此书在欧美、南非、东南亚、中国香港等地区都得到了承认。

香港中文大学教育学院自1973年开始采用微格教学的方法训练未来的教师，以真实学生为听讲对象进行试验。1983年，又采用微格教学培训在职教师。

我国自80年代中期引进微格教学培训教师，到现在已发展成由相当数量懂得微格教学的院校领导、教师和电教人员组成的队伍。微格教学的实践活动在全国教育学院系统和某些高等师范院校、中等师范院校、幼师中得到了开展，并取得了令人信服的明显效果。

▍二、特　点

微格教学之所以具有强大的生命力，可以产生明显的效果，是因为它具有下述特点：

1. 真实集中

微格教学要求教师只用较短的时间，面对几位扮演学生的同事执教。这种方法要求模拟课堂上进行的教学。受训者必须定好教学目标，甚至要将具体目的明确到单位时间；随教学的进程，设计提问、演示、讲授、活动等教学行为；预想学生观察、回忆、思考、回答等学习行为；根据教材内容、学生知识水平与智能发展，真实地施教，尝试登台授课的真实情景。

在规定的时间内，集中训练一两个特定的教学技能（如导入技能、提问技能），而且把某一技能的细节加以放大，反复练习，再作细微观察，在评议中鼓励提出新见解。这种训练容易收到预期的效果。

2. 目标明确

由于所用时间短和"学生"人数少，只集中训练某一种教学技能，所以训练目标明确。同时，练习的教学情境及条件较易控制，为培训目标的实现创造了条件。

3. 反馈及时

技能培训效果如何，关键在于反馈是否及时和有效。教学过程的声像可"全息"性录制并重放，为教学技能的研究提供了活的现场资料，可将教学行为中的瑕疵表露无遗，可逐步细微观察和剖析受训者的语言和行为。受训者可以作为"第三者"来观察自己的教学活动，以达到"旁观者清"的效果，产生所谓的"镜像效应"。主讲者的成功与失误，历历在目，声声入耳，与仅凭自我回忆和他人评说所达到的效果是截然不同的。

4. 评价准确

评价是以一定的目标、需要、愿望为准绳的价值判断过程。微格教学的评价，将每项教学技能列出若干具体的、可测量的、具有行为化和操作化的指标。这些系统而紧密相关的指标能反映某项教学技能的整体目标。以评价指标为检查质量的尺度，使更多教师的教学技能向指标靠拢。将评价单（列有指标与各指标的权重）的定量分析与指导教师的定性分析相结合，可以弥补单一使用这两种评价手段的不足。定性与定量相结合，既提高了评价的准确度，又不致因分析过细而忽略教学的整体性和艺术性。这种可执行性很强的评价，可为教学方案的完成提供丰富且有效的信息。

5. 互帮互学

微格教学由 10 位左右受训者与指导教师组成一组，受训者轮流主讲，集体观看、讨论和评价。指导教师结合教学理论与教学实际进行教学技能运用的评说，受训者可据此重新修正自己的教学行为。如此训练，发挥了集体智慧，受训者教学技能的提高是迅速而扎实的。

▌三、教案编写

在微格教学中，教案的编写是教师的一项重要工作，它是根据教学理论、教学技能、教学手段，并结合学生实际，把知识正确传授给学生的准备过程。微格教学教案的产生是建立在微格教学设计基础之上的，以"设计"作指导，具体编写微格教学的计划。

1. 微格教学教案编写的内容和要求

①确定教学目标。指技能训练应该达到什么要求、培养学生哪些能力，这既是教师的教学目标，又是学生的学习目标。因此，在制定"教"与"学"的目标时，要准确、客观、具体、明确，既便于实现，又便于检查。

②教师教学行为。要求教师把教学过程中的主要教学行为、要讲授的内容、准备提的问题、要列举的实例、准备做的演示或实验、要布置课堂练习题及安排的师生活动等，都 一一编写在教案内。

③标明教学技能。在实践过程中，每一处应当运用哪种教学技能，在教案中都应予以标明。当有的地方需要运用好几种教学技能时，就要选择其中针对性最强的主要技能加以标明。标明教学技能是微格教学教案编写的最大特点，它要求受训者理解、识别、应用教学技能，突出体现微格教学以培训教学技能为中心的宗旨。不要以为把教学技能经过组合就是课堂设计，而要根据教学目标，总结研究课中各个教学情境、各种技能的运用，这对师范生来说尤其重要。

④预测学生行为。在课堂教学设计中，对学生的行为要进行预测。这些行为包括学生的观察、回答、活动等各个方面，这些都应尽量在教案中注明，它体现了教师引导学生学习的认知策略。

⑤准备教学媒体。教学中需要使用的教具、幻灯、录音、图表、标本、实物等各种教学媒体，按照教学流程中的顺序加以注明，以便随时使用。

⑥分配教学时间。在实践过程中，教师行为和学生行为预计需要多少时间，在教案中也应清楚注明，以便有效地控制教学进程和教学行为。

2. 微格教学教案的编写格式

微格教学教案设计表

学科：　　　执教者：　　　年级：　　　日期：　　　指导教师：

教学课题				
教学目标	1. 2. 3.			
技能目标	1. 2. 3.			
时间分配	教师教学行为 （包括讲授、提问、演示等）	应用的 教学技能	学生学习行为 （包括预想的回答等）	需要准备的 视听教具等

3. 微格教学教案的审阅和批改

当学习者写好微格教学的教案以后，指导教师必须进行审阅和批改，这不仅对师范生来说是十分必要的，即使对具有一定教学经验的在职教师来说也必不可少。审阅和批改教案是指导教师的一项重要工作。

（1）教师批阅教案。

要重点查阅编写的教案是否规范，是否符合前面说的有关内容和要求，要特别注意教学技能是否运用恰当，教学行为是否控制得当。不妥之处，指导教师可直接修改，或者让学习者自己修改。

（2）分组讨论教案。

学习者分组讨论交流各自编写的教案，可以相互得到启发，取长补短，有利于改进教学行为，提高技能识别和评价意识，从而更好地修改和完善自己编写的教案。

（3）教师审定教案。

首先要求学习者把修改后的教案抄正，然后由指导教师审定。指导教师在审定教案时，除了上述要求外，还要看教案是否便于讲授、便于检查、便于总结经验和改进教学。教案审定完毕，即可进行试讲、录像和评价等环节。

▌四、教学实施

微格教学是通过缩减的教学实践，培训师范生和在职教师教学技能的系统方法。从斯坦福大学的研究者提出微格教学后经过了 50 年，它的训练过程已形成了一定的系统模式，其步骤如下图所示：

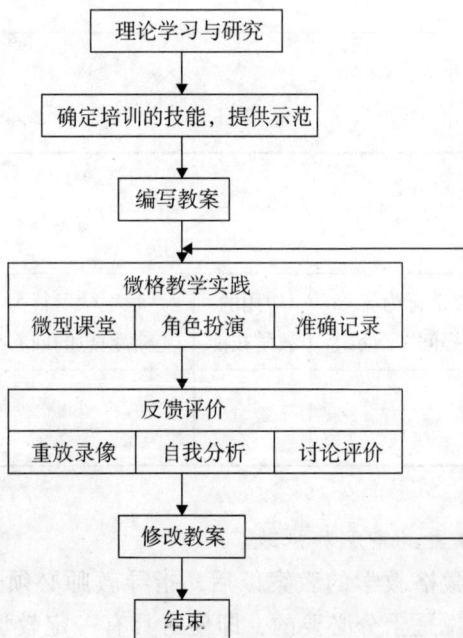

　　微格教学是一项细致的工作，要有效地提高教师的教学技能，关键是要抓好微格教学全过程中所包含的理论学习、示范观摩、编写教案、角色扮演、反馈评价和修改教案等环节。这些环节环环相扣、联系密切，削弱其中任何一个环节，都会影响培训的效果。我们应针对被培训者的实际情况，落实好每一个步骤。

（一）理论学习与研究

　　在微格教学实践和发展的过程中，融入了许多新的教育观念、教育思想和教育方法，如布鲁姆的"教育目标分类学"及"掌握学习理论"、弗朗德的"师生相互作用分析"理论。

　　具体实践中又有美国爱伦教授的双循环式和英国布朗教授的单循环式等。微格教学培训是一种全新的实践活动，也有其深刻的理论基础。因此，学习和研究新的教学理论是十分必要的。

　　理论辅导的内容包括微格教学的概念、微格教学的目的和作用、课堂教学技能分类理论、各项教学技能理论。

1. 微格教学的概念

　　重点是使学员明确微格教学的意义。由于使用微格教学能借助现代视听设备获取信息，有利于教师随时改进教学方法，提高培训质量。因此，微格教学优于传统教学。

2. 微格教学的目的和作用

　　微格教学是培训师资比较先进的方法，主要用于师范生的职前教育和在职教师的继续教育，以提高教师的教育教学能力为基本目标。它对深化教育教学改革，使教育面向世界、面向未来、面向现代化，促进教育科研化，提高教师的整体素质，具有十分重要的作用。

3. 教学技能分析

　　微格教学的研究方法就是将复杂的教学过程细分为单一的技能，再逐项培训。导师可以根据培训对象的不同层次和需要，有针对性地选定几项技能。

　　一般来说，师范生和刚踏上讲台不久的青年教师，经过微格教学实践，可以及早掌握教态、语言、板书等方面的基本技能；而有一定教学经验的教师，通过微格教学实践，可以深入学习较深层次的技能，有利于总结经验、相互交流、共同提高教学能力，以达到提高教师整体素质的目的。

　　在技能分析和示范阶段，导师要作启发性报告，分析各项技能的定义、作用、实施类型、方法、运用要领及注意点等，同时将事先准备好的示范录像给学员观看。

4．课堂教学技能分类理论

重点使学员了解教学技能分类的意义，对教学技能分类有什么好处，结合传统教学中诸如观摩教学效率不高、教学评价不确定或不客观等问题进行说明。同时指出，教学技能可根据不同角度或视点进行分类，其方法多种多样，这也反映了教学本身的复杂性。

5．关于某项教学技能的理论

在指定训练某项教学技能前，导师先要讲解该项技能的理论，比如该技能的内涵、作用、类型、构成、原则以及运用等，使学员心中有数。

理论辅导重点应该放在教学技能上。理论研究和辅导阶段要确定好教学的组织形式。在学习教学理论时，导师通常以班级为单位作启发性报告，讨论和实践则以小组为单位。小组成员为6人左右，最好是同一层次的教师或师范生。指导教师要引导小组成员尽快相互了解，对所研讨的问题达成共识，互相成为"好朋友"。

（二）组织示范观摩

针对各项教学技能，提供相关的课程教学片段，组织学生进行示范观摩。观看录像后，小组成员经过讨论和分析，取得共识。这样，学员不仅获得了理论知识，也有了初步的感知。

1．观摩微格教学示范录像

①教学示范录像片段的选择。在选择示范录像时要遵循两个原则，一是水平要高，二是针对性要强。示范的水平越高，学员的起点就越高；针对性越强，该技能就展现得越具体、越典型。

②提出观摩教学示范录像片段的要求。在观看示范录像片段时，指导教师应先提出具体要求，明确目标，突出重点。提示要画龙点睛、简明扼要，不可频繁，以免影响学员的观看和思考。

2．组织学习、讨论、模仿

①谈学习体会。学员谈观后感：哪些方面值得学习；对照录像，检查自己的教学与其存在哪些差距。师范生注重前者，在职教师注重后者。

②集体讨论。重点交换各自的意见，在须学习的方面达成共识。指导教师也要参加讨论，重点指导。

③要点模仿。示范的目的是使受训者进行模仿。许多复杂的社会行为往往都能通过模仿而习得。实际上，受训者观看录像这一行动就已渗透着模仿的意义。这里讲模仿，主要是在指导教师的指导下进行模仿。此外，指导教师的亲自示范或提供反面的示范，对学员理解教学技能也会起到十分重要的作用。

（三）指导备课

1. 组织学习者钻研某项技能

①充分备课，熟悉教材。熟悉教材是至关重要的，如果对教材理解不透彻、不深入，出现片面性理解甚至错误理解，就无法发挥教学技能的作用。

②根据指定教材，针对某项教学技能进行钻研。在熟悉教材的基础上，重点考虑教学技能的运用。要正确运用教学技能，对该教学技能的钻研是先决条件。指导教师要正确引导学习者钻研教学技能的理论，联系教材内容，把理论应用于实践。

2. 学习者备课

①在钻研指定教材和该项教学技能的基础上，编写出教案。

②在指导教师的指导下，交流备课情况，取人之长，补己之短。

③对在职教师和师范生要求有别。熟悉教材，钻研教材，理解教材，并结合教学技能备课，对于在职教师来说，难度并不大，但对在校的师范生来说，则是一个比较大的问题。师范生应先接受教学基本理论和教材分析的培训。指导教师在给他们指定教材时，还要对教材进行适当的分析，以帮助师范生正确理解教材，从而能结合教学技能的运用进行备课。

（四）角色扮演

1. 角色扮演的意义

角色扮演是微格教学的中心环节，是受训者训练教学技能的具体教学实践活动。在活动中，每个受训者都要扮演一个角色，进行模拟教学。它改变了传统的"教师讲、学生听"的教学模式，给受训者充分的实践机会，从而使师资培训工作迈上一个新台阶。

2. 角色扮演的要求

角色扮演的要求主要有两个方面：一方面，扮演教师者要"真枪实弹"，按照自己的备课计划，在有控制的条件下，训练教学技能；另一方面，扮演学生者要充分表现学生的特点，自觉进入特定情境。另外，在角色扮演的过程中，任何人不要打断"教学"，让"教师"去处理教学中遇到的"麻烦"，技术人员在拍摄过程中，不能对"教师"提出约束条件。

3. 反馈评议

反馈评议阶段，首先由执教者将自己的设计目标、主要教学技能和方法、教学过程等向小组成员进行介绍，然后播放微格录像，全组成员和导师共同观摩。在观看录像后进行评议，可以由执教者本人先提出自己观看后的体会，检查事先设计的目标是否达到及自我感觉如何，再由全组成员根据每一项具体的课堂教学技能要求进行评议。

评议过程由以下三个环节构成：

（1）学员自评。

①"照镜子"找差距。由教师角色扮演者分析技能应用的方式和效果，看是否达到预期目标。

②列出优缺点，肯定成绩，找出不足之处。如果自己认为很糟、非常不满意，可以申请重新进行角色扮演和录像。指导教师可根据条件和时间，决定是否重录，应尽量做到不挫伤学员的积极性。

（2）组织讨论、集体评议。

①评议时应以技能理论为指导，分析优缺点，进行定性评价。

②根据量化评价表给出成绩，进行量化评价。

③提出建设性意见，给出更好的做法。

④指导教师注意引导，营造一种学术讨论的氛围。

（3）指导教师评议。

学习者对指导教师的评价十分重视，指导教师的意见也往往会产生举足轻重的影响。因此，指导教师的评价应尽量客观、全面、准确。对于扮演者的成绩和优点、缺点和不足都要准确评价，要讲主要的。要注意保护学习者的自尊心和积极性，以讨论者的身份出现，讨论"应该怎样做"和"怎样做更好"，这样效果会更明显。

（五）修改教案，反复训练

1. 学员修改教案

根据本人录像，参考技能示范录像和技能理论，对照评议结果，针对不足之处，由学员自己修改教案。

2. 进行重教

根据评议情况，学员进行第二次实践，重复上述过程。

3. 再循环或总结

是否再循环，可以根据培训对象的具体情况及课时安排而定。当然，在课堂教学过程中，各项技能是交织在一起的，任何单项的教学技能都不会单独存在。

如培训导入技能，要重点研究导入的方式、新旧知识的联系、情境的创设等问题。但导入过程必然用到语言技能，还可能用到提问、板书、演示等技能，但是对这些技能暂不考虑，只重点考虑导入技能的应用情况。

因此，当各项教学技能都经过训练并达到一定水平以后，指导教师应安排学习者进行各项技能的综合训练。只有对教学技能进行综合训练，才可能最终形成教学能力。

▍五、章后语

微格教学以教育教学理论、视听理论和技术为基础，系统化地训练教师的教学技能，其实施过程的实质是师生的相互影响与相互作用。在该过程中，被培训者能根据已经确定好的技能目标有针对性地训练，通过观察、对照、分析自己的教学行为，收集专家或指导教师甚至是听课"学生"的反馈信息，及时调整并改善自己的教学行为，快速地提高培训效率。可以说，微格教学的出现，为培训数学课堂教学技能提供了一个很好的训练平台。

第三章 教者善导、学者能入
—— 谈数学教学导入技能的运用与提升

纵观目前数学课堂教学，特别是新课程改革以来，课堂导入一般是通过一些教学情境（生动有趣、直观形象的教学活动）来实现的，如运用讲故事、做游戏、直观演示、模拟表演等方式，这是值得欣慰的。但要注意的是，教学情境只是一种手段，并不是最终目的。正确利用，可锦上添花；利用不当，则适得其反。

【案例】一节"认识乘法"的课上，教师采用了这样的情境导入：

（上课伊始）

师：同学们喜欢小动物吗？

生：喜欢！

师：好！今天，老师就带大家一起走进美丽的大森林。（电脑出示了精彩的动画片《美丽的森林》）接着让学生观察并提问："你发现了什么？"学生观察后纷纷积极发言。

生1：我发现这儿真好玩！有小动物，有房子、河流和小桥。

生2：我发现小河里的水还在流动呢！

生3：我发现小河里还有鱼儿在游呀。

生4：我发现小鸡的头还在动呢。它们是在啄米，还是在吃虫子？

生6：我发现小桥上有两只兔子，它们是要去哪里呢？

生7：那里的两座房子，哪座是小鸡的家，哪座是小兔的家？

……

至此，十几分钟过去了，孩子们在老师"你发现得真好"、"你真有想象力"等的夸奖下，不断有新的发现。

上述情境导入，虽然声像俱佳，孩子们也在老师的鼓励下兴趣盎然。但是这种情境除了华丽的外表，对引发思考、激发探究又有多大益处呢？本来只需寥寥数语就能概括出的导入环节，却因掺杂了过多"悦耳的歌声"和"多彩的动画"，学生一直纠缠于情境中的非数学信息，使导入情境变成"看图说话"。原本应该体现的数学信息却是"千呼万唤不出来"，老师也只能是"苦笑地干等"。如此拖泥带水的课堂诠释实在令人费解，它只是热热闹闹地走过场，除了浪费时间外，别无他用。

一、概　念

导入技能是指教师采用各种教学媒体和各种教学方式，引起学生注意、激发学习兴趣、产生学习动机、明确学习方向和建立知识联系的一类教学行为技能。这一意图性行动广泛地运用于上课之始、开设新学科、进入新单元和新段落的教学过程。

导入技能虽只是教学过程的开始阶段，但它是基于教师对整个教学过程、学生实际知识水平及数学理解能力的通盘考虑，熔铸了教师的教学风格、智慧以及修养，体现了教师的数学观念，是评价一名教师教学能力的重要指标，是教师专业素质的综合体现。

二、功　能

课堂教学的导入，犹如乐曲的"引子"、戏剧的"序幕"，负有酝酿情绪、集中学生注意力、渗透主题和带入情境的任务。精心设计的导入，能抓住学生的心弦，立疑激趣，使学生情绪高涨，进入求知欲振奋的状态，有助于学生获得良好的学习效果。导入的主要功能有以下几点：

1. 激发学习兴趣，产生学习动机

学生有学习兴趣，就能积极思考。学习动机是直接推动学生进行学习的内在动力。只有使学生清晰地意识到所学知识在全局中的意义和作用，才易使其产生学习的自觉性，所以，"善导"的教师在教学之始，很重视阐明将要学习的知识。所学知识在工农业生产、国防、科学研究和生活中的重要意义可采用相对应的情境导入，教师应善于设计各种"概念冲突"，如惊奇、疑惑、迷惑、障碍和矛盾等。

【案例】在"分数除法——解决问题"（人教版六年级上册第三单元）的教学中可采用这样的情景导入：

师：谁能告诉老师，我们班有男生、女生各多少人？

生：我们班有男生20人，女生25人。

师：根据这两条信息，你们能想到什么？

生1：男生是女生的$\frac{4}{5}$。

生2：女生是男生的 $\frac{5}{4}$。

……

师：根据以上四条信息，你们能不能选取其中两条，提出一个问题？

生3：我们班有男生20人，女生是男生的 $\frac{5}{4}$，女生有多少人？

生4：我们班有女生25人，男生是女生的 $\frac{4}{5}$，男生有多少人？

生5：我们班有女生25人，女生是男生的 $\frac{5}{4}$，男生有多少人？

生6：我们班有男生20人，男生是女生的 $\frac{4}{5}$，女生有多少人？

师：前两个问题大家会解答吗？第三个问题想试一试吗？谁能列式解答，你是怎么想的？

像这样，学生的注意力在上课伊始便被深深吸引，注意力集中在这种具有挑战性的问题情境上，这种导入不仅能促使学生多方位地进行联想，还会使其兴趣盎然地期待接下来的教学内容，为完成新的学习任务做好心理准备。

2. 引起对所学课题的关注，传达教学的意图

在课的开始，要给学生较强、较新颖的刺激，帮助学生收敛课前其他的思维活动，让学生的注意力迅速集中于课题。教师以通俗易懂的语言传达教学的意图，这种教学意图包括：建立学习目标；指出方向，明确将以什么方式进行学习；勾画教学内容的轮廓。

3. 为学习新知识、新概念和新技能作激发、引子和铺垫

利用已知的素材作"引子"，寻找出新概念与学生已有知识和经验之间的关系，把学生的学习兴趣激发起来，能比较顺利地使学生将新概念"植入"自己的认知结构中；通过对实例、实验的观察导入，可为思维加工（分析、综合、抽象、概括等）作铺垫。

▌三、应用原则

1. 遵循针对性原则，切忌漫无目标

新课导入切记不能只图表面的热闹，追求形式，甚至故弄玄虚、画蛇添足，更不能占用过多的时间削弱其他教学环节。因此，导入的针对性包含两方面。其一，要针对教学内容而设计，使之建立在充分考虑与所授教

材内容的有机内在联系的基础上，而不能游离于教学内容之外，使之成为数学课堂教学的累赘；其二，要针对学生的年龄特点、心理状态、知识能力基础、爱好兴趣的差异程度而设计。

【案例】在"相遇应用题"（人教版五年级上册第四单元）的教学片段中可这样导入新课：

师：同学们，这节课有很多老师来听课，指导我们学习，我们以热烈的掌声欢迎各位老师！（学生鼓掌）

师：大家在鼓掌时两只手怎么样了？

生：相遇。

师：很好，今天我们就来讨论有关"相遇"的问题。

这样导入自然、干脆、精练、一针见血，极具针对性。

2. 体现启发性原则，切忌导而不入

如果设计的导语不能启发学生积极思考，学生是很难进入角色的。因此，积极的思维活动是数学课堂教学成功的关键。富有启发性、趣味性的导入才能引导学生发现问题，激发学生解决问题的强烈愿望，能营造愉快的学习气氛，促使学生自主进入探求知识的境界，起到抛砖引玉的作用。

【案例】在"三角形的面积计算"（人教版五年级上册第五单元）的教学片段中：

师：两个完全一样的三角形可以拼成一个已学过的什么图形？

生：平行四边形。

师：拼成的图形的底是原来三角形的哪一条边？

生：底边。

师：拼成的图形的高是原来三角形的什么？

生：高。

师：三角形的面积是拼成的图形面积的多少？

生：$\frac{1}{2}$。

师：怎样来表示三角形面积的计算公式？

生：$S_\triangle = \dfrac{1}{2} \times 底 \times 高$。

师：为什么求三角形面积要用底乘以高再除以2？

……

这样的提问既有逻辑性，又有启发性，不仅能使学生较好地理解三角形的面积计算公式，而且能发展学生的思维能力，同时也激活了学生的思维。我们在实际教学中，要善于抓住教材中主要内容的关键之处来提出疑问，激起学生思维的兴趣，恰当地利用启发性原则进行课堂提问，提高数学课堂教学的效率。

3. 富有趣味性原则，切忌枯燥乏味

教师在设计导语时，应在"趣"字上下功夫，使学生对学习对象产生浓厚的兴趣，自觉地排除外界因素和心理因素的干扰，全身心地投入到学习中去。著名的苏联教育学家巴班斯基认为："一堂课之所以必须有趣味性，并非为了引起笑声或耗费精力，趣味性应该使课堂上掌握所学材料的认识活动积极化。"因此，教师要在导入中让学生以新知识发现者的愉快心情把兴趣转化为稳定的内在动力，这才是导入趣味性的原则所在。

【案例】在"随机事件与概率"（人教版九年级下册第二十九章）的教学片段中：

师：今天是老师的幸运日。在这个幸运的日子里，我想把这份神秘的礼物送给咱们班一位最幸运的同学，好不好？

生：好！（有几个淘气的男生还不由自主地搓了搓手）

师：今天神秘礼物的得主是通过3个游戏产生的。

第一个游戏：前后桌4名同学为一组，以玩"手心手背"的游戏决出胜者。

第二个游戏：老师准备了4道题（本节课需要用到的旧知识），请第一个游戏胜出的同学进行抢答，按成绩取前3名。

第三个游戏：请第二个游戏胜出的3名同学到前面来，面朝大家，老师发给每人一枚一角硬币，每人连续掷3次，3次都是正面的为胜，最后得胜者就是今天的幸运同学。

教师通过设置三个游戏环节期望达到的目标是：通过游戏的公平性，渗透等可能事件发生的条件，体会随机思想；以比赛的形式复习已有的概率知识，吸引了学生的注意力，增加了数学课的趣味性，提高了学生学习这一章知识的兴趣；最后将第三个游戏作为问题背景，引入新课。

4. 讲究多样性原则，切忌千篇一律

课的导入应根据不同的教学内容、不同的教学对象、不同的课型，灵活多变地采用各种方法，做到巧妙、新颖、不千篇一律。固定单一的导入方法会使学生感到枯燥、呆板，这就要求教师除了有精湛的演讲技艺外，还必须有丰富的资料和广博的知识。这样，教师才能灵活运用各种各样的导入方法，从而使开讲更加活泼，更加引人入胜。

【案例一】在"正数和负数"（人教版七年级上册第一单元）的教学片段中，可以采取创设生活情境导入：

师：同学们好，我是你们的数学老师，先作一下自我介绍，我的名字是×××，身高 1.63 米，体重 54.5 千克，今年 34 岁，我们的班级是七（2）班，有 50 个同学，其中男同学有 27 人，占全班人数的 54%。

问题1：老师刚才的介绍中出现了几个数？分别是什么？你能将这些数按以前学过的数的分类方法进行分类吗？

（学生活动：思考，交流）

师：（在学生讨论基础上进行总结）以前学过的数，实际上主要有两大类，分别是整数和分数（包括小数）。

问题2：在生活中，仅有整数和分数就够用了吗？

请同学们看书（观察本节前面的几幅图中用到了什么数，让学生感受引入负数的必要性）并思考讨论，然后进行交流。

这位老师在跟学生初次见面时，设计了很好的见面词，且渗透了当天要讲的新知识，可谓一举两得。

【案例二】在"有理数中的数轴"（人教版七年级上册第一单元）的教学片段中，可以采取类比导入：

师：有理数包括哪些数？0是正数还是负数？

生：正数、0和负数。0不是正数也不是负数。

师：温度计的用途是什么？类似这种用带有刻度的物体表示数的东西还有哪些？

生：直尺、弹簧秤……

师：数学中，在一条直线上画出刻度，标上读数，用直线上的点表示正数、负数和0。

教师将温度计抽象成数轴，激发学生的学习兴趣，使学生受到把实际问题抽象成数学问题的训练，同时把类比的思想方法贯穿于概念的形成过程。

【案例三】在"有理数的加法"（人教版七年级上册第一单元）的教学片段中，可以采取直观导入：

师：首先，请同学们观看下面一个动画。（动画里出现一只蜗牛向左爬行，另一只向右爬行）（学生认真地观看动画）大家看到了什么？

生：两只蜗牛在笔直的公路上爬。

师：好，那么看完这个动画之后，有四个问题需要我们一起来解决。现在请同学们一起来齐读一下这四个问题。（同学们齐声读）

问题1：如果蜗牛一直以每分钟2 cm的速度向右爬行，3分钟后它在什么位置？

问题2：如果蜗牛一直以每分钟2 cm的速度向左爬行，3分钟后它在什么位置？

问题3：如果蜗牛一直以每分钟2 cm的速度向右爬行，3分钟前它在什么位置？

问题4：如果蜗牛一直以每分钟2 cm的速度向左爬行，3分钟前它在什么位置？

教师通过多媒体显示蜗牛在数轴上爬行，引导学生把生活问题转化为数学问题，这种直观教学技能有助于学生思考解答，更有利于学生接下来掌握有理数乘法法则。

5. 注意简洁性原则，切忌拖沓冗长

课堂导入作为数学课堂教学前奏曲，虽然是教学过程的一个重要环节，但并不是中心环节，只是为中心环节作铺垫。课堂导入的时间不宜过长，否则会影响新课的讲述。因此，教师引入新课时应言简意赅，用最少的话语，花最少的时间，迅速而巧妙地缩短师生之间的距离以及学生与教材之间的距离，将学生的注意力集中到课程内容上来，完成向新课教学的过渡。

【案例】在"有理数的乘方"（人教版七年级上册第一单元）的教学片段中：

师：前面我们已经学习了有理数的乘法，现在请大家拿起笔，10 秒内写出 10 个 2 相乘和 10 个 −2 相乘的式子并作答。

（学生争分夺秒地写着……10 秒钟过去了，但同学们都没能完成）

教师在新课的开始让学生在规定时间内完成两道因数相同的乘法，不仅渗透了有理数乘方的内容，还能让学生期待接下来的教学内容，使学生迅速进入学习情境。

四、类型与方法

导入的教学技能，要依据教学的任务和内容、学生的年龄特征和心理特征灵活运用。常用的导入技能有以下几种类型：

（一） 直观导入

直观导入是指利用实物、教具（挂图、投影片、幻灯片、电影、录像等），引导学生进行观察、分析，引出新知识的导入方法。这种导入方式建立在直观的基础上，引导学生通过各种感官直接或间接地感知具体事物的形象，使学生获得鲜明的表象，进而提出新问题，从解决问题入手，自然地过渡到新课的学习；同时又有利于学生由形象思维过渡到抽象思维，为学生抽象思维的形成奠定感性的认知基础。

值得注意的是，我国初中新课程改革重视发展中学生的数感和符号感，重视口算、估算，提倡算法多样化，注重引导中学生理解证明的必要性、理解证明的基本过程，加强了三维空间几何体的相关内容，为中学生培养直观的思维提供了不少素材。因此，在教学过程中，教师要根据学生实际，并结合教材具体内容，采取适当的直观手段，有意识地培养学生的观察力、想象力和判断力。

数学教学的直观手段分为感官直观与思维直观两个层次，这是由数学的特点和数学的认知特点所决定的。从数学教材的内容所呈现的逻辑结构来看，较高级的抽象层次是建立在较低级的抽象层次基础上的；从认知的角度讲，也要先从对客观事物的直接认识出发，形成对教材内容逻辑结构的把握。

1. 感官直观层次上的直观手段

（1）**实物直观。**

实物直观是指在教师的指导下，让中学生直接接触大自然，取得对大自然的直接感知，从中抽象出所需学习的数学概念，形成鲜明的表象。实物直观有利于学生牢固地掌握特定的基本概念或基本方法，形成学习后续知识的牢固基础。例如中学生通过对光线、绳子等感知形成直线、射线、线段等概念，通过折纸发展中学生的几何观念等。另外，在教师指导下，让中学生利用所学理论解决实际问题，从而巩固所学知识，对所学知识达到更深刻的掌握，从这种意义上讲，它也应被视为实物直观手段。实物直观具有鲜明性、生动性和真实性，有利于中学生确切地理解教材、掌握教材，有助于提高中学生的学习兴趣和积极性，能激发中学生的求知欲，使中学生更快掌握知识，也不易忘记。实物直观的缺点是事物的本质特征难以得到突出、内部不易细察、动静难以控制，不易组织中学生进行有效的观察。

（2）**模型直观。**

在数学课程中，由于理论的理想性，直接观察现实世界现象有时就显得不够，不足以抽象出相应的概念和关系的，因而就产生了模型这种直观教具。模型直观也叫教具直观，是直观教学的类型之一，是指为学生感知实际事物的模拟性形象提供感性材料的直观方式，如观看图片、图表、模型、幻灯、录像、电影等。模型直观可以摆脱实物的局限性，根据教学目的对实物进行模拟、放大、缩小、突出重点，可以变静为动或变动为静，把快变慢或把慢变快，也可以变死为活、变远为近，从而把难以呈现的对象在中学生面前呈现出来。模型直观还可使抽象难懂的东西成为具体的、易认识的东西。利用模型直观，既可以使中学生通过模拟大自然的状态的方法间接地认识自然，又有利于中学生从他们习惯的生活经验和常规思想转向与他们所学习的科学知识相适应的经验和思维，即理论思维过渡，有利于训育中学生的常规思想，使其摆脱偏见和谬误。

2. 思维直观层次上的直观手段

（1）**数学语言直观。**

语言直观是实物直观和模型直观的一种辅助形式，一般指在教学中使用形象化的语言描述。数学语言是逻辑性很强的语言，通常根据所使用的主要词汇，将数学语言分为三种：文字语言、符号语言和图像语言。图像语言是数学的直观语言，它不同于实物的直观感知，而是通过抽象思维加工和概括后的产物。它形象、直观地表达数学概念、定理和法则，往往使整个思维过程变得易于把握。同时语言直观可以不受客观条件的限制，即不受时间、地点、设备的限制，但它不如实物直观感知那样鲜明、完整和稳定，它容易暗淡、动摇、中断，甚至不正确。教师在进行直观教学时，要根据教学的目的和要求，从教学内容的实际出发，结合学生身心发展的特点，才能有效地提高教学质量。

（2）**模式直观**。

与借助视觉感官的模型直观不同，模式直观借助抽象思维的层次而展开。大自然具有秩序，人的思维过程则具有层次性，从比较具体的思维向更加抽象的思维逐步过渡。于是，在较高层次的思维过程中，我们可以利用较低层次的直观形象作为背景，构建推理模式。一般来说，所谓模式直观，是指以相对具体的、先前已经熟悉的、具有普遍协调感的、容易接近的模式作为背景，帮助学生进一步把握和理解更加抽象、更为深刻的思维对象。模式直观广泛存在于理性思维的过程中，许多思维策略都起源于某种模式直观。比如设想一个钱包，钱包内有一个夹层，先在夹层里放 1 块钱，再放 2 块钱，合起来共有 $1+2$ 块钱，然后再在夹层外放 3 块钱，这样钱包里一共有 6 块钱。我们的加法程序是 $(1+2)+3$。现在采用另一个程序来放置同样的钱：先在夹层里放 1 块钱，再在夹层外放 2 块钱，然后再在中层放 3 块钱。这样，钱包夹层外共放 $2+3$ 块钱。钱包里的总钱数为 $1+(2+3)$ 块钱。模式直观告诉我们 $(1+2)+3=1+(2+3)$。又如无理数的代数运算，无理数定义为"无限不循环小数"，那么两个无理数的和 $a+b$ 是什么意思呢？这涉及无限数列的极限问题，需要用"柯西列"的理论加以处理，进一步，涉及无理数四则运算的结合律、交换律、分配律等内容，在中学数学中都无法给出严格的逻辑证明。那么，如何处理呢？只能借助已知的有理数模式作为直观的基础。

综上所述，在教学过程中，教师要根据中学生具体情况，结合教材具体内容，采取适当的直观手段，这将对教学效果和中学生素质的全面发展起到显著的促进作用。

采用直观的导课方式有如下作用：

①引起兴趣，集中注意。爱因斯坦说："兴趣是最好的老师。"兴趣是学生主动学习、积极思考的原动力。我国古代教育家孔子也说："知之者不如好之者，好之者不如乐之者。"由"好"和"乐"产生的求知欲是克服一切困难的动力。因此，教师可以通过使用直观道具或投影、录像等多媒体引起学生的注意，使他们的兴奋点集中于新课题的学习。

②激发动机，促进思考。学习动机是直接推动学生学习的内在动力。在数学教学的导入过程中，教师运用各种形象、直观的教学手段，使对于学生来说相对枯燥无味的数学教学具有新颖性和实用价值，以此让学生在学习中得到精神上的满足，这无疑有利于激发学生的学习动机。

③丰富表象，发展想象。所谓想象，是指个体在客观事物的影响下、在言语的调节下，对人脑中已有的表象进行加工改造，重新组合，从而产生新表象的心理过程。想象对事物的发展具有预见作用，对人的智能活动具有定向作用。学生的想象力越丰富，对知识的理解就越有创见。而想象的水平依赖于表象的数量和质量。学生的各类表象越丰富，想象也就越自由；表象越贫乏，想象也就越肤浅。因此，通过多种直观方式，可以极大地丰富学生的表象，为培养学生的想象力奠定基础。

④化抽象为具体，加深理解。数学这门学科的特点是高度抽象性，这就决定了数学思维的核心形式是抽象思维，数学教学的一个重要任务就是培养抽象思维能力。而培养学生的抽象思维能力主要是促成形象思维向抽象思维的过渡。教师在进行数学教学中，面对抽象的数学知识，若能采取恰当的直观导入方式，对培养学生的抽象思维能力大有益处。比如在进行高中数学几何部分的平面概念的教学时，往往可以以教室里的桌面、墙面、地面、天花板等作为实物导入，从而把抽象概念形象化，把抽象结论具体化。

直观导入应用需要注意的地方：虽然直观导入形象具体、直观、容易感知，易给学生形象、直接的感性认识，在教学工作中，往往收到事半功倍的效果，但是，在实施的过程中，还有一些需要注意的地方：

①选取的材料要适应学生的年龄层次和心理发展水平。一些动画视频对小学生可能非常有效，但对初中生或高中生就起不到类似的效果，反而会被学生认为幼稚和可笑。

②展示图片、音乐和视频等，能够快速有效地吸引学生的注意力，但是也要求教师能够把学生对这些实物的注意力适时地引导到学习内容上面，而不是一味地让学生放任他们的思维和注意力。那样的话，实物不但不能起到预期的效果，反而会分散学生的注意力。

③直观导入中图表设计的形式要尽可能简明，教具数量宜精忌杂，教具出示宜当忌放，教具演示宜动忌静。

【案例】"直线和圆的位置关系"（人教版九年级上册第二十四章第二节第二课时）。由于直线与圆的位置关系种类繁多且相对抽象，九年级学生理解起来比较困难。在教学中，可通过直线与圆的位置动画演示，给予学生直观的形象，启发学生的抽象性思维，以便更有效地进入这节课的教学主体。请参阅如下片段：

> 师：同学们，你们看过海上日出吗？
>
> 生：没有。
>
> 师：老师曾在海边拍了几张海上美丽日出的照片，现在与同学们共同观赏一下。第一张照片是太阳刚刚露出海面小小的一角时拍的，老师给它取了个名字，叫"嫩阳新长"。
>
> 当老师还沉浸其中时，太阳又悄悄升上一大截，于是老师又马上抓拍下了这一张（出示另一张图），我们可以看到：圆圆的太阳正停留在海平面上，散发着柔和明亮的光芒，宛如夜明珠般熠熠生辉，我们又给这种日出状态取了个诗意的名字，就叫"海上明珠"。
>
> 又过了几分钟，太阳徐徐上升，跃上了万里晴空，悬于天际（出示第三张图），于是，老师也给这张照片取了个名字，就叫"明日高升"。大家听了老师的描绘后，是否也觉得海上日出有一定的诗情画意呢？
>
> 生：是。
>
> 师：但它不仅有着诗情画意的美，而且还蕴含着我们意想不到的数学美。今天，就让我们来挖掘出它的数学之美。大家看，当我们将海平面看作一条直线，太阳的最外一周看成一个圆时，我们可以清楚地看到什么？
>
> ……

在教学的开始，从学生的生活情境——海上日出出发，巧妙地从地平线与太阳的位置关系联系到直线与圆的位置关系。接着给学生展示了直线与圆的位置动画演示，启发学生的抽象性思维，从具体现象到抽象概念。整个教学过程既能激发学生的学习兴趣，又能培养学生运用创造性思维。

（二）情境导入法

"情境"、"创设情境"、"情境教学"、"情境导入"等是在当今课堂教学研究中频频出现的概念。其中"情境导入"是指教师根据教学内容的特点运用语言、音乐等手段，创设一定的情境渲染课堂气氛，使学生在潜移默化中进入新课学习的一种导入方式。乔纳森（Jonassen）在《学习环境的理论基础》一书中对"情境"作过这样的描述："情境是利用一个熟悉的参考物，帮助学习者将一个要探究的概念与熟悉的经验联系起来，引导他们利用这些经验来解释、说明、形成自己的科学知识。"荷兰的数学教育家弗赖登塔尔（Freudenthal）也曾提出过关于"情境"的理论，他认为"情境"可以是以下几种：场所，即一个有意义的"情境"的堆积；故事，即它可以是一个真实的故事，也可以是一个经典的或虚构的特别例子；设计，即被创造的现实；主题，即一个与现实带有多种联系的数学定向的分科分支；剪辑，即从各种印刷品上发现大量数学上人们遇到的麻烦。

根据上述的描述，我们不难发现，作为课堂教学的"情境"，应具备现实性、生活性、趣味性和问题性这四个特征。

①现实性，是指情境来源于现实世界。弗赖登塔尔认为，在我们的现实世界中，到处都存在着数学现象。这些数学现象我们通常称为现实的数学。由于现实的数学实际上是由不同个体在不同环境中的不同生活经历所形成的，能够支持人们在日常生活中的行为决策和行为方式，因而现实数学往往能成为学生学习数学科学的基础。中学数学学科教学的任务之一，就是帮助学生习得一些基础的、必要的、现实的数学。因此，引入课堂的情境就必须具有现实性。

②生活性，是指情境必须贴近学生的生活。现实生活中蕴含着大量的数学问题。然而，学生关心的往往是那些贴近自己生活的问题。因此，引入课堂的情境应更多地关注学生所关心的内容以及学生在生活中所获得的经验，这样才能促使学生的经验数学化。

③趣味性，是指情境必须能够激发学生的学习热情，调动学生的积极性。学生往往会主动地从事自己感兴趣的活动，而情境的引入就是为了激发学生的学习兴趣，让他们主动地参与到数学活动之中，去体验发现与探索的过程。因此在数学课堂中，情境的趣味性是不可缺少的特征之一。

④问题性，是指情境中必须蕴含具有一定挑战性的，能使学生产生疑惑，激发学生的认知冲突，促进学生进行较为深刻的思考的数学问题。总的来说，具有一定挑战性的问题往往可以激发人们探索未知世界的兴趣，寻求更多的发现与创造，从而解决由认知冲突产生的疑问，获得逻辑思维能力的提高。而数学教学的重要目标之一，就是培养学生的逻辑思维能力。因此，情境必须具有"问题性"，才能帮助学生逻辑思维能力的提高。

数学来源于实际生活，但其高度的抽象性、严密的逻辑性、应用的广泛性往往令学生望而生畏，失去兴趣。创设适当的问题情境导入新课，可以激发学生的认知冲突，调动学生的积极性，使学生主动发现、探索、体验、理解数学。

【案例】"有序数对"（人教版七年级下册第六章第一节第一课时）。新课程标准中设定这节课的知识目标是：理解有序数对的意义，能用有序数对表示实际生活中物体的位置，通过寻找用有序数对表示位置的实际背景，发展学生的应用意识。教学重点是用有序数对表示位置，难点是对有序数对中"有序"的理解。由于有序数对与地理上的经纬度类似，所以易通过生活中的情境事例来引入这节课的内容，让学生明白有序数对在实际生活中的应用。请参阅如下片段：

师：同学们，开始上课啦！（引起学生的注意）在上课之前，大家来看一组图片。（用多媒体展示《泰坦尼克号》的部分图片，时间为半分钟左右）（符合操作简洁性原则）可不可以告诉老师，这是什么？

生：这是影片《泰坦尼克号》中的图片。

师：嗯，不错。看来大家都挺喜欢看电影的。没错，大家的回答完全正确。这部影片讲述了一个悲惨的真实故事：英国的豪华客轮泰坦尼克号在从英国开往美国的路途中，在北大西洋发生了海难。（稍作停顿）同学们，现在有一个问题，如果当时你在船上，发生了这样的事，你第一个念头是什么？（符合启发趣味性原则）

生：逃生！（有人回答"呼救"）

师：很好，如果你要呼救，你要怎样向救援人员报告你的位置呢？
……

解析几何的创始人笛卡尔受到经纬度的启发，创造了平面直角坐标系。这节课的设计正是基于对原创者思维的追溯过程，让学生也像数学家那样去思索和探讨。这节课由震惊世界的"泰坦尼克号海难"事件导入，一下子就引起了学生的好奇心，为这节课创造了引人入胜的教学情境；接下来通过学生熟悉的经纬度确定地球上点的位置，进而抽象出用一对实数来表示平面上点的位置的数学问题，显得非常自然。这时教师并没有急于引出"有序数对"等概念，而是给学生一段时间思考和交流，结果学生举出了许多恰当的事例。做好前面的情境导入等准备工作后，教师才开始讲解"有序数对"的概念，就水到渠成了。

（三）旧知识导入法

这是一种由已知向未知的导入方法。新知识都是在一定的旧知识的基础上发展而来的。因而，有经验的教师，常以复习、提问、做习题等教学活动，提供新旧知识联系的关键点，使学生感到新知识并不陌生，从而降低学习新知识的难度，为新的符号或符号代表的概念与学生认知结构中已有的适当概念建立实质性的联系，做好必要的准备。

心理学研究表明，知觉有赖于已有的知识和经验。人们在感知事物时，与该事物有关的知识经验越丰富，感知就越迅速，也越全面。认知心理学的同化理论也认为，教者可以把学生原有认知结构中起固定作用的观念当成连接新旧知识的纽带和桥梁。因此，通过旧知识来导入，从旧到新过渡，连贯自然，淡化学生对新知识的陌生感，使学生迅速将新知识纳入原有的知识结构中，能有效降低学生对新知识的认知难度。而且，通过这种方法导入新课，既可以复习并巩固旧知识，又可把新知识由浅到深、由简单到复杂、由低层次到高层次地建立在旧知识的基础上，从而有利于用知识的联系来启发思维，加强学生对新知识的理解和掌握。

值得注意的是，旧知识导入要找准新旧知识的连接点和相似处，而连接点和相似处的确定又建立在对教材的认真分析和对学生深入了解的基础之上；旧知识导入是搭桥铺路，巧设契机。复习、练习、提问等方式都只是手段。一方面，要通过有针对性的复习为学习新知识作好铺垫；另一方面，在复习的过程中，又要通过各种巧妙的方式设置难点和疑问，使学生思维暂时出现困惑或受到阻碍，从而激发学生思维的积极性，创造教授新知识的契机。

【案例】"圆的面积"（人教版六年级上册第四单元第三节第一课时）。教学内容主要是让学生通过观察、操作、分析和讨论，找出拼接前圆形和拼接后图形各部分之间的联系，从而推导出圆的面积公式。那么，如何激起学生的求知欲，启发学生利用转化的思想，而不是毫无头绪、漫无目的地动手操作来推导圆的面积计算公式呢？请参阅如下片段：

师：同学们，（展示学具圆）如果圆的半径用 r 表示，周长 C 怎么表示呢？（复习旧知识导入法。回忆圆的周长公式，看似与圆的面积没有关系，实际上推导圆的面积计算公式离不开圆的周长计算公式，它是新知识的基础。这样可以在巩固学生旧知识的基础上，增强学生学习数学的信心）

生：$C = 2\pi r$

（学生一起回答，教师板书）

师：很好，周长的一半呢？

生：$C/2 = \pi r$

（学生一起回答，教师板书）

师：（点头微笑，表示肯定学生的答案）同学们，如果有一张圆桌，要为它铺上一块布，问至少要铺上多大的布才能把圆桌盖住呢？（多媒体展示题目,停顿60秒)这实际上是求什么?

(以学生熟悉的生活情境,即在圆桌上铺一块布,引出本节课的学习内容。问题的难度一步步加深,形成认知上的冲突,无法解决新问题,使学生陷入困惑,激发他们对新知识的求知欲)

生:圆的面积。

师:非常好。要把圆桌盖住,桌布至少要和圆桌的面积一样大,相当于是求圆的面积。大家再看看这个圆(展示学具圆),假设它就是所要布的大小。现在请一位同学概括一下圆的面积的定义?

(唤起学生对"面积的定义"的记忆,并且引导学生凭借自己的理解概括出"圆的面积的定义"。使学生深刻理解"圆的面积定义",初步培养学生数学语言的概括能力。给予学生们1分钟的思考时间)

生1:圆的面积是指圆周所围成的部分所占的空间面积。

师:回答得非常好,大家掌声鼓励一下。(多媒体展示定义,老师带领学生一起读出定义)那么,怎么求这个圆的面积呢?

生:……(沉默,满脸疑惑)

师:要是知道圆的面积公式,那该多好啊!这节课就让我们一起来探讨探讨圆的面积的计算方法。(板书题目:圆的面积)

师:请同学们回想一下,我们前面学习了哪些多边形的面积?

(类比导入法。学生学习数学知识的过程,实质上是新知识和学生已有知识经验中的旧知识建立联系的过程。我们都是将多边形转化成某种图形来推导出它们的面积计算公式的。类比这种转化的方法,让学生动手操作,继而推导圆面积的计算公式。这样设计是把切割、增补的方法调出来,作为本节课的"切入点",为引进新知作铺垫,形成正迁移。能化生为熟,化难为易,获得好的教学效果)

生:长方形、正方形、平行四边形、三角形、梯形。

(学生的回答可能参差不齐,所以老师要及时重复学生的回答,表示肯定)

师:在学习平行四边形、三角形、梯形的时候,我们主要采用的是什么方法来推导公式的?

生:切割和增补法。

师:说得真棒!(点头称赞)我们将图形切割成若干部分,再进行增补,最后拼成我们熟悉的图形。请大家看看这个圆纸片,我们该怎么切割、增补呢?

(接下来,学生在老师的指导下,分组互动,动手操作,将圆切割成16等份,观察、拼图,并分析和讨论拼后图形形状——长方形,进而推导圆

的面积计算公式。最后利用公式进行简单的面积计算，并解答有关圆面积的实际问题)

教学过程中，教师采用了"旧知识导入法"，找准了"圆的周长"与"圆的面积"、"多边形面积"与"圆的面积"的推导方法之间的联系。通过有针对性地复习"圆的周长"，为学生在探索推导"圆的面积"的过程中弄清两者之间的内在联系作了铺垫；类比"多边形的面积"的推导方法，有效地形成知识间的迁移，帮助学生建立良好的认知结构。由此利用知识的联系启发思维，加强对新知识的理解和掌握，从而很好地体现了导入技能的"针对性和目的性"原则、"科学系统性"原则以及"有关联时效性"原则。

（四） 故事导入法

具体描述生活中学生熟悉或关心的事例，介绍新颖的趣闻，选取妙趣横生的典故和动人的故事，可避免平铺直叙，为学生创设引人入胜、新奇的学习情境。

采用故事导入的方式，有以下作用：

①引起注意，迅速集中思维。从心理学的角度来讲，学生刚上课时心理处于紧张、消极的状态，生动的故事可以使学生自然进入最佳的学习状态，在大脑皮层和有关神经中枢形成对新知识的"兴奋中心"，使注意力迅速集中，为完成新的学习任务做好心理上的准备。

②揭示课题，体现教学意图。从教育心理学角度来讲，"课程学习的过程是师生共建新知识的过程"。在引入新课的过程中，教师应根据内容的不同提供不同的故事，并适时抓住所提供故事的某一细节，从而提出问题与挑起矛盾，围绕该故事的该情节，因势利导，引导学生针对这一情节进行多种形式的交流、分析与探讨。在此过程中，学生各抒己见，相互争论，在彼此的交流与讨论中揭示课题，通过思考、交流产生顿悟与灵感，为新知识的学习作好铺垫。

③沟通感情，创设学习情境。苏霍姆林斯基说："如果教师不想办法使学生产生情绪高昂和智力振奋的内心状态，就急于传授知识，那么这种知识只能使人产生冷漠的态度，而给不动感情的脑力劳动带来疲劳。"学生喜欢听故事，因此，通过故事导入能够使学生的情绪处于兴奋状态，从而更好地投入到新知识的学习中。

故事导入的应用误区：

故事导入是不少数学教师最喜欢的导入方法之一，学生们都十分喜欢听故事，特别是名家名人的故事，很能激发学生的学习热情。但有部分教师在用故事导入时，往往犯了"鼓槌难敲鼓中心"的毛病。为何？这是因为教师在导入时不注意剪取故事中对学生最有用的部分或者与新知识最相关的部分，往往喜欢将故事讲得有头有尾，有时兴致来了，滔滔不绝。这样未免会将时间拉长，压缩了新课的教授时间，以致新课讲得不生不熟，成了夹生饭。例如讲分数的加法，为了让学生能从著名数学家的成长经历中树立信心，某教师用了 10 分钟之多来讲华罗庚的事例，直到看到手表，才不好意思地打住了。其实，华罗庚的故事任何一堂数学课都可以讲，这种所讲故事与所教知识联系很松散又不注意节制的做法实在不可取。

对策：

故事导入，至少必须注意以下两点：

①选取的故事最好能与所教知识有较为紧密的联系，这样可以顺势导入新授知识，学生也不会感到突兀。

②故事的长度一般为三四分钟。故事过长会耽误正常的教学时间；故事过短又无法吸引学生的注意力。这就要求教师在备课时，要将原有的故事进行浓缩，这就像写文章一样，与主题有关的就多写、重点写，关联少的就少写，无关的就不写。比如，在讲圆周率时，为了让学生了解圆周率的发现人——中国著名的数学家祖冲之，我们需要从祖冲之钻研圆周率的故事导入，但只需讲以下三点则可。①研究的艰苦性。当时，没有现代化的计算机，都是用数筹（小竹棍）进行计算。祖冲之常常天不亮就起床，一遍又一遍地挪动数筹，直到深夜。他前后计算了一万多遍。②圆周率的精确性。祖冲之算出的圆周率是在 3.141 592 6 和 3.141 592 7 之间。③发现的先进性。他是世界上第一个把圆周率的数值算到小数点后 7 位的人。欧洲的数学家奥托在祖冲之的一千多年以后才算出了这个数值。这样的故事讲述时间不长，同时又与所学内容紧密结合。

【案例】"二元一次方程组"（人教版七年级下册第八章第一节第一课时）。这节课内容是继七年级上册一元一次方程之后的有关方程部分的内容。在一元一次方程的基础之上，进一步认识二元一次方程组及其应用。根据教学课程标准要求，这节课的教学目标是要让学生在原有的对方程的认识基础上认识二元一次方程组的概念及其表示形式，进而了解二元一次方程组的解并学会根据具体要求列出方程。根据教学内容要求，二元一次方程组在初中阶段是很重要的一部分，因此，引导学生掌握好这部分内容相当重要。为了引起学生对新知识的兴趣，增强他们的求知欲，宜采取趣味故事导入策略，使学生能够轻松地进入课堂状态。请参阅如下片段：

师：康熙微服南巡经过扬州，碰到一个牛贩子跟两个差役在争执，牛贩子跟一个差役说："你买了我两头牛、3匹马，应付我26两银子。"又跟另一个差役说："你买了我一头牛、3匹马，应付我22两银子。现在你们总共只付我40两银子，那怎生了得？"可是那两个差役蛮不讲理，拒不给钱。康熙见此情景，便站出来说："买卖公平，天经地义。"两个差役见出来一个管闲事的，就蛮横地说："那你说说每头牛和每匹马的单价。"康熙低头沉思了一会儿，就说出了牛和马的单价。两个差役虽然很是惊诧，但还是拒不给钱。最后，康熙拿出玉玺，两个差役吓得连连磕头谢罪并补上银两。

（听完这个故事，学生们对康熙能如此迅速地计算出牛和马的单价都感到无比惊讶）

师（不失时机地问）：你们想知道他是怎样快速解决的吗？今天，就让我们一起来做皇帝，给两个差役上一节数学课。（根据故事内容提出问题，让学生自主思考，调动他们探究问题的热情，并培养学生独立思索问题的能力。通过角色扮演，探究学习，层层引导，列出方程式，从一元一次方程过渡到二元一次方程的学习）

接下来通过分析对问题的解决方法，展开对二元一次方程组的认识与学习。

这是康熙微服南巡的一个历史小故事，也许有些学生已经在某些书籍或电视剧中看过，但是大部分人都只看到了康熙皇帝的聪明智慧，却很少有人思考其中所隐含的数学道理。在数学课堂上引用这样的故事，能够给学生以熟悉感，引起他们的兴趣。同时，教师通过引导，使学生发现故事中所隐含的数学问题，进而推动他们继续探索。故事中的角色转换，又体现了新课程改革要求以学生为主导的思想理论，从而使学生满怀信心地参与其中，有效地调动了学生学习的积极性与活跃性。这节课是二元一次方程组的第一课时，所以该故事既可以让学生认识二元一次方程，又对下一节解二元一次方程组的课程起到链接作用，承上启下，增强教学设计的连贯性和严谨性。

（五）数学史导入法

数学史导入是指教师在开展教学活动前，利用数学史上的一些故事，趣闻、名人名题等来创设生动幽默、富有人情味和鼓励性的问题情境，激发学生的好奇心，从而唤起学生的求知欲，使学生能够积极主动地投入到即将开始的数学学习与探究活动中去。

众所周知，数学是研究空间形式和数量关系的科学，是刻画自然规律和社会规律的科学语言和有效工具。与其他学科的知识相比，数学是一门历史性或者说积累性很强的学科。长期以来，数学课堂教学的概念就是教师对这节课的知识点耐心地讲，学生认真地听。这种传统的课堂不利于学生思维的发展和能力的培养，更不利于学生视野的开阔与学习兴趣的激发。因此，在课程改革中，数学史导入法被看作是理解和学习数学的一种有效方法，数学史对揭示数学知识的来源和数学发展的规律，激发学生的学习兴趣都有着特殊的、不可替代的作用。

适当地引入数学史知识，有利于激发学生学习数学的兴趣。浓厚的学习兴趣能够有效地诱发学生的学习动机，促使学生自觉地集中注意力，全神贯注地投入到学习活动中；浓厚的学习兴趣能帮助学生在繁重的学习过程中抑制疲劳，产生愉快情绪。在传统数学教学中，数学给学生的印象是枯燥乏味、抽象难懂的科目。之所以这样，很重要的原因是数学学习不能引起学生的兴趣。但这并非因为数学本身无趣，而是教师在课堂教学中呈现给学生的是那些经过了反复推敲的，同时也相对失去了生机的数学。这种已经被标本化了的数学不但不能激发学生的兴趣，反而会使学生产生乏味的感觉。因此，在数学教学中，适时、恰当地引入与教学内容有关的数学史和引人入胜、富有启发意义的历史话题，可以使学生明白数学并不是一门枯燥无味的学科，而是一门不断发展的生动有趣的学科，从而可以大大激发学生学习数学的兴趣。

适当地引入数学史知识，有利于培养学生的探究能力和创造性思维能力。教育家叶圣陶说过："什么是教育？简单一句话，就是养成良好的习惯。"普通高中数学课程标准明确指出："倡导积极主动、勇于探索的学习方式……力求通过各种不同形式的自主学习、探究活动，让学生体验数学发现和创造的历程，发展他们的创新意识。"探究能力和创造性思维能力作为数学思维能力的重要组成部分，是高中数学教学重点培养的能力。在教学中教师可以适当地引入数学史知识，数学史中记载了许多数学家发明、发现数学理论的生动过程。向学生介绍这些过程，有利于学生了解数学理论发展的历史背景、数学知识的创造过程和其中的数学思想方法，学生从中可以体会到一种活的、真正的数学思维过程和数学学习方法，有利于培养学生的探究能力和创造性思维能力。

【案例】"勾股定理"（人教版八年级下册第十八章第二节第一课时）。

八年级学生的求知欲较强，对事物的发展过程充满了好奇，同时，新课程标准明确要求学生体验勾股定理的探索过程。因此，宜采用数学史导入教学法。请参阅如下片段：

> 师：同学们好！我们将进行新课的学习，在上课之前老师想先问问大家，你们还记得他是谁吗？（指着 PPT 上的人物图片）
> 生：毕达哥拉斯。
> 师：没错，他就是古希腊处于数学界领导地位的数学家毕达哥拉斯。他传奇般的一生给后人留下了很多传奇的故事。他曾到古巴比伦和埃及游学，直接接受东方文化的熏陶。回国后，毕达哥拉斯又创建了政治、宗教、教学合一的学术团体，这个团体被后人称为毕达哥拉斯学派。他在天文、哲学和数学等方面都作出了较大的贡献，尤其是他发现了直角三角形三边之间的特殊关系。当中还有一个有趣的故事。相传在 2 500 年以前，毕达哥拉斯去朋友家做客。朋友家豪华宫殿般的餐厅铺着美丽的正方形大理石瓷砖。由于大餐迟迟不上桌，饥肠辘辘的贵宾颇有怨言。只有这位善于观察和发现的毕达哥拉斯双眼一直看着地板上的瓷砖，他不仅是在欣赏脚下排列规则、美丽的方形瓷砖，同时还在思考它们和数之间的关系。他拿了画笔蹲在地板上，选了一块瓷砖以它的对角线为边画一个正方形，他发现这样作出正方形面积恰好等于两块瓷砖的面积和。他很好奇。于是再以两块瓷砖拼成的矩形之对角线作一个正方形，他发现这样作出正方形之面积正好等于 5 块瓷砖的面积。因此，毕达哥拉斯作了大胆的假设：任何直角三角形，其两直角边的平方和等于斜边的平方。后人基于他这个假设，作了很多的努力之后，终于用 1 000 多种方法证明了他的假设。

在教学开始前，选用一个有趣的历史故事，让学生在学习系统知识的同时，对数学知识的产生过程有一个大概的认识，能够培养学生勤于思考、善于发现的好习惯。

（六）游戏导入法

游戏导入法就是通过与新知识有关的课堂游戏导入这节课题的导入方法。心理学家弗洛伊德指出，游戏是由愉快原则促成的，它是满足的源泉。喜欢玩是中学生的普遍特性。数学游戏融知识性、趣味性于一体，是一种极好的益智活动，深受学生喜爱。用游戏作为新课的开头，能迅速集中学生的注意力，调动学生的积极性，让学生最大限度地参与到学习活动中去。

【案例】"随机事件与概率"（人教版九年级上册第二十五章第一节第一课时）。学生已初步体会了事件发生的可能性的意义，能按事件发生的可能性对事件进行分类，会对简单事件发生的各种可能性进行统计。这节课将在此基础上进一步让学生通过实例认识事件发生的可能性大小的意义，了解事件发生的可能性的大小是由事件发生的条件来决定的，从而为下节课学习概率意义及其计算作铺垫。请参阅如下片段：

师：同学们，老师现在手中有红、黄、白3个乒乓球。这3个乒乓球除了颜色不一样，大小形状都相同。现在，我请问同学们，你们喜欢哪种颜色的球呀？

（有的同学喜欢红球，有的同学喜欢黄球，还有的同学喜欢白球。接着用这3个乒乓球来做一个游戏：把这3个乒乓球放入一个空盒子里，摇一摇。然后请一个同学上来摸出一个球，看是不是他想要的那种颜色的球）

师：有谁愿意上来玩这个游戏呀？

生：我！我！

师：小明同学，你喜欢什么颜色的球呢？

小明：我喜欢黄色球。

师：好，那现在请你闭着眼睛摸出一个乒乓球。

（小明没摸到黄色球）

师：有点可惜呀，小明摸出了一个红球。不过没关系，同学们，我们再给小明一次机会好不好？

生：好！

师：好，那老师再给你一次机会，让你再摸一次，第二次你可要加油哦！

……

学生已经初步体会了事件发生的可能性意义，能按事件发生的可能性对事件进行分类，会对简单事件发生的各种可能性进行统计。而对如何用数值来刻画可能性的大小这样较为抽象的代数问题，如果采用直接导入，就会比较枯燥而且难懂。因此，在教学开始前，教师通过摸球的游戏导入，寓教于乐，乐中求教，可以大大提高学生的学习兴趣，活跃课堂气氛，同时使学生在游戏中更深刻地理解概率这样抽象性的概念。

（七） 悬念导入法

悬念导入法是利用一些违背学生已有观念的事例或互相矛盾的推理造成学生的认知冲突，然后平息这种冲突的导课方式。古人云："学起于思，思源于疑。"在导入中巧设悬念，容易激发学生的好奇心和求知欲，使其思维处于一种激动状态，产生一种非弄清不可的探究心理，对培养学生的数学兴趣，纠正其旧知识中不正确的理解，建立新旧知识的内在联系具有良好的作用。但这种导课方式需要教师备课时精心设计、周密准备，对课堂上将会发生的事做好充分的准备，这样才能在实际教学中运用自如，引导贴切，不致使学生人云亦云，一头雾水。

【案例】"有理数的乘方"（人教版七年级上册第二章第六节第一课时）。学生在前面已经学习了有理数的加减法和有理数的乘除法，开始对计算感到枯燥，对所学内容容易失去兴趣。针对这一现象，有理数的乘法宜采取策略"巧设悬念导入"。请参阅如下片段：

上课伊始，教师在黑板上写下一大串数字（14916253649688110012l144）。老师边写还边故意说："降低点难度，就写这些位吧。"写完后马上提问："哪位同学能在 30 秒内记住这个 24 位数字？现在开始计时。"话音刚落，一部分学生开始背这串数字，很快教室就被一片背数声所淹没。这时教师又故意催促时间。

生 1：这么多位，怎么能在 30 秒内记住？

生 2：这个数字一定有什么规律，快找。

（这位学生的判断马上得到了大多数同学的肯定，但是大家没找到，30 秒很快过去了，全班没有一个学生能在规定时间内记住这个数字）

师：刚才有的同学说这个数字一定有规律，说得很好，这个数字确实有规律。按照这个规律我还可以继续写下去，而且能够无穷无尽地写下去。你们想不想知道这个规律？

在新课导入时，教师巧设悬念，具有强烈的吸引力，可以使学生产生一种急切期待的心理。这种心理状态能激起学生探究的浓厚兴趣，而兴趣是开启学生思维之门，让学生尽情发挥创造力的金钥匙。此时教师加以指导，略加点拨，就能使学生处于兴趣高涨的状态，智慧的火花就会随之被点燃。

（八） 实验导入法

实验导入法是指设置以实验为主的多种探究活动来导入的一种导课方式。新课程标准强调要丰富学生的学习方式，自主探究、动手实践、合作交流等都是学习数学的重要方式。从数学实验中创设情境导入，不仅使学生体验科学研究的过程，营造数学思维和数学创新的良好氛围，更有利于激发学生学习数学的兴趣，强化其科学探究的意识，促使其学习方式的转变，培养学生的创新精神和实践能力。

【案例】"三角形内角和"（人教版七年级下册第七章第二节第一课时）。该年龄段的学生已经掌握了三角形的概念、分类，熟悉了锐角、直角、钝角、平角这些角的知识，也有可能部分学生已经知道三角形的内角和是180°，但是"知其然不知其所以然"。所以，这节课的重点不在于了解，而在于验证和应用，让学生动手实践，有利于激发学生的兴趣，同时发展学生的空间思维以及提高解决问题的能力。请参阅如下片段：

师：前面我们已经认识了三角形，（教师板书课题：三角形）请大家回忆一下，三角形按角分类有哪些呢？（教师板书：锐角三角形、直角三角形、钝角三角形）

学生拿出自己的三角板，在小组内说说每个三角板上三个角的度数。

师质疑：三角板三个角度数和是多少呢？我们这节课将要一起来研究有关三角形内角和的知识。（板书补充课题：内角和）齐读课题，看到这个课题，你有什么问题想提吗？

师：我们先来听第一个问题：什么是三角形的内角？（我们通常把三角形内的三个角，叫作三角形的内角）谁愿意说说你的想法？一个三角形有几个内角？（出示课件）

师：第二个问题：三角形的内角和指的是什么呢？（同桌相互说一说）

①师拿出两个三角板，问：它们是什么三角形？

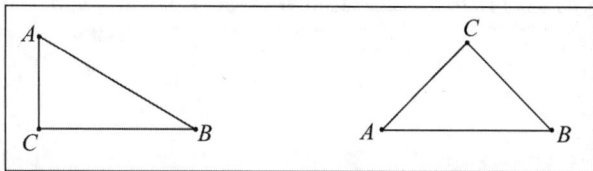

师：请大家拿出自己的两个三角尺，根据刚才同桌说的3个角的度数，求出这两个直角三角形的内角和。

（学生们很快求出每块三角尺 3 个角的和都是 180°）

师：其他三角形的内角和也是 180°吗？

②师：同学们能通过动手操作，想办法来验证自己的猜想吗？请同学们拿出准备好的三种三角形（直角三角形、钝角三角形、锐角三角形），在小组内选出一种三角形，先测量出每个角的度数，再算出它们的内角和，把结果填在表中。（如下表所示）

三角形的名称	∠1	∠2	∠3	内角和的度数
锐角三角形				
直角三角形				
钝角三角形				

这节课通过由学生自己去实验，自己去总结、去迁移，吸引学生积极主动地参与学习活动，在学习活动中理解数学知识，积累学习方法、思维方法和科学探究的方法，体验自主学习的快乐和成功。

五、章后语

本章介绍了各种不同的导入技能，在设计和实施中，应尽量符合下列要求，才能导之有方。

首先，导入的目的性与针对性要强。要有助于学生初步明确将学什么、怎么学、为什么要学；要针对教学内容的特点与学生实际，采用适当的导入方法。

其次，导入要具有关联性。善于以旧拓新，温故知新。导入的内容要与新课的重点紧密相关，是揭示新旧知识联系的关键。

再次，尽量以生动、具体的事例、实验为依托，引入新知识、新概念。设问与讲述要求能激其情、引其疑，发人深思。

最后，导入要有趣味，有一定艺术魅力，即引人注目、颇有风趣、造成悬念。导入的魅力在很大程度上依赖于教师生动、通俗的语言和炽热的感情。

第四章　言蕴深情，增强吸引力
—— 谈数学教学语言技能的运用与提升

《高等师范学校学生的教师职业技能基本要求（试行稿）》规定，师范生的职业基本技能包括普通话和口语表达技能、书写规范汉字和书面表达技能、教学工作技能、班主任工作技能四个方面。教学语言的根本任务在于较好地运用自然语言向学生传道、授业、解惑，并且透过学生的言语活动确切领会学生的情意，从而实现教学中的双向互动交流，完成教学任务，实现教学目标。可见，教学语言属于口语表达范畴，是教师完成教学工作和班主任工作不可或缺的主要工具和载体，无论教育手段的现代化程度如何之高，都无法替代教师通过教学语言完成相关教学任务的基本教学方式。因此，教学语言技能是师范生多项职业技能的综合产物，在重塑师范生职业技能和职业品格的要求下，我们应该特别注重师范生教学语言技能的训练。

一、概　念

教学语言技能是教师传递信息、提供指导的语言行为方式，它是一切教学活动（如传授知识和技能、培养能力和方法、表达思想感情、激发学习兴趣等）最基本的行为方式。教学语言技能是由基本语言技能和适应教学要求的特殊语言技能两方面构成的。

1. 基本语言技能的主要构成

（1）组织内部言语的技能。

人们在说话时，都是先想后说，边想边说。想就是组织内部言语，思考"为什么说"、"对谁说"以及说话的要点。负责内部言语生成与组织的是大脑神经中枢。看到外界事物获得的印象，以及听学生回答问题时获得的信息，马上进入大脑神经中枢这个加工厂加工，经过闪电般的分析、综合、归纳、演绎，或引起联想，或发生想象，形成内部言语。内部言语组织得快，语言就流畅、连贯；内部言语组织得好，说出的话就清晰、有条理。可见，内部言语的组织能力是构成语言技能的第一要素。

（2）快速言语编码的技能。

人们说话，也是把内部言语经过扩展进行编码的短暂过程。使内部言语能够顺利编码的条件有两个。一是有一定的口语词汇储备。这是言语编码的符号材料。如果教师掌握的口语词汇多，则讲解时对词语就有较多的选择，说话就准确、流利、生动。二是要掌握把词语按正确次序组合的规则，即懂得语法规范。这是言语编码的结构法则。语法规范是人们在长期语言实践中获得的。只有言语编码符合语法规范，学生才能听懂。总之，快速言语编码技能，是构成教学语言技能的第二个要素。如果这种技能缺乏训练，讲话时想不起恰当的词汇，就会造成较多的停顿现象，或者是词不达意。

（3）运用语音表情达意的技能。

人们说话是把内部语言经过扩展，并编码成一定的语句，同时大脑神经中枢控制发音器官，发出不同音高、音强、音长的语音波，变成外部语言（有声语言）的过程。由于除了有一个口腔外，我们还有一个特有的咽腔，以及转动灵活的舌头，所以能发出多种音高、音强、音长的语音波，使有声语句不仅能表达各种意思，而且能传达出多变的、动人的感情色彩。善说的人很会运用语音、语调、语速、语量的变化来表情达意，从而增强表达的效果。可见，运用语音表情达意的技能，也是构成教学语言技能的一个重要因素。

2. 教学语言的特殊结构

在课堂上，教师要从一定的教学目标、教学内容、教学对象、教学媒体出发来组织自己的语言，这就形成了课堂教学语言的特殊结构。

教师在课堂上无论讲解还是提问，从一个完整的段落来看，其基本结构是由三个要素（阶段），即引入、介入、评核构成的。

（1）引入。

教师用不同的方式，使学生对所学内容做好心理准备。此要素的细节有：界限标志——指明一个新话题的开始；点题、集中——明确要求和目的；指名——指定学生作答或操作。

（2）介入。

教师用不同的方式，鼓励、诱发、提示学生作出正确回答，或提出要求。此要素的细节有：提示——教师提示问题、提供知识、提供行为的依据；重复——重复学生的回答，以引起全体学生的重视，或作出判断；追问——根据学生错误或不完全正确的答案再提问题，引导学生深入思考，最后得出正确的答案。

（3）评核。

教师以不同的方式处理学生的回答。此要素的细节有：评价——对学生的回答加以分析、评论；更正——当学生的答案还不正确或思想方法不完善时，教师予以剖析、更正；追问——继续设问，引导学生更加深入而广泛地思考；扩展、延伸——在已经得到正确结论的基础上，联系其他有关资料和相关问题，进行分析、探索。

3. 口头语言质量的评价

评价一位教师口头语言的质量，除了看其语言内容是否正确、深刻以外，对口头语言形式本身，还可以列出以下评价指标：

(1) **语音**。

语音是语言的物质材料。有了语音这一载体，才能使得表达信息的符号——语言能以声音的形式发出、传送和被感知。在交际中，特别是在教学中，要使用准确、流畅的普通话，语音力求清晰、清脆、悦耳，音色圆润，吐字清楚、坚实、完整。造成吐字不清的主要原因是唇、齿、舌在发相应的字音时不到位。对于这种问题，只要有意识地加以矫正，并且经常练习，是可以解决的。

(2) **语量**。

语量是指讲话声音的大小。语量要符合语言情景和表情达意的需要。课堂口语的语量，最好控制在使教室最后一排的学生也能听清楚的程度。在师生数人对话的场合，能掌握小声发音法、徐声发音法。语量的大小与气息的控制有密切关系。要达到一定的语量，注意要深吸气，讲话时有控制地用气。教师还要注意语量的稳定，要把每一句的最后一个字都清清楚楚地送进学生的耳朵。不能先强后弱，越说越没有底气。而爆发式的语音激变会使学生吓一跳，也是要避免的。

(3) **语调**。

语调是指讲话时声音高低升降的变化。语调能强化表情达意的效果，增添口语表达的生动性。要求语调自然、适度，力求优美。同时，能以高亢调、低重调、短促调、加长调、重音调等"调式"进行朗读与讲述。

(4) **语汇**。

要熟练地运用口语语汇，并能在交际中，特别是在教学中做到：语言正确，即用语符合口语语法规范，这是让学生听得懂的前提；语言准确，即讲的话能准确表达自己的原意和客观事物，讲话不能使学生不解其意；语言精练，即每一句话都有用途，没有不必要的重复，使学生听起来干脆、利落；语言生动，即讲的话富有形象性、可感性，使学生能够想象出所描述的人和事，注意选词组句的感情色彩，忌干瘪、刻板；语言纯洁，即选用的词汇是为社会公认的、绝大多数人都能听懂的，不生造只有自己明白的词语。尽量少说方言语汇，不说土话、"流行语"。只有掌握比较丰富的语汇，才能在说话时迅速说出准确、简明、生动的语句，增强语言的表现力。

（5）语速。

指讲话时的快慢变化。能根据讲解内容和个人表情达意的需要，运用恰当的语速说话，在应该快速说话时，不结巴，语言流畅；在应该慢速说话时，不拖沓。在课堂教学中，语速要适度，一般为每分钟 200 ~ 250 字，但是每个字所占的时间并不一样。句中、句间还有长短不一的停顿。这些音的长短和停顿的长短所构成的快慢变化，就是节奏。善于调节话语的快慢变化，形成和谐的节奏，也可以增加表达的生动性，使学生不紧张、不疲劳。

（6）语境。

说话注意对象、场合，能根据讲话环境自然地诉说，有针对性地谈话。比如在正式讲课的场合、在与学生促膝谈心的场合、在佳节联欢的场合，说话是有区别的，要根据不同的需要、氛围说不同的话。教师讲课必须注意学生的年龄特征、当时的心理情绪，以便选择恰当的说话角度、措辞、口气和语调，使话语的感情色彩符合教学的内容和学生的需要。

（7）语态。

以态势语言（例如眼神、面部表情、手势、身势等）辅助说话。语态要自然、大方、适度，做到态势语言与有声语言的巧妙配合。

上述口头语言形式上的质量指标，对能言善辩的人来说，也很难全部达到。向广大教师提出口头语言质量指标，有利于教师认识教学语言技能的丰富内涵，提高教学语言训练的自觉性，并经过自身坚持不懈的努力，逐步向上述指标靠拢。

教学过程既是学生对客观世界的特殊认识过程，也是学生发展的过程。这种特殊性，首先是所学的大多是前人已经"发现"了的、经过概括总结的知识；其次是在这一认识过程中，教师发挥着引导、指导和疏导的作用，为学生的学习"导航"开路。教师的课堂教学，要在钻研教材内容的深度和广度、知识的逻辑关系的基础上，按照学生的认识顺序（从感知到理解、从已知到未知、由表及里、由此及彼、从特殊到一般和从一般到特殊的结合，在理解的基础上巩固和应用，在理解的基础上从模仿到创造、由易到难、由简到繁地学习）和学生的心理发展顺序（主要指学生认识能力的发展），对教材内容加以周密的组织和能动的改造，并且用清晰、准确、简洁、生动和富于启发性的语言表达出来，以便于学生感知和理解。因此，教师的教学语言水平，是影响学生学习质量和智力素质（一般指思维能力、观察能力、注意力、记忆力、想象力等）直接的、重要的因素，是课堂教学高效与否的关键。

二、功能

教师教学语言的魅力就在于它能够在教学过程中化深奥为浅显，化抽象为具体，化平淡为神奇，从而激发学生学习的兴趣，引起学生的注意力和求知欲。数学教学离不开教学语言这个有力的手段。教师的教学语言修养良好，就会"不是蜜，但它可以粘住一切"，常常可以为教学锦上添花是教学，更上一层楼；相反，如果教师的教学语言修养不高，就会"茶壶里煮饺子——肚里有货倒不出"，往往直接导致教学的失败。所以，良好的数学教学语言修养应当成为每一位教师的自觉追求。为此，应首先明确数学课堂教学语言技能运用的目的。

1. 传递准确的知识信息

语言是信息的载体，是一切数学教学活动的最基本的行为。通过教学语言引导学生观察所研究的对象或现象最本质的方面，清楚、有效、科学地传递知识信息。教学中大量的活动需要通过语言的表达和交流来实现。数学教师只有使用准确、规范的数学教学语言，才能使学生扎实地掌握基础知识。数学教学语言水平与教学效果是直接相关的。有研究表明，"学生的知识学习同教师表达的清晰度有显著的相关"，数学教师的讲解若含糊不清，就会对学生的学习效果产生直接的不良影响。准确、清楚地传递知识信息是数学教学语言的基本功能，也是对数学教学语言训练的基本要求。

【案例】在讲"平行与相交"（人教版四年级上册第四单元第一节）这一内容时：

> "两条直线不相交就一定平行"，虽然在平面几何中是成立的，在立体几何中却是错误的结论。因为它有可能是两条异面的直线，所以在表达这一结论时应强调必要的前提条件——在同一平面内。

上例说明了数学教学时知识信息的传递应该具备准确性。否则，差之毫厘，失之千里。

2. 组织优化课堂教学

使用恰如其分的语言可以明确学生思维的指向，集中学生的注意力；使用鼓励性的语言可以激发学生的求知欲望，调动学习积极性；使用激发强化的语言可以引起学生学习的兴趣，稳定课堂纪律；使用发自肺腑的语言可以实现师生的情感交流。总之，通过丰富的语言表达可以恰当而有效地组织课堂教学。例如，在教学进行时，某学生穿着拖鞋进课堂，拖鞋发出的响声分散了正在静心听课的学生们的注意力。这时教师故意全神贯注地盯着这位同学的脚，说："同学们，如果我也穿着拖鞋登上讲台，你们会有什么感觉呢？这形象美吗？"

该教师用间接性提醒的语言轻点几句，虽没有直接训斥，却能让受评判者在众人的眼光中认识到自身的错误，还能提醒其他同学。如此，便可以恰当而有效地组织课堂教学。

3. 激发学生的学习兴趣

兴趣是学生学习的向导，是情感的体现，能促使动机的形成，是发明创造的源泉。数学教师可以利用巧妙的语言，促进学生情感迁移，培养学生对数学的兴趣。古人云，"感人心者，莫先乎情，莫始乎言"，说的就是要避免枯燥无味、呆板无力、空洞无物的语言。因此，数学教师要善于锤炼自己的教学语言。生动活泼而又富有趣味性、幽默性的教学语言，往往能激起学生的学习热情。

【案例】在"柱、锥、台、球的结构特征"（人教版七年级上册第三章第一节）的教学片段中：

> 师："不识庐山真面目，只缘身在此山中。"大家对于陪伴我们学习、呵护我们成长的大教室，是否注意过？
>
> 生：（微笑摇头）没有。
>
> 师：（还之以笑）这我是知道的，大家向来上课是不分心的。不过，今天我们还真得分分心，看一看教室都留给了我们哪些几何体特征的形象。
>
> 生：正方体特征的形象，四棱柱特征的形象，长方体特征的形象。（学生边看边随口说道）
>
> 师：是啊，我们认识周围的物体，往往先从它们的几何结构特征，即形的角度来把握它们。今天，就让我们一起跨入立体几何的大门，来领略空间中的数学美。
>
> ……

4. 发挥语言表达的示范作用

教师的教学语言对于学生而言是最具体而直观的示范，对培养学生的语言能力起着重要的作用。因此，作为数学教师，要教会学生使用规范、准确的语言表达自己的思想，用完整、简练的数学术语说明概念、解释原理。优秀的教师，在教学中能对学生产生潜移默化的影响，使学生从自觉或不自觉地模仿教师，以至达到自己灵活地表达，逐步提高学生的语言表达能力。

教师语言的逻辑性也直接影响学生思维的逻辑性和语言表达的条理性。很难想象一个语言条理不清、啰啰唆唆的教师，能培养出语言流畅、表达层次分明、条理清楚的学生。因此，加强教师教学语言技能的训练，以提高教学语言的示范性，是十分必要的。

例如，"A 除以 B" 和 "A 除 B"，一字之差，意思就相反了。

再如，"方程 $f(x)=0$ 的解是 0" 说明方程有解，零就是它的解；"方程 $f(x)=0$ 的解的个数是 0" 则表明此方程无解。虽然只有几字之差，但是表达意思完全不一样。

5. 实现师生间的情感交流

课堂教学是师生的双边活动，教师在传递知识信息的同时，必然伴随有师生的情感交流。教师的语调、节奏、语气的变化，或舒缓平稳，或慷慨激昂，或清新闲淡，或委婉动人，或欢快昂扬，或庄严郑重……凡此种种，均可有效地表达教师的情感、情绪，促进师生间的情感交流。在此基础上形成的师生间的心理联系，又反过来影响知识信息交流的效率。因此，著名的苏联教育家苏霍姆林斯基给出这样的结论："教师高度的语言修养，在极大程度上决定着学生在课堂上脑力劳动的效率。"

我国著名的特级教师于漪也曾说："教师的语言要深于传情。语言不是无情物，情是教育的根。教师的语言更是应该饱含深情。带着感情教，满怀深情说，所教的课、所说的道理就能在学生中引起共鸣，从而心心相印。"

【案例】在"轴对称图形"（人教版八年级上册第十二章第一节）的教学片段中，教师的结束语如下（伴着美妙的《千纸鹤》纯音乐）：

师：同学们，大自然对于对称的创造，远远不止于此。抬头仰望苍天，低首俯瞰大地，在拥有生命的地方，只要你细心观察，何处没有对称的足迹？看花丛中翩翩起舞的蝴蝶，那天际中翱翔的大雁，抑或在长空中横跨的彩虹，秋日里片片翻飞的枫叶，以至我们每一个人微笑时的脸庞，何处不蕴含着对称之美？有人说，是因为美，大自然才选择了对称，那么同学们深入地想一想，这当中，真的仅仅是因为美吗？

……

拥有此特点的数学教学语言，宛若一首优美的散文诗，让学生不仅感受到对称的美，也感受到数学的美，还有教师身上所散发的人格魅力。

三、应用原则

数学教学语言是教师在数学课堂教学的具体条件下（有明确的教学任务、特定的教学对象），使用规定的教材，为达到某种预定的教学目的所使用的语言。因而如果要合理利用数学教学语言，就要准确把握以下基本原则。

1. 知识性原则

教学语言应符合本专业的知识性和科学性。因此，数学课堂的教学语言要有效地传递数学知识，就必须与数学课堂教学内容相协调统一。不要讲与教育、教学无关的话。

【案例】在"勾股定理"（人教版八年级下册第十八章第一节）的教学片段中，教师对勾股定理的历史背景进行如下简介：

勾股定理是"人类最伟大的十个科学发现之一"，是初等几何中的一个基本定理。那么，大家知道多少勾股定理的别称呢？我可以告诉大家，有毕达哥拉斯定理、商高定理、百牛定理、驴桥定理以及埃及三角形等。这个定理有十分悠久的历史，几乎所有文明古国，如希腊、中国、埃及、巴比伦、印度等对此定理都有所研究……（教师滔滔不绝地讲解中）

虽然这位教师的出发点是让学生了解勾股定理的历史背景，从而激发学生的学习兴趣，但是等如此口若悬河的长篇大论结束，半节课的时间就过去了，与这节课将要学习的主体知识点却仍未挂钩，应适可而止。

2. 目的性原则

数学教学语言是为数学教学的目的服务的，因此，数学教学要服从、服务于教学目的的要求。即应该根据教学目的的实际情况，有目的性地选择、组织自己的语言。若教师不顾课程的教学目标，仅凭个人的兴趣爱好或情绪，任意旁征博引，使得数学教学语言只追求表面的课堂热闹，而规定的基本教学任务没有完成，特定的教学目标没有达到，那么这仍然是不成功的一节课。

【案例】在"认识乘法"（人教版二年级上册第四单元第一课时）的教学片段中，教师创设了这样的情境：

（上课伊始）

师：同学们喜欢小动物吗？

生：喜欢！

师：好！今天，老师就带大家一起走进美丽的大森林。（电脑出示了一个精彩的动画片《美丽的森林》）接着让学生观察并提问："你发现了什么？"

学生观察后纷纷积极发言：

生1：我发现这儿真好玩！有小动物，有房子、流水和小桥。

生2：我发现小河里的水还在流动呢！

生3：我发现小河里还有鱼儿在游呀。

生4：我发现小鸟停在草地上，头还在动呢！它们是在啄米，还是在吃虫子？

生5：我发现小桥上有三只小狗狗，它们是要去哪里呢？

生6：那里的两座房子，哪座是小鸡的家，哪座是小狗狗的家？

生：……

至此，十几分钟过去了，孩子们在老师"你发现的真好"、"你真有想象力"等的夸奖下，不断有新的发现。

上述情境虽然声像俱佳，同学们也在老师的鼓励下积极发言，引发了学生的思考、激发了学生的探究欲，但内容和将要学习的知识相关的又有多少呢？如此毫无针对性又拖泥带水的课堂行为，实在令人费解，它除了热热闹闹地走过场，浪费时间外，别无他用。

3. 针对性原则

数学教学是双边活动，师生间沟通的效果很大程度上取决于教师的语言。因此，教师的教学语言必须充分考虑到学生的年龄特征、已有的知识水平及认知水平等，有目的性地进行教学，要让学生听清楚、听明白。

例如，当教学中出现式子"$A \Leftrightarrow B$"时，在大学的课堂中，教师可以对学生直述该式子表示为"A 当且仅当 B"。

而在高中生的课堂中，教师可以稍详细地说明："$A \Leftrightarrow B$"表示 A 是 B 的充分必要条件。若学生仍不懂其意，教师可以进一步对"充分必要条件"加以解释：A 是 B 的充分条件，指的是有 A 就有 B，即如果 A 成立，那么 B 就一定成立；A 是 B 的必要条件，指的是没有 A 就没有 B，即如果 A 不成立，那么 B 就一定不成立。

根据不同年龄阶段的学生，采用有针对性的描述与解释，既不会让高年级的学生觉得啰唆累赘，又不会让低年级的学生不知所以，这是符合针对性原则的教学文化所体现的魅力。

4. 简洁性原则

英国著名的文学大师莎士比亚说："简洁是智慧的灵魂，冗长是肤浅的装饰。"数学教学语言和自然语言不同，前者不但要求开门见山，一语点破，以数、行、结构等数学模型为对象，直接揭示事物的本质，还要求用言简意赅的语言来表达比较丰富的内容，深刻精辟，避免重复啰唆、拖泥带水。

例如：在"证明 13 是素数"这样一道题时教师可以说：

因为"一个数只能被 1 和它本身整除，这个数就是素数"，而 13 能被 1 和它本身整除，所以它是素数。

再如："经过两点有且只有一条直线"可简化为"两点确定一直线"。

上述两例中简洁明了的教学语言，便于学生理解与记忆。

5. 激励性原则

教师在课堂教学过程中，无论是教授知识还是对待学生，都应当运用激励性的语言。特别是对待后进生，更应维护其自尊心，激发其学习动力，激励其上进心。相反，教师如果对学生的错误过多地批评指责，甚至是挖苦、讽刺，那么就会使学生失去学习的信心，由厌恶教师发展到厌恶所学学科，这不能不说是课堂教学的失败。

【案例】在"除数是一位数的除法"（人教版三年级上册第三单元第一节）的教学片段中：

（教师出示题目：44÷6＝？，并引导学生思考）

师：什么数乘以6接近44？

生：6。

（此时，教师没有直接否定学生，而是通过恰当的语言来引导学生再往下思考）

师：6乘以6等于多少？

生：36。

师：36，你能找到一个更接近的数吗？

生：8。（犹豫中）

师：6乘以8等于多少？

生：64……48。

师：48，太大了，你还能想出什么？

生：（进一步思考，小声答道）6乘以7等于42。

师：（微笑点头）

老师没有一开始在学生说出"6"时，就马上直接否定，而是循循善诱，激励学生继续思考，直至得出正确答案。这样做不仅使学生对接下来的学习充满信心，而且也加深了其对除法知识的理解与掌握。

6. 通俗性原则

通俗语言生动形象，易于理解，教师可运用自如，令听者感到亲切自然，容易得到学生情感上的认可，也易被学生接受与记忆。若教师善于将数学语言化为通俗的语言，就能把本来枯燥乏味的数学知识变得生动有趣。通俗语言在数学课堂上表现形式通常为顺口溜、打油诗、对偶句和排比句等。

例如，在讲"三角函数"（人教版九年级下册第二十八章第一节）时，可给予学生诱导公式的口诀：奇变偶不变，符号看象限。

如在讲"直线"（人教版七年级上册第四章第二节）这一抽象的概念时，可以利用夸张的通俗语言作这样形象的描述：直线可以想象成黑板边缘无限伸长，射过教室的门，穿过操场，直直越过高山，透过云层，直接射穿了地球，还继续向着外太空延伸。令学生更加形象化地理解抽象的概念。

再如，在讲到"合并同类项"（人教版七年级上册第二章第二节）时，可以用生活中的例子作类比：我们知道 3 只鸟加两只鸟等于 5 只鸟，但是我们不会说 3 棵菜加两只鸟等于 5 只菜鸟。

上述例子中的数学教学语言都具有通俗易懂的特征，它们或者朗朗上口，便于记忆；或者化抽象为形象，便于理解。可令学生对枯燥乏味的数学知识感到亲和自然，更加乐于接受。

7. 启发性原则

启发学生思维的语言主要用来启发学生对学习目的意义的认识，激发他们和求知欲；启发学生想象、联想、分析、对比、归纳、演绎，促使学生积极思考，引导学生分析问题和解决问题；培养学生的审美情趣，丰富学生的思想感情。要使教学语言具有启发性，首先，教学语言要体现出对学生的尊重，要饱含丰富的感情；其次，教学语言要体现新旧知识的联系，要尽可能把抽象的概念具体化，使深奥的道理形象化，能激发学生的联想与想象，从而发展学生的思考能力；最后，还要抓住教学内容的内在矛盾及其发展规律，以提出矛盾再解决矛盾的方式来组织教学语言，有助于学生保持持续的注意力，积极思考。

【案例】在"倍的认识"（人教版二年级上册第六单元第四课时）的教学片段中：

师：同学们能猜出老师的年龄吗？

生（平时较活泼、调皮的）：20、25、30、40……

师：（继续引导）老师的年龄是 4 的倍数。请你们根据这个条件，再猜老师的年龄。

生：（大部分答）36 岁。

师：有可能吗？

生：（偷笑）有可能。

师：（淡笑）36 岁恰好是 4 的 9 倍。还有不同的吗？

生：28 岁。

师：28 岁恰好是 4 的 7 倍。还有不同的吗？

生：32 岁。

师：有没有同学猜 8 岁的？

（学生摇头偷笑）

师：（故作无知）笑什么？8 不也是 4 的倍数吗？

生：8 岁比我们还小，不可能。

师：对了，说明猜想是要有依据的。那老师再补充一下条件，老师的年龄是 4 的倍数，还是 6 的倍数，你们能根据老师的实际情况猜出来吗？

生：24 岁。

从学生一开始猜不出正确的年龄，到让学生根据条件猜，并在教学中启发学生"教师年龄比学生大"这一现实的条件，潜移默化中让学生掌握寻找依据这一猜想的方法。更重要的是对有关"倍"的知识进行了巧妙的练习。

8. 审美性原则

审美性原则是对数学教学语言的较高层次的要求，审美性的数学教学语言，除了要让学生听懂外，还要让学生获得一种艺术的享受。我国著名的特级教师于漪曾说："如果 45 分钟都是一个调子，平铺直叙，像流水般地淌、淌、淌，学生也会感到乏味，打不起精神。"教师应根据不同的教学内容，使教学语言具有不同的风情：时而平缓如行云流水，时而急促如山雨欲来，时而激昂如万马奔腾，时而戛然而止（此时无声胜有声），用教学语言的艺术魅力唤起学生心灵的感应。

【案例】在"投影"（人教版九年级下册第二十九章第一节）的教学片段中，创设情境时，教师先让同学们观看一段手影戏，再对视频内容进行解说：

云微天淡，清风鸣蝉，鸟儿觅食，憨态可人。白鹿畅饮，神态悠悠，安享恩泽，青蛇灵动。眨眼间，天河幻化，银波万顷，娇鹅嬉戏，呼朋引伴，悠然自得。弹指云烟，万物新生，广被四方。人影幢幢，几度春秋。叹谁之墨笔，渲染指间，霎时，奇珍之物，变化无穷。马踏而过，嫩芽新长，花枝渐成，上通九天，下流八荒。繁花似锦，轻摇临风。苍穹之间，乌鹊枝眠，鸣声啾啾。这是由一曲一手构成的幻化世界，同学们觉得这种艺术神奇吗？大家能感受到它的魅力所在吗？

教师用优美的语言解说，把学生带入了一个美妙的人间仙境，让学生感受投影的艺术魅力，同时也提高了学习兴趣。

四、类型与方法

教师课堂语言技能的结构不仅要从纯语言的角度去研究语音、语义、词汇、语法等语言的构成要素，还要侧重于对语言的内容与作用进行探讨。依据课堂教学中所运用的语言的技巧和能力、数学学科的知识特征与课堂教学的特征，归纳起来可将教师课堂语言技能分为五类：表演性语言技能、启发性语言技能、解释性语言技能、论证性语言技能和态势语言技能。

1. 表演性语言技能

课堂上的语言要求教师以正确的情感、较好的语言表现力，准确地表达教学内容，以情动人、以情导学，使学生更深地进入学习情境中。教师采用多样化的语言形式、丰富的词汇、生动而不俗的语言，都能把数学知识变得生动、有趣，从而激发学生学习的兴趣，像这样具有艺术情趣和魅力的语言就是一种表演性语言。

【案例】"投影"（人教版九年级下册第二十九章第一节）。这节课要求达到的教学目标是：了解投影的有关概念，能根据光线的方向辨认物体的投影，了解平行投影和中心投影的区别，了解物体正投影的含义，能根据正投影的性质画出简单平面图形的正投影；学生通过对物体投影的学习，学会关注生活中有关投影的数学问题，提高数学的应用意识；学生通过学习，培养积极主动参与学习数学活动的意识，增强学好数学的信心。请参阅如下片段：

师：同学们看一下，老师手中拿着的是什么？

生：手电筒。

师：同学们是不是觉得很奇怪，老师上课带个手电筒来干什么？是为了驱除黑暗，还是拯救光明？都不是。大家看一下，当老师打开手电筒把光照到手上时，我身后的黑板上出现了什么？

生：手的影子。

师：对了，同学们也可以在灯下张开双手，看看双手在桌面上是不是也形成了影子。

（学生们好奇地比着各种手势，欣赏起来：看！我在课桌上形成的影子是孔雀，哈，还有老鹰……）

师：好，这说明有光就有影，光和影是密切联系的。（结论）

师：（创设情境）同学们有没有看过手影戏呢？它就是一种利用光和影的表演艺术，现在就先让我们走进手影的世界。

（视频语言同步解说：云微天淡，清风鸣蝉，鸟儿觅食，憨态可人。白鹿畅饮，安享恩泽，青蛇灵动。眨眼间，天河幻化，银波万顷，潺潺细流，娇鹅嬉戏，呼朋引伴，悠然自得。弹指云烟，万物新生，广被四方。人影幢幢，几度春秋。叹谁之墨笔，渲染指间，霎时，奇珍之物，变化无穷。马踏而过，嫩芽新长，花枝渐成，轻摇临风。繁花似锦，竞相争艳，上通九天，下流八荒。苍穹之间，乌鹊枝眠，鸣声啾啾）

师：在这种古曲轻奏，手影幻化的世界中，同学们觉得这种艺术神奇吗？

生：神奇。

师：这种神奇的艺术表现形式，从数学的角度看，就是利用了投影的原理。（板书：投影）那么，同学们看了这个手影戏，谁能捕捉到投影的一些信息特征？谁来说说看？

生：老师，太快了！

师：同学们觉得影片播得太快了？没关系，那下面就让我们从静态图片中观察生活中一些从古至今应用投影的图片。看看它们到底有什么共同的特征。日晷（PPT图片显示用针影观时的日晷）是利用日光的照射，让晷针的针影投到刻度盘的不同位置来表示不同的时间；民间传统艺术中生动有趣的皮影戏是利用灯光照射，把影子形态反映在银幕上的表演艺术；在现代中富有创意的光影灯和幻化有趣的手影灯。同学们有没有感受到我们中华民族艺术的博大精深？

生：有。

师：那么，同学们回忆一下，我们日常所见的手电筒、有艺术特征的手影节目，还有这些富有艺术性的图片，它们都呈现出什么共同的特征？

生：都是利用光线照射在物体上，在某个平面上得到的影子。

师：对了。（板书：光—照射—物体—平面—影子）那么，我们来看一下书中又是如何给予投影严格定义的。（出示定义，在定义的基础上出示手电筒解说）

对了，就像手电筒照在这个黑板上，这块黑板所在的平面就是投影面，而手电筒发出的光线就是投影线。既然我们已经知道投影的定义了，那么，同学们看一下这幅猴子捞月图（PPT图片显示），说说看，右边这幅图中猴子和月亮，哪个是投影？

生：月亮。

师：很好。水中的月亮就是天上月亮的投影。同学们知道了什么叫投影之后，还会不会像这群猴子一样，以为月亮是掉到水里，要跑去水里捞月？

（学生笑着摇头）

师：其实，生活中由投影引起的误会还有"杯弓蛇影"这个典故。相传古时候有个人去朋友家喝酒，当他端起酒杯时，竟发现里面有一条蛇一样的东西。回家后，他便大病一场。后来真相大白，原来所谓的蛇竟是挂在墙上的弓投在酒杯中的影子。同学们学了投影之后，可就不能像这个人一样，天真地被影子吓得大病一场啦。好，接下来我们来看看投影在生活中的分类。

由于九年级学生的认知水平较高，所以他们的课堂学习主要采用有意义的接受学习。伴随着学生学习主动性、探究性的不断提高，他们开始更多地采用发现学习（即学生在学习情境中通过自己的探究活动获得知识的一种学习方式）。因此，在教学的过程中，教师通过手电筒演示富有趣味性的手影戏，以及中国一些从古至今应用投影的图片来让学生感受并发现投影与生活的联系。在带来美的享受的同时，也使学生更加热爱科学，有助于对学生德育的培养。并通过语言优美的介绍解说，让学生在增长见识的同时，也能更有兴趣地学习针对性的知识。

2. 启发性语言技能

古人云："话令人惊不如令人喜，令人喜不如令人思。"语言的启发性就是要求教师的语言能启发学生的积极思维，注意调动他们的学习主动性，引导他们独立思考，积极探索，引导学生通过生动活泼的课堂教学，自觉地掌握科学知识和提高分析、解决问题的能力。曾有人说："平庸的教师只是叙述，好教师讲解，优异的教师示范，伟大的教师启发。"教师的启发，就是为了引起学生对已有知识或生活经验的回忆，或通过教师提供的材料和所提问题与旧识建立起联系，从而使学生的思维由感性上升到理性，达到对知识本质的理解。

【案例】"平移"（人教版七年级下册第五章第四节）。该学习阶段的学生直观能力比较强，根据皮亚杰的认知发展理论，教学中可让学生在自我观察与探索中自我感知与发现。因此，在教学中可用启发性的语言及故事改编等来激发学生的学习兴趣，在加深学生对平移这个抽象概念的直观认识的同时，达到锻炼他们语言表达能力的目的。请参阅如下片段：

师：同学们，上课之前，老师先来给大家讲一个故事。（与动画视频同步）相传很久很久以前，北方住着一位年近90岁的老人，他的名字叫愚公。愚公家门口有两座山，一座是太行山，一座是王屋山。千百年来，这两座山阻挡了南北交通，于是愚公召集全家人开会，决定搬离这两座大山。第二天早晨，他们全家人就行动了。他们把一堆堆的泥土和石块移到渤海边，邻居知道了这件事，都过来帮忙。只有一个叫智叟的老人不以为然。他来劝愚公，说："你老得连根草都拔不出来，竟想要移走这两座山，真是自不量力。"愚公对他说："山上的沙石是不会增多的，而我死了以后还有儿子，儿子死了以后还有孙子，子子孙孙无穷无尽，为什么不能把山移走呢？"智叟听了之后哑口无言。后来这件事被天帝知道了，他被愚公的精神感动了，便派了两个大力士，把两座山给移走了。同学们知道这是出自哪个成语故事吗？

生：愚公移山。

师：嗯，这个故事告诉我们，做事要持之以恒。那同学们看一下，这两座山是怎么被移走的？你能用手势或手中学具表现出来吗？（用卡纸做成两座山进行演示）同学们看，这座山从这边移到那边，它的形状大小发生了变化吗？

生：不变。

师：那通过刚才的演示，你们发现它们都是沿着什么运动的呢？

生：直线。

师：其实，在我们的日常生活中，这种运动现象随处可见。像轮船沿着直线航行、热气球沿直线升向天空、滑冰运动以及小孩玩的滑梯游戏等，这些都是平移的现象。

（板书：平移，在平面内，将一个图形沿某个方向移动一定的距离，这样的图形运动称为平移）

师：同学们注意啦，平移时物体必须沿着直线运动，即其本身的方向不能发生改变。（画出直线和箭头，表示沿直线运动，方向不改变）其实，愚公移山的故事还有后续：这天，一个半吊子神仙不服气自己不被重用，于是，他也想用法术移山，同学们看（这次山沿曲线移动）这座山是在做平移运动吗？

生：不是。

师：为什么？

生：因为它不是沿直线运动的。

师：嗯，所以他自己也深感惭愧，决定回去修炼，明天再来。第二天，他这次移动一半后觉得太累了，于是又换了方向往回移，那这还是平移吗？

生：不是。

师：为什么？

生：方向改变了。平移时方向是不能改变的。

师：所以，大家做事情就不能像这个半吊子神仙一样半途而废。其实，同学们，在我们的日常生活中，艺术家也常运用平移创造出美丽的图案……同学们想创造出这样美丽的图画吗？那么接下来大家运用平移的知识来画一画、剪一剪、贴一贴，老师相信你们的作品会更出色、更漂亮的。

在教学过程中，教师通过对愚公移山故事的改编导入，并用视频和手势向学生展示了平移的过程，以及列举生活中平移的现象，从而让学生对平移这个抽象的概念有了一个更直观的认识，既陶冶了学生的情操，也进行了针对性的教育。

3. 解释性语言技能

所谓"解释性语言"，就是学生在学习数学概念的时候，能够用熟悉的事实或事例对概念本质进行描述或作出解释。这种解释不同于用数学的符号语言或用精准的文字对概念进行定义，它具有多样性，且带有个别化色彩。不过，它所触及的却是概念的本质内涵，是对事物的成因、功能或相互之间的关系、演变等作清晰准确的解说和剖析，它要求语言明白无误、简练，注重启发，还要有针对性，目的是帮助学生加深理解，以便最终形成概念。

【案例】"直线与圆的位置关系"（人教版九年级下册第二十六章第五节）。该学段的学生上课注意力容易分散，对枯燥乏味的知识讲解容易产生厌烦情绪，但思维活跃，对感兴趣的知识有着浓厚的学习兴趣，因此，教师采用优美、有说服力的解释性语言最为合适。请参阅如下片段：

师：同学们，你们看过海上日出吗？

生：没有。

师：老师曾在海边拍了几张海上美丽日出的照片，现在与同学们共同观赏一下。第一张照片是太阳刚刚露出海面小小的一角时拍的，老师给它取了个名字，叫"嫩阳新长"。

当老师还沉浸其中时，太阳又悄悄升上一大截，于是老师又马上抓拍下了这一张（出示另一张图），我们可以看到：圆圆的太阳正停留在海平面上，散发着柔和明亮的光芒，熠熠生辉，我们又给这种日出状态取了个诗意的名字，叫"海上明珠"。

又过了几分钟，太阳徐徐上升，跃上了万里晴空，悬于天际（出示第三张图），于是，老师也给这张照片取了个名字，叫"明日高升"。大家听了老师的描绘后，是否也觉得海上日出充满诗情画意呢？

生：是。

师：但它不仅有着诗情画意的美，而且还蕴含着我们意想不到的数学美。今天，就让我们来挖掘出它的数学之美。大家看，当我们将海平面看作一条直线，太阳的最外一周看成一个圆时，我们可以清楚地看到什么？

生：直线与圆刚好有两个公共点。

师：这时，我们就称直线与圆的位置关系是相交。大家看，圆继续往直线上升，到与圆只交于一点时，就是我们的第二张图——"海上明珠"。我们把它们抽象地画出来，可以清楚地看到什么？

生：直线与圆只有唯一一个公共点。

师：这时，我们就称直线与圆的位置关系是相切。当圆徐徐上升，跃于直线之上时，我们可以清楚地看到直线与圆没有公共点，这时，我们就称直线与圆的位置关系是相离。

在教学过程中，教师通过海上日出在不同时刻的照片来向学生诠释"数学就在我们生活中"的道理，并用富有趣味性和感染力的教学语言来吸引学生的注意力，激发学生的求知欲，引导学生通过观察、分析获得对图形变换的认识，在培养学生探索、观察能力的同时也有利于学生形成良好数学化思维。

4. 论证性语言技能

论证性语言以语言的系统连贯、逻辑的严密精细、用词的准确无误、语气的威严自信为特征。论证性语言的表述首先要简明扼要，语言精练不啰唆，清晰明快而令人信服；其次，要有内在的逻辑性，即表达的思路清晰，不东拉西扯、使人不得要领，要一气呵成，前后呼应，目的明确；再次，应注意语调平稳有力，充满自信，节奏适度。

【案例】"认识几分之一"（人教版三年级下册第八单元）。小学低年级学生由于知识经验相对缺乏，以具体形象思维为主，他们往往只善于记忆事物的外部特征，掌握知识之间的外部联系。这样的心理水平决定了这个时期的学生在学习活动中，机械记忆仍占主导地位。他们更倾向于通过教师讲、自己听的方式进行学习，而且带有明显的机械成分，较多知其然而较少知其所以然。这节课的目的是让学生结合具体情境进一步认识分数，知道把一些物体看作一个整体平均分成若干份，其中的一份或几份也可以用分数表示。基于上述分析，采用论证性语言最为合适。请参阅如下片段：

师：请同学们把书翻到第 98 页，自学书本，可以将有关文字轻轻地读一下，图仔细看一看，看懂的和同桌说一说。

（学生自学课本）

师：（停顿）谁来告诉大家书上用怎样的数来表示"半个"？它表示什么意思？

生：用 $\frac{1}{2}$ 表示。它表示把一个蛋糕分成两份，每份是二分之一。

师：每份是 $\frac{1}{2}$，是谁的二分之一？

生：是蛋糕的二分之一。

师：把一个蛋糕分成两份，那我这样分行吗？

（将蛋糕图片分为一大一小）

生：不行。

师：因此，你刚才的话中缺少了一个比较重要的词，能连起来再说一遍吗？

生：把一个蛋糕平均分成两份，每份是它的二分之一。

（教师有适当提醒）

师：好！还有谁来说？

生：用 $\frac{1}{2}$ 表示，它表示把一个蛋糕平均分成两份，每份是它的二分之一。

（教师通过层层点拨，引导学生理解什么是 $\frac{1}{2}$）

在教学过程中，教师首先让学生自学课本中关于分数的概念，再通过对关键字眼的提示与小卡片的展示，使学生简明扼要地掌握概念的关键之处，再用自己精练的语言清晰地表达出来，符合论证性语言的内在逻辑性，使学生初步形成数学语言的表达能力。

5. 态势语言技能

态势语言是配合口头语言的体态动作，如手势语言、眼神语言、头部动作、身体姿势和面部表情等。加里宁曾说："教师仿佛每天都蹲在一面镜子里，外面有几百双精细的、富于敏感的、善于窥测教师优点和缺点的孩子眼睛，在不断地盯着他。"教师必须加强道德修养，拥有一颗美好的心灵。体态语言只有和谐、自然地流露，才能给人以美的享受。在教学中，教师的语态要自然，要融入自己的感情。在教学中不仅要具有较强的口语表达能力，还要善于用动作表情来辅助说话，也就是要善于用态势语言来表情达意。

（1）**手势语言。**

教学中，教师恰当的手势动作在课堂教学中有着不可忽视的作用。生动的有声语言如果有得当的手势的配合，往往更富有感染力，也会收到积极的教学效果。比如在讲到"平移"与"旋转"这两个概念时，若配合手势进行讲解，会更易理解、更生动形象。

（2）**眼神语言。**

俗话说，"眼睛是心灵的窗户"。在教学过程中，教师应特别留心自己眼神与学生的交流。目光应平和有神，专注而不呆板。教师的表情对课堂氛围起着极其重要的作用，且教师的表情在某种程度上会影响学生的心情，也影响课堂的教学效果。教师的表情应是和颜悦色、自然亲切的。倘若教师总是阴晴不定，喜怒无常，那么学生必会敬而远之，这样就不利于教学活动的开展。

（3）**体态语言。**

柏拉图曾经说："对于有眼睛能看的人来说，最美的境界是不是心灵的优美与身体的优美和谐一致，融成一个整体？那当然是最美的。"教师在运用体态语言时，应做到有感而发，以尊重学生为主，不应随意使用否定性或蔑视，抑或是敌视性的体态语言，以免伤到学生的自尊心与自信心，不利于学生身心健康的发展。总之，教师应不断加强自身的修养，只有举止优雅得体、气度儒雅，才能赢得学生的信赖和爱戴。

▍五、章后语

数学教师必须做到教学语言逻辑性强，能把思路表述得有条有理；教学语言简洁明了，能把复杂的东西简单化；教学语言生动形象，能把抽象的东西具体化；教学语言感情充沛、真挚，能打动人心，能在学生的心里留下深深的痕迹，以至终生难忘。因此，下功夫掌握好数学教学语言技能，是当好数学教师的前提。

第五章　几乎可以服务于无限目的的板书技能
——谈数学教学板书技能的运用与提升

在数学课堂中，单单靠语言向学生讲授知识，则略显单薄。如果借助黑板这一教学用具，把口头语言和板书相结合，一方面可唤醒学生的听觉，另一方面又可调动学生的视觉，两者相得益彰，从而凸显教学课堂的立体感，达到更加优化的教学效果。

【案例】"正方形的定义和性质"（人教版八年级下册第十九章第二节）的教学板书：

19.2　正方形的定义和性质

正方形的特征：四条边相等、四个角都是直角。

平行四边形有一个直角，且一组邻边相等可以形成正方形。

长方形的一组邻边相等可以形成正方形。

菱形的一个角为直角可以形成正方形。

在该板书中，教师直接通过文字表达出正方形与其他图形之间的关系，大量的文字不仅造成学生阅读困难，也不符合数学中使用图形直观反映图形之间关系的要求。因此，教师在分析平行四边形、长方形、菱形和正方形的关系时，可采用以下板书：

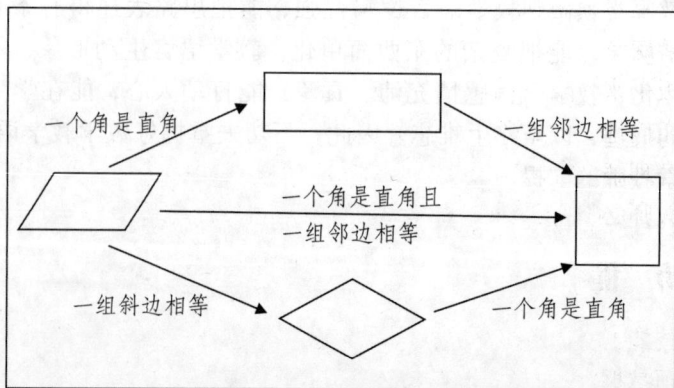

运用图示式的板书，利用文字和线条，将平行四边形、长方形、菱形和正方形四种图形的边、角关系联系起来，形成图形之间的"关系结构图"。相比上一个板书用冗繁的文字表达，图示式的板书可更直观地让学生明白四个图形之间的关系，提高学生的知识迁移能力。

▌一、概　念

课堂板书一般分为两大板块，分别为主板书和辅助板书。主板书是教师在对教学内容进行概括的基础上，提纲挈领地反映教学内容的书面内容（包括讲授要点、内容分析、解题过程、概括总结），一般写在黑板的左部和中部。数学板书容量大，又要体现数学知识的连贯性，所以主板书一般写在黑板的左边。主板书作为一节课重点知识的体现和学生笔记的重要内容，一般作为教材内容的框架在较长时间内保留下来。

辅助板书（又称副板书）是在教学过程中教师为了引起学生的注意或为了解释上课时学生难以理解的问题而写在黑板右侧的书面内容。这一板块的灵活性大，一般只起到辅助和补充的作用，在达到理解目的后，它的作用性也随之降低，故没有必要保存过长时间。

板书技能是指在课堂教学中，教师运用平面媒介（包括黑板、投影片、展示台等）准确、有效、灵活地书写文字、符号或作图等，将教学内容呈现出来，分析认识过程，使知识概括化和系统化，引导学生正确理解，加强记忆，提高教学效率的教学行为。

板书技能是课堂教学技能中的重要组成部分。我国当代著名教育家朱绍禹先生指出："板书能点睛指要，给人以联想；形式多样，给人以丰富感；结构新颖，给人以美的享受。"好的板书作为一种形象的无声的书面语言，不仅能够调动学生的感觉器官，而且能有效地加强数学语言的信息传递，创设课堂审美情境与营造和谐气氛，丰富学生的审美心理体验。

在数学课堂中，教师必须根据教学目的、要求和教材的重点等，通过精心构思板书来反映整节课的教学思路，突破教学难点，达到一节课的教学目的。相应地，板书的设计，也渗透着一名教师的治学态度、教学风格、对教学内容理解的广度和深度，以及思维的严谨程度。所以，板书技能不仅是数学教师必备的一项教学基本功，同时也是数学教师素养的有效体现。

▌二、功　能

板书技能，是课堂教学的重要手段，是一堂课教学内容的高度浓缩，是教师必须掌握的一项基本教学技能。教师一整节课的授课意图、教学思路往往能通过完整的板书很好地呈现出来，在向学生传授知识的同时，留给学生一个直观、完整的印象。因此，设计优秀的板书集中了整个教学方案的精华，如果运用得当，对整个教学过程会起到事半功倍的作用。

全国板书学研究中心名誉主任钟为永认为板书对提高教学效率有很大的作用；我国优秀教师王松泉概括板书的七大作用为：体现教学意图、理清全文脉络、突出教学重点、强化直观形象、便于集中注意力、利于巩固记忆、节省教学时间；学者胡云汉认为板书可引导和控制思路、构建知识结构、显示不同的空间位置、引导学生由形象思维向抽象思维过渡、体现事物的从属关系或因果关系、体现事物的发展过程、化大为小，或变小为大、培养学生组织教材和控制教材的能力；全国现代教学艺术研究会副理事长李如密先生认为教学板书是对教学内容的加工和提炼，是教师教学能力的综合体现，是学生有效学习的重要途径。因此，正如英国牛津大学出版社出版的《教育学》中所强调的，教学板书几乎可以服务于无限的目的。

1. 凸显教学重难点，方便学生理解教材

数学课堂的每一节授课中，都有教师要完成的教学重点和难点。教师在讲授教材内容的同时，把教材重点、难点内容板书出来，并且利用圈圈点点或不同颜色的粉笔进行标注，以唤起学生的注意，让学生紧随教师思路，获得知识。因此，围绕教学中心、突出重难点的板书能再现知识的本质特征，深化教材的思想内容，有助于学生真正达到教材所要求的教学目标。

【案例】在"整式的加减"（人教版七年级上册第二章第二节）复习课的教学中出示如下板书：

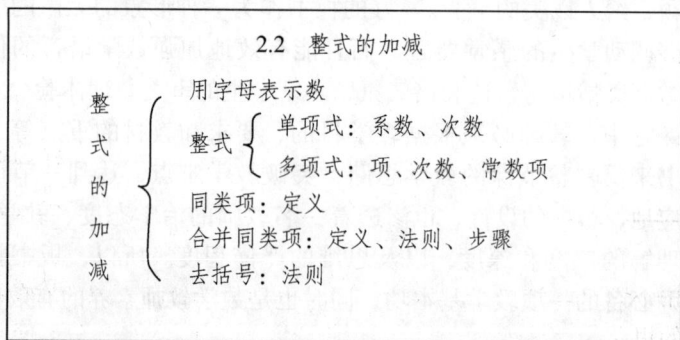

给出"整式的加减"这一章的知识结构图，突出本章的教学重点和难点，方便学生构建本章节内容的知识体系框架，每一个知识点的呈现，也便于学生自己梳理本章的知识结构和检查自己掌握的程度。

2. 揭示教材内在的联系，促进学生构建认知结构

初等数学中的章节的知识点都有一定的联系性和逻辑性。教师在数学课堂中，利用板书的优势，可以将教材的内在条理清晰地呈现出来，将教材的要点与其内容的联系加以概括提炼，易于揭示教材内在的联系，利于学生突破表面知识，深入学习知识内涵，提高学生的知识迁移能力。同时，将数学知识系统化和结构化，有助于学生强化知识脉络，形成一个完整的知识框架，从而促进学生主动构建知识与知识之间的认知结构体系。

【案例】在"多边形的内角和"（人教版七年级下册第七章第三节）的教学中，教师可以启发学生通过探讨，将多边形分割成我们熟悉的三角形，利用三角形的个数和边数之间的关系，得出多边形内角和的计算公式。在具体讲解的时候，教师以填表的方式，通过一问一答，列出如下板书：

多边形的边数	图形	分割出的三角形个数	多边形的内角和
3		$3 - 2 = 1$	$(3 - 2) \times 180°$
4		$4 - 2 = 2$	$(4 - 2) \times 180°$
5		$5 - 2 = 3$	$(5 - 2) \times 180°$
……	……	……	……
n		$n - 2$	$(n - 2) \times 180°$

教师运用不完全归纳法，边提问边板书，让学生在回答中理清多边形内角和推理的思路，表格式板书能使教师的归纳更具条理性，也使学生对多边形内角和性质的认识更具规律性。

3. 加大信息刺激的强度，提高学习效率

板书的视觉形象表达与口头语言的表达相结合，提高了信息刺激的程度。利用图片、符号、文字等多样的形式丰富板书设计，突出了教学信息

的强化特征，不仅能够调动学生选择性的注意和知觉，而且有利于记忆的双重编码思维的再加工处理，激发学生对数学知识的学习兴趣，大大提高学生认知活动的效率。

【案例】在"平方差公式"（人教版八年级上册第十五章第二节）的教学中出示如下板书：

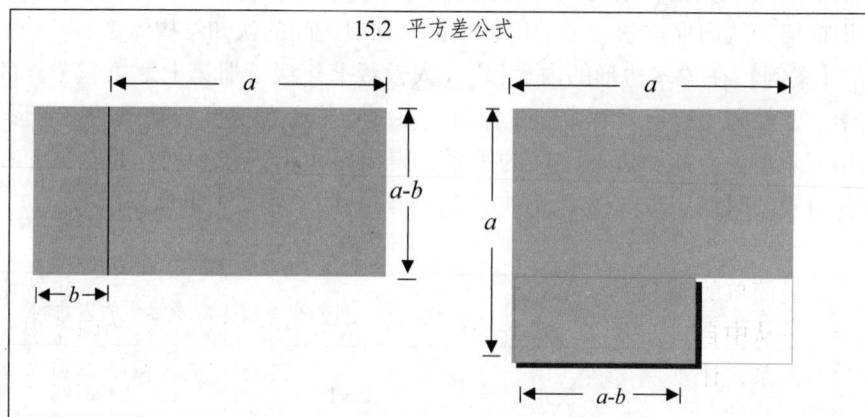

运用图形颜色不同这一特点，让学生自行拼接图形，既刺激了学生的视觉，又让学生动手实践，激起学生探索后续知识的兴趣。

4. 提高学生的抽象思维能力，启发学生的数学思维

好的板书层次清晰，富有科学性和系统性，就像一幅引人入胜的"导游图"。教师利用板书这个知识的"导游图"，可以使学生在形象思维的基础上比较牢固地掌握数学概念、定理、公式等内容，从而引导学生由形象思维过渡到抽象思维，并逐步增强学生思维的逻辑性、系统性和严密性，提高他们的数学思维能力。

【案例】在"探究一元二次方程根和系数的关系"（人教版九年级上册第二十三章第一节）的教学中，由于该教学点属于知识拓展的内容，课本中以 m 和 n 表示一元二次方程的系数，通过对两个简单式子的观察，让学生猜想系数 m、n 与两根的关系。学生对由具体到抽象的过渡感觉比较困难，所以教师在教学中，应精心设计板书，引导学生先由具体的一元二次方程两根之和及两根之积入手。板书如下：

23.1　探究一元二次方程根与系数的关系

方程	两根之和	两根之积
$x^2 + 6x - 16 = 0$	$x_1 + x_2 = -6$	$x_1 x_2 = -16$
$x^2 - x - 2 = 0$	$x_1 + x_2 = 1$	$x_1 x_2 = -2$
$x^2 + 3x - 4 = 0$	$x_1 + x_2 = -3$	$x_1 x_2 = -4$
$2x^2 - 4x + 2 = 0$	$x_1 + x_2 = 2$	$x_1 x_2 = 1$

通过简单的例子对学生进行引导性启发，让学生从具体的例子中找出规律，并从中自主推出用字母表示的一般形式的一元二次方程的两个根与系数的关系，让学生体验从形象到抽象思维的转变过程，激起学生自主探索的学习精神，启发学生的数学逻辑思维。

5. 树立正确示范，促进形成良好的数学素养

数学语言和符号是描述数学中某一个概念的专业术语，具有严格的含义，既不能混淆，也不能随意乱用。数学教师在板书中规范使用数学语言和符号，无疑会极大地促进学生形成良好的数学素养。此外，严谨的示范会潜移默化地引导学生养成良好的数学用语习惯，这对学生的口头表述能力、书面表达能力和准确地运用知识的能力等的培养十分有益。

【案例】在讲解完"三角形全等的条件"（人教版八年级上册第十三章第二节）中的 SSS 定理后，接下来的教学中，教师出示板书如下：

三角形全等的条件

如图所示，$\triangle ABC$ 中，$AB=AC$，AD 连接点 A 与 BA 中点 D，
求证 $\triangle ABD \cong \triangle ACD$。

证明：$\because D$ 是 AB 的终点，

$\therefore BD=CD$

在 $\triangle ABD$ 和 $\triangle ACD$ 中，

$$\begin{cases} AB=AC \\ BD=CD \\ AD=AD \end{cases}$$

$\therefore \triangle ABD \cong \triangle ACD$ (SSS)

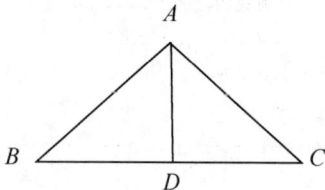

三、应用原则

由于数学学科自身的特点，数学课堂的板书相对于其他学科的板书，内容尤为丰富。如在对定理、推论等进行证明时，不仅有大量的符号，还需要对图形进行分析说明；在对新概念的学习中，时常引用数学文字进行表述；在师生互动中，板书是教师和学生共同参与的"作业"等。又由于板书受上课时间、版面大小、学生的掌握情况等限制，因此，课堂板书要求教师要遵循板书技能的原则，精心设计出一个灵活性强、少而精的板书来驾驭课堂，引导学生。

1. 目的性与针对性原则

设计教学板书是为教师的教学目的服务的，所以要求教师不能舍本逐末，喧宾夺主。设计板书之前，教师要先对教材进行钻研，遵循新课程改革的教学目标，围绕教学目的，分析课程的重难点，掌握整节课的教学主线，遵循形式为内容服务的原则，抓住三点——教学重点、教学难点和教材特点，突出三线——结构线、情感线和训练线，有目的性地设计一节课的板书内容。

在数学课堂中，一节课的教学知识很多，教师在确定教学目的之后，要针对学科特点、教材编写的特点、教学内容特点、不同课型特点和不同学生的特点，从实际出发，做到因科制宜、因课制宜、因人制宜。

【案例】在"整式的加减"（人教版七年级上册第二章第二节）复习课的教学中，教师出示板书如下：

2.2　整式的加减

1. 单项式：由数字和字母的＿＿＿＿＿＿＿组成的式子叫作单项式，单独的一个数或字母也是单项式。

单项式的系数：单项式中的＿＿＿＿＿＿＿叫作这个单项式的系数。

单项式的次数：一个单项式中＿＿＿＿＿＿＿＿＿＿＿叫作这个单项式的系数。

2. 多项式：几个单项式的＿＿＿＿＿＿叫作多式。

多项式的次数：多项式里＿＿＿＿＿＿＿的次数，叫作这个多项式的次数。

3. 整式：＿＿＿＿＿和＿＿＿＿＿统称整式。

采用提问学生、教师板书的形式，有目的性地实现学生对"整式的加减"这一重要概念的回顾；同时，利用填空式板书，有针对性地让学生重点关注空缺的部分。理解了空缺部分的内容，也就基本上掌握了本节的教学重点。

2.　科学性和示范性原则

数学课堂的板书是随着教师的讲授过程而逐步进行的，最后形成一个整体。教师在板书的过程中，要注意板书的科学性，板书表达的知识要正确，再现的知识要准确，揭示的内容要客观。在证明例题的过程中，教师要从科学的理论出发进行证明，板书要展现出有逻辑性的解题过程。在遇到大量文字的时候，教师的板书过程要简练，并运用科学、准确的语言来表达。

全国现代教学艺术研究会副理事长李如密在《教学艺术论》中说："教学板书具有很强的示范性特点，好的板书对学生是一种艺术熏陶，起到潜移默化的作用。教师在板书时的字形字迹、书写笔顺、演算步骤、解题方法、制图技巧、板书态度与作风、习惯动作与语言等，往往成为学生模仿的对象，留下深刻入微的影响。"因此，在板书时，教师要充分认识到这一特点，严格要求自己，规范数学语言符号的运用、解题与证明的格式步骤，且板书要力求书写规范、字迹工整、尺规作图，给学生准确、科学的示范，潜移默化地帮助学生建立良好的数学学习习惯。

（1）文字要正确、清楚、美观。

数学虽说是一门使用符号较多的学科，但文字依然是数学板书的主要工具与媒介。数学教材的内容、教师的意图大都是通过这一工具、媒介表达的。因此，我们在板书时，文字要做到正确、规范，即不写错字，不写繁体字、异体字和被废的简化字；要端正清楚，不潦草难辨，不影响学生学习；要漂亮优美，给人以艺术享受。

（2）**内容要精辟、科学、系统。**

板书与讲解一样，贵在精辟。古人云："少则得，多则惑。"数学板书更要做到"少书"、"精书"。只有书在点子上，书在关键处，才能起到画龙点睛、提纲挈领的作用。当然，我们板书表达的知识要正确、再现的信息要准确、反映的资料要无误、揭示的内容要客观，并且又能准确、深刻地体现执教者的思想情感。同时，数学板书内容内部要联系紧密、系统有序、条理分明、逻辑严密。板书内容的系统性对学生把握数学教材的整体结构、了解编者的编辑思路，培养学生系统整体思维能力有重要意义。如果主次不分，洋洋洒洒地写一黑板，就会令人眼花缭乱，势必会影响学生的思维。

（3）**结构要严谨、有序、巧妙。**

数学板书能给人以美感，除了内容的科学美、形式的外在美外，这种美还在于其内部组合安排的严谨、有序、巧妙，这便是数学板书对结构的要求。严谨，即板书布局合理、构思严密，内在联系缜密而富有逻辑性。有序，即板书内部联系有条有理、秩序井然，富有顺序性。这一点既体现了编者有条不紊的编辑思路，又表现了教师授课井然有序的教学思路，对学生的学习思路产生深刻影响。巧妙，即板书构思与构图自然巧合、妙趣横生，给人一种"出乎意料，又在情理之中"的美感。

（4）**色彩要恰当、蕴藉、和谐。**

心理学研究表明，色彩能引起知觉，唤起味觉，使大脑皮层兴奋，促进自主神经活动，和谐心理发展。因此，数学板书设计也要追求色彩的合理搭配，尽量做到恰当、蕴藉、和谐。恰当，即板书色彩搭配合理，板书有强调作用，白色外施加其他颜色可以突出重点、难点、疑点、要点、特点；蕴藉，即板书色彩含义深刻，富有象征意味，起表情达意的作用；和谐，即板书色彩搭配谐调，有审美价值。色彩美感最通俗，易被学生接受，色彩使用要以白色为主，和谐地配以其他颜色，做到浓淡相间、色彩相宜、主次分明。

总之，板书对于学生来说，就是一种样板，有较强的示范作用。板书整齐、规范、清晰，不仅使学生容易看懂，而且还能促使学生养成良好的书写习惯，达到言传身教、潜移默化的效果。因此，教师的板书应做到字迹工整规范，图形形象美观，板书流利迅速，色彩醒目典雅。

【案例】在"三角形全等的条件"（人教版八年级上册第十三章第二节）中运用 HL 定理证明三角形全等的教学中，如果教师呈现如下板书：

13.2　全等三角形的条件

【例4】如图所示，$AC \perp BC$，$BD \perp AD$，$AC=BD$。求证：$BC=AD$。

$\angle D$ 和 $\angle C$ 都是直角

在 $\triangle ABC$ 和 $\triangle BAD$ 中，

$$\begin{cases} AB=BA \\ AC=BD \\ \angle C=\angle D=90° \end{cases}$$

$\therefore \triangle ABC \cong \triangle BAD$（HL）　$\therefore BC=AD$

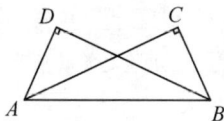

以上板书的整个证明过程是正确的，但是教师在板书中对运用 HL 定理的表达不规范。HL 证明定理是对直角三角形才适用的，应该在直角三角形中进行讨论。而且在解题的过程中格式很不规范，容易让学生有样学样，有引导学生产生错误的可能。

3. 系统性和条理性原则

初等数学中的知识内容循序渐进，具有很强的逻辑性与系统性。在教学中扮演引导者身份的教师在进行板书时，必须层次分明、条理清晰，体现教学内容的顺序和逻辑关系。杂乱无章、随手写画的板书不但使学生无法记录，还会扰乱学生的思维，影响教学效果。所以，教师要真正理解教材，把教材的内容系统化、条理化，通过板书反映教材的真实面目，揭示教材内在的逻辑结构。

要做到板书具有系统性和条理性，先将课本中相同层次的内容排列整齐，再对层次相同的内容进行编号，且编号运用规范、一致、稳定。这样，教材的内在联系也就有规律地呈现出来，既方便学生做笔记，又体现了教师在一节课中的教学思路和教材的内在联系。

【案例】在"圆的基本性质"（人教版九年级上册第二十四章）这一章的复习教学片段中，教师板书如下：

```
                        圆的基本性质
  一、圆的定义
  （一）定义
        在一个平面内，线段 OA 绕它固定的一个端点 O 旋转一周，
  另一个端点 A 随之旋转所形成的图形叫作圆。
  （二）定义
        圆是到定点的距离等于定长的点的集合。
  二、圆的有关性质
  （一）圆的对称性
  （二）垂径定理及推理
```

运用提纲式编号板书，将圆的基本性质的知识要点有条理地呈现出来。学生在上课的过程中，可以清晰明了地理解教师的上课思路，也能有效地掌握基本的知识结构。

4. 计划性和合理性原则

教师在设计板书时，要根据黑板的大小进行合理的分块，要考虑是否需要配图，用什么工具画图，图要画在什么位置；哪些内容要进行保留，哪些内容可以擦去；哪个知识点需要用不同颜色的粉笔进行着重强调；哪些题目要适当让学生板书等。要根据教学要求，全盘考虑，对板书设计进行合理布局、周密计划，确定好板书的格式，规划好板书的位置。

【案例】在"平方差公式"（人教版八年级上册第十五章第二节）的教学片段中，教师设计的板书如下：

15.2　平方差公式

平方差公式：

例题：(1) $(3x+2)(3x-2)$ 　　　练习题：

$(a-b)(a+b)=a^2-b^2$ 　　　(2) $(b+2a)(2a-b)$ 　　　(1) 98×102

两个数的和与这两个数的 　　　解：(1) 原式 $=(3x)^2-2^2$ 　　　(2) $(y+2)(y-2)$

差的积，等于这两个数的 　　　　　　　　$=9x^2-4$

平方差。　　　(2) 原式 $=(2a+b)(2a-b)$

$$=(2a)^2-b^2$$

$$=4a^2-b^2$$

此板书作为一节课的完整板书，计划性好，架构清晰，布局合理。

5. 多样性和灵活性原则

板书的设计没有固定的模式，相同的教学内容会根据教学目标，教师的教学方法、教学风格，学生的情况等不同而呈现出不同的形式。教师可以根据自己的需求，采用不同的教具，适当地选择符合学生需求的板书。

但是，任何形式的板书都是为教学内容服务的，所以，好的板书形式需要以揭示教学基本内容为主，把握教材内容，由浅入深。揭示知识的内在规律，启发学生的思维。让学生感受到教学内容中所蕴含的数学思想和方法，提高学生的数学思维能力，让学生着实体会数学思维的灵活性、逻辑性和严密性。

【案例】在"全等三角形的性质和判定"（人教版八年级上册第十三章第三节）的教学片段中，教师采用以下两种不同形式的板书将知识点展现给学生：

形式1：

> 13. 全等三角形的性质和判定定理
>
> 1. 性质：全等三角形的对应边相等；
>   全等三角形的对应角相等。
> 2. 判定定理：
>   三边对应相等的两个三角形全等。（SSS）
>   两边和它们的夹角对应相等的两个三角形全等。（SAS）
>   两角和它们的夹边对应相等的两个三角形全等。（ASA）
>   两个角和其中一个角的对边对应相等的两个三角形全等。（AAS）
>   斜边和一条直角边对应相等的两个直角三角形全等。（HL）

形式2：

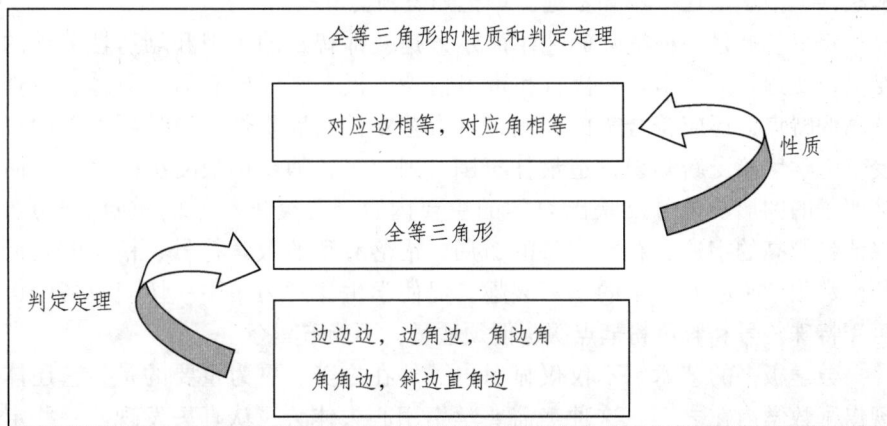

以上是运用两种不同形式的板书来展现全等三角形的性质和判定定理，形式 1 的板书运用文字和数学符号来表达，形式 2 则是用图示式的板书进行归纳。两者的形式不同，但都体现了相同的教学内容，并揭示其共同规律，启发了学生数学的逻辑思维能力。

6. 启发性与艺术性原则

好的板书是学生进行理解记忆的线索，是点燃思维联想的火花，是开发智力的杠杆。想要引导学生去思考，去探索发现规律，则要让板书更具有启发性。那么，怎样才能使板书发挥它的引导作用？怎样引导呢？这要根据课程的内容而定。

【案例】在"一元二次方程根与系数关系"（人教版九年级上册第二十二章第二节）的教学中，教师设计如下板书：

方程	两根之和	$\dfrac{b}{a}$	两根之和与 b/a 的关系	两根之积	$\dfrac{c}{a}$	两根之积与 c/a 的关系
$2x^2-3x+1=0$	$-\dfrac{3}{2}$	$\dfrac{3}{2}$		$\dfrac{1}{2}$	$\dfrac{1}{2}$	
$x^2-8x+9=0$				9	9	相等
$3x^2+5x-2=0$	$-\dfrac{5}{3}$	$\dfrac{5}{3}$	相反数	$-\dfrac{2}{3}$	$-\dfrac{2}{3}$	相等

由上例可以看出，配合教学内容的特点及有关数学思想方法进行巧妙设计，有助于激发学生去思考问题，去发现规律，可以充分地调动学生的积极性，使学生在"不知不觉"中把知识领会。

板书设计是一种特殊的艺术展示，是教师智慧的表现和创造性劳动的结晶，渗透教师的学识、智慧和审美情趣。板书不仅要有概括具体、条理清晰的特点，还应符合美的原则，具有艺术性和欣赏性，给学生以美的享受，为学生接受新知识营造最佳氛围。因此，教师要用最凝练的文字或简洁明了的图形、符号反映出教学的主要内容，要突出教学的重点、难点，以流畅漂亮的字迹、新颖别致的布局、错落有致的数学符号、精美的几何与函数图像来激发学生的学习兴趣，促使学生注意力集中。切记板书中也可用特殊符号和彩色粉笔点缀，但须适量，不能喧宾夺主。

数学板书的艺术，不仅仅显示出了外在之美。更为重要的是，它还体现出了数学内在之美。这种美需要学生用心去体会、认真去发现。一些定理的证明、公式的推导、问题的解决，处处体现出数学思维的灵活性、逻辑性和严密性，这些巧妙的构思和间接的分析论证过程都隐藏着大量的数学内在美。这些内在美不像外在美那么直观自然，而是在数学板书过程中随着思维活动得以呈现。可以说，数学并不缺少美，缺少的是创造和发现的能力，以及让其展示的平台，而数学板书这种教学手段恰好为数学的美提供了一个良好的创造、发现和展示的平台。

7. 板书与语言配合原则

板书与语言讲解是一个不可分割的整体，两者有机结合，才能较好地传递教学信息。板书不应在上课前抄在黑板上，也不应课后再往黑板上誊写，而是要在讲授过程中按步骤、分阶段地逐步呈现。板书与讲授结合的形式主要有先写后讲、先讲后写、边写边讲，三者经常结合使用。先写后讲，一般在教师需要学生对某一事物先有全面概括的了解，然后再逐步分部细致地讲解时采用；先讲后写，通常在教师利用板书帮助学生回忆所学内容的要点或讲解新知识时使用；边讲边写，一般适用于表格式、构图式等板书，教师事先在黑板上确定好书写的位置，再按照讲解的顺序边讲边写，一个过程讲完之后，整个板书也就形成了，最后总结归纳并检查学生是否理解。

总的来说，板书技能是一种设计艺术，是教师提高课堂教学效果的重要手段。但作为数学教师，在重视板书设计的同时，也要特别注意语言的直观作用，因为只有教师会主动地讲解、形象地描绘，才能深化板书的内涵，才能使板书的直观作用得到最大限度的发挥。因此，只有把板书的直观和语言的直观恰当地结合起来，使两者相得益彰，才能让课堂教学更具魅力，才能收到更好的效果。

教师在板书技能原则的规范下，设计出一幅完美的板书，通过板书可使教学内容在学生的头脑中自然而然地留下鲜明且深刻的印象。倘若在教学过程中，抛弃原则，随心所欲地板书，不但会给学生留下混乱的印象，还会分散学生的注意力，在一定程度上弱化课堂教学效果。

课堂板书是一门教学艺术，应引起数学教师的高度重视。板书的设计反映了教师钻研教材的深度和艺术构思的水平，巧妙地处理板书能生动地体现执教者对教材的深刻理解，显示出教师的教学思路和教学风格。教师只有摆正课堂教学与板书的关系，不断提高板书的水平，才能进一步在提高教学质量的同时提高学生的数学素质。为了将数学板书设计得更加完整美观，具体应注意以下几点：

(1) 根据教材特点和课程标准要求设计板书。

板书，是对教材内容的提炼，能揭示教材的特点，教师围绕课程标准板书,有助于把握重点、突破难点。所以,板书设计应以课程标准为本,以教材为依托,从教学内容的内部联系中寻找连接点,以引导学生进入教学情境。教学材料的内在逻辑结构一般有时间顺序、空间关系、因果关系、总分关系、对比关系及多种关系结合等几种组合。板书设计就应该根据教材的不同特点,从教材的内部线索入手,反映教材的知识体系。

(2) 根据课型设计板书。

课型不同,教学设计不同,因此板书的设计也会有所不同。如新授课要突出新旧联系,优化由旧知识到新知识的迁移过程,突出教学规律的集纳。板书设计主要目的在于疏通脉络、理清线索,对于一些难以理解的内容,可通过直观演示的方法,并辅以图解式板书解决。复习课的主要任务是复习巩固学过的知识,加深理解并使其系统化,最后通过练习加以运用。板书设计也要相应地体现知识的内在联系,把它们相互串联起来,形成知识网络。自学课是培养学生的自学能力和自学习惯的重要课型。这种课型的板书主要列举出自学提纲,并指点"学路"。在自学课上,讨论是一种常用的、行之有效的方法,因此,板书的重点应是讨论的问题和结论,做到既放得开,又收得拢。

(3) 根据学生年龄、年级特点设计板书。

板书设计受教学对象的制约。不同年龄、年级段的学生,其知识基础、认识能力、思维特点不同,教学中的板书设计应有针对性。低年级学生抽象思维能力差,形象思维占主导地位,可增强板书的形象性和直观性,特别是多设计一些图文并茂的板书,便于学生加深印象,牢固掌握知识。高年级学生在形象思维的基础上,已具有一定的逻辑思维能力,则可以把分析、归纳、推理、概括、综合比较等思维方法渗透于板书中。

其实,课堂教学没有一成不变的模式,教学有法,但无定法。课堂教学是以课堂教学内容为中介的师生双边活动。根据所授内容不同、学生实际状况不同,需要灵活处理包括板书在内的课堂上出现的各种问题,预先设计好的板书常常要根据课堂上出现的新情况,作出必要的临时修改。

新课程的教学中,板书不能只为帮助学生记忆服务,它更应该为帮助学生思考服务。在课堂上的对话和交流中,可能随时迸发出思想的火花,发现值得探究的现象,产生引人深思的问题。这些往往是课前无法精确地加以预测,也不可能事先进行固定的板书设计的。然而,适时地把它们板书出来,有助于学生更好地讨论和交流,能深化学生的思考,同时也是对学生的一种肯定和鼓励。

四、类型与方法

课堂板书要求根据教学目标、教学内容、学生的接受能力等不同情况进行适当设计。教师不仅要有条理地体现教学内容，还要注重板书的美观。主板书和副板书相互配合，设计出一幅形式优美、重点突出、高度概括的板书。板书的类型多种多样，根据数学知识结构表现形式的不同，板书可分为提纲式板书、过程式板书、表格式板书、对比式板书和图示式板书五类。

1. 提纲式板书

提纲式板书，是经过分析和综合后，把一节课的教学内容归纳为几个要点，用简明扼要的文字高度概括数学知识，反映教学的结构、重点和要点，并提纲式地将其呈现在板书中的板书形式。这种形式的板书条理清楚、重点突出，是数学课堂中常用的板书方法，尤其在小结课和复习课会更多地使用。使用提纲式板书，能使学生更快地抓住要领，掌握学习内容的层次和结构，有利于学生分析和概括问题能力的提高。

【案例一】在"整式"（人教版七年级上册第二章第一节）的教学中，教师出示板书如下：

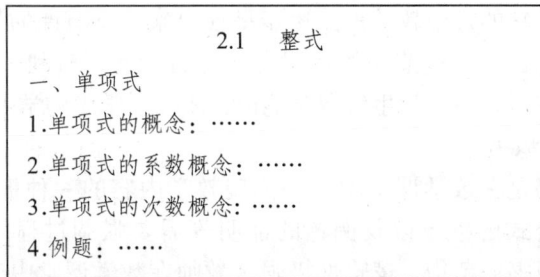

```
                    2.1    整式
一、单项式
1.单项式的概念：……

2.单项式的系数概念：……

3.单项式的次数概念：……

4.例题：……
```

这节课是一节概念课。在此之前，学生已经学习了用字母表示数以及有理数运算。通过这节课的学习，学生对单项式、多项式、整式以及相关概念的认识会更加完整。且七年级学生由于知识经验相对缺乏，思维以具体形象思维为主，他们往往只善于记忆事物的外部特征，掌握知识之间的外部联系。这样的心理水平决定了这个时期的学生在学习活动中，机械记忆仍占主导地位，更倾向于通过教师讲、自己听的方式进行学习，而且带有明显的机械成分，较多知其然而较少知其所以然。因此，在教学过程中，教师通过提纲式板书，将整式中单项式的概念及单项式的相关概念、典型例题板书出来，使整节课条理清晰、知识结构层次分明、重点知识突出，有利于学生抓住这节课的关键，构建知识系统。同时，板书的结构很清晰、工整，有助于吸引学生模仿老师的板书认真做笔记，集中注意力。

【案例二】在"图形的旋转"（人教版九年级上册第二十三章第一节）的教学中，教师出示板书如下：

23.1　　图形的旋转

一、旋转

1. 概念：由一个图形绕着某一点 O 转动一个角度的图形变换叫作旋转。

2. 旋转中心：……

3. 旋转角：……

二、旋转的性质

这节课是一节概念课。在此之前，学生已经学习了轴对称、平移两种图形变换，对图形变换已经有了一定的认识，通过这节课的学习，学生对图形变换的认识会更加完整。且对于九年级学生来说，理解记忆已成为记忆的主要方法，他们善于理解记忆对象的内部本质，让记忆对象与已有知识建立联系。因此，在教学过程中，教师通过提纲式板书，将授课内容——图形的旋转的每个教学重点逐步呈现出来，整节课的教学架构清晰，循序渐进。通过板书，整节课的知识内容一目了然，有利于学生从文字上过渡到抽象的图形，便于学生做课堂笔记，激发了学生的学习兴趣。

2. 过程式板书

过程式板书是在数学课堂中一一体现教学内容的一种板书。主要运用在数学定理、公式的推导以及例题的证明等需要强调过程的课堂教学中。它浓缩了数学板书的精华，逻辑性极强。教师在数学课堂中运用此类板书，主要是向学生揭示知识的产生过程，引发学生的认知认同。其中不仅体现了数学思想和方法，还有助于促进学生推理论证能力和运算求解能力的提高。

【案例一】在"解一元一次方程——去括号与去分母"（人教版七年级上册第三章第三节）的教学中，教师出示板书如下：

解方程：$\dfrac{3x-2}{4} - \dfrac{2x-4}{5} = 1$

解：去分母，得　$5(3x-2)-4(2x-4)=20$

去括号，得　$15x-10-8x+16=20$

移项，得　$15x-8x=20+10-16$

合并同类项，得　$7x=14$

系数化为 1，得　$x=2$

学生在上一节学习了合并同类项，能初步根据实际问题列方程。通过这节课的学习，学生对利用方程解决实际问题以及用简便方法解方程会有进一步的认识和理解。且低年级学生以形象思维为主，抽象逻辑思维相对较弱，学生仍善于记忆具体形象的内容，不善于记忆公式、定理、法则等抽象材料。因此，在教学过程中，教师通过过程式板书，一步一步解出方程。边讲边板书，让学生体会到做题中的循序渐进，也体现了数学解题的严谨性。教师通过在黑板上边讲边写的过程，给学生起到了示范的作用，强调解题格式的规范，同时用不同的颜色标注，有助于吸引学生的注意力。

【案例二】在"圆的综合法证明题"（人教版九年级上册第二十四章第二节）的教学中，教师出示板书如下：

题目板书：

例题：如图所示，已知圆 O 的两直径 AB 与 CD 相互垂直，E 为弧 AD 上任意一点，BN 垂直 CE 于 N，AM 垂直 CE 于 M，且 $CM = BN$

求证：$S_{ACBE} = \dfrac{1}{2}CE^2$

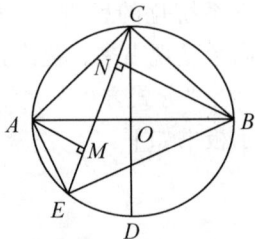

解题板书：

综合法：

$\because AB$、CD 为直径且相互垂直

则在 $\mathrm{Rt} \triangle AME$ 中，$\angle AEM = \angle EAM$

$\therefore AM = EM$

$\therefore CE = AM + BN$

$\therefore S_{ACBE} = \dfrac{1}{2} CE \cdot (AM + BN)$

即 $\therefore S_{ACBE} = \dfrac{1}{2} CE^2$

　　学生在已经了解圆以及与圆有关的位置关系的基础上，继续深入学习圆的综合法的证明方法。该学段的学生对几何图形已经具有一定的知识经验，抽象逻辑思维能力较强，但类比、归纳的思维能力较差，且教学对象对于证明题仍旧存在一定的恐惧心理，对于证明题如何从已知条件得到结论无从下手。因此，在教学过程中，教师采用过程式板书，利用直径的性质和三角形中的相等关系，逐步推导、层层递进，揭示证明的过程，让学生不仅体会到三角形性质的实际运用，也体会到数学证明的逻辑严谨性。运用此板书，可向学生呈现出逻辑可循的证明过程，帮助学生克服证明题无从下手的畏惧心理，提高学生对几何图形的分类和归纳能力。

　　3. 表格式板书

　　表格式板书，是用表格的形式将教学内容表现在板书中的一种板书形式。它适用于教学中对各类相似的概念或信息归类题进行观察和对比。利用表格分清类目，提高学生对数学知识的记忆、分类、归纳和对比能力，培养学生的数学系统化的思维。一般来说，教师在设计表格式板书时，会将教学的主要内容呈现出来，提出具体问题，引导学生通过思考完成空格。

　　【案例一】在"分式方程"（人教版八年级下册第十六章第三节）的教学中，教师出示板书如下：

题目板书:

> 题目:某商场销售某种商品,第一个月将此商品的进价加价 20% 作为售价,共获利 6 000 元;第二个月商场搞促销活动,将商品进价加价 10% 作为售价,第二个月的销售量比第一个月增加 100 件,并且商场第二个月比第一月多获利 2 000 元。问此商品的进价是多少元?

解题板书:

月份	进价	售价	一件的利润	总利润	件数
一月	x	$(1+20\%)\,x$	$0.2x$	6 000	$\dfrac{6\,000}{0.2x}$
二月	x	$(1+10\%)\,x$	$0.1x$	8 000	$\dfrac{8\,000}{0.1x}$

等量关系:第二个月的件数 − 第一个月的件数 =100

解:设此商品的进价为 x 元,依题意得:

$$\frac{8\,000}{0.1x} - \frac{6\,000}{0.2x} = 100$$

解得, $x = 500$

答:此商品的进价为 500 元。

　　学生已在上一节学习了分式的运算,为这节课作了铺垫。通过这节课的学习,学生将理解如何根据实际问题列出分式方程。八年级学生的发散思维能力较强,但收敛思维能力较弱,学生对知识集中分析、综合概括的能力还有待提高。比如,学生在处理信息量比较大、关系比较复杂且贴近生活的实际问题时,往往很难理清其中的数量关系。因此,在教学过程中,教师采用表格式板书帮助学生理清复杂问题中的数量关系,将难懂的语言文字转化为直观的表格,不仅教会了学生用表格来处理信息,而且提高了学生分析问题、解决问题的综合能力。

　　【案例二】在"直线与圆的位置关系"(人教版九年级上册第二十四章第二节第二课时)的教学中,教师出示板书如下:

直线与圆的位置关系	相交	相切	相离
公共点	2	1	0
圆心到直线的距离与半径的关系	$d < r$	$d = r$	$d > r$

学生已在上节课学习了点与圆的位置关系，通过这节课的学习，学生将会系统地了解直线与圆的关系。九年级的学生对直线与圆的位置关系有了一定的认识，但他们对由多种几何图形组合的复杂图形的逻辑思维能力和归纳能力相对比较薄弱。因此，在教学过程中，教师绘制表格式板书便于学生理解这3种位置关系，区分记忆。这不仅体现了数学中数形结合的思想，而且直观地帮助学生归纳知识，提高了学生的数学归纳能力。同时，采用师生共同完成板书的方式，也进一步提高了学生的课堂参与度。

4. 对比式板书

对比式板书是根据教学内容和学生已有的相关知识，在学生已有的知识经验的基础上，运用对比的方法，分析知识之间的异同之处，形成对比强烈的两个模块的板书。这种板书对比鲜明、条理清晰，有利于优化学生的知识结构，引导学生分清知识的共性与个性，体会数学的归纳思想和求异思想，训练学生的思维能力。

【案例一】在"三角形的内心和外心"（人教版九年级上册第二十四章第二节）的教学中，教师出示板书如下：

画图板书：

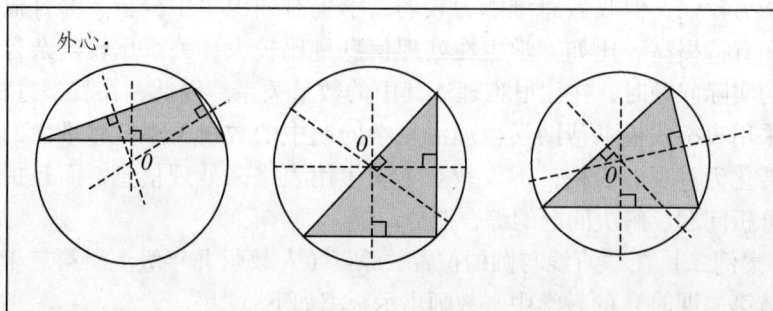

外心：

文字板书：

24.2.1　三角形的内心和外心

内心　　　　　　　　　　　　　　　　　　　外心

1. 定义

　内心是三角形三条角平分线　　　　　外心是三角形三边垂直平分线的交
　的交点，它是内切圆的圆心。　　　　点，它是外接圆的圆心。

2. 性质

　内心到三角形三边的距离相等。　　　外心到三角形三个顶点的距离相等。

3. 位置与三角形形状的关系　　　　　　在锐角三角形的内部
　始终在三角形的内部　　　　　　　　在直角三角形的斜边的中点上
　　　　　　　　　　　　　　　　　　在钝角三角形的外部

　　学生通过已学习过的三角形外接圆的画法及有关概念来研究三角形内切圆的画法及有关概念。随着年龄的增长，学生的理解记忆逐步发展，但机械记忆仍是学生记忆的主要方法。他们不善于理解记忆对象的内部本质，较难让记忆对象与已有知识建立联系，容易混淆两种或两种以上存在某些关系的相似知识；接受知识比较被动，不善于自己发现知识之间的关系。比如在学习三角形的内切圆和外接圆时，大多数同学会混淆外心和内心的概念及性质，思维活动还需要教师给予直观、感性经验的支持。因此，在教学过程中，教师采用对比式板书，使得三角形内心和外心的定义、性质、位置与三角形形状的关系形成直观、鲜明的对比，给予学生直观性的引导，有利于学生对知识进行观察、对比和归纳。让学生学会自己主动去发现知识之间的关系，使知识有序化、系统化，同时提高学生类比归纳的抽象概括能力。

　　【案例二】在"分式的基本性质"（人教版八年级下册第十六章第一节第二课时）的教学中，教师出示板书如下：

16.1.2　分式的基本性质

分式的基本性质：

分式的分子与分母同时乘以（或除以）同一个不为0的整式，分式的值不变

$$\frac{B}{A} = \frac{B \times C}{A \times C} \ (C \neq 0)$$

$$\frac{B}{A} = \frac{B \div C}{A \div C} \ (C \neq 0)$$

其中A、B、C是整式。

分数的基本性质：

分数的分子与分母同时乘以（或除以）同一个不为0的数，分数的值不变

$$\frac{b}{a} = \frac{b \times c}{a \times c} \ (c \neq 0)$$

$$\frac{b}{a} = \frac{b \div c}{a \div c} \ (c \neq 0)$$

其中a、b、c是数。

学生在小学就掌握了分数的一些基本性质，通过这节课的学习，学生对分数的基本性质的认识会更加完整。教学对象的学习态度松懈，容易遗忘以前学过的知识（小学阶段学习过分数的一些基本性质），缺乏自己建构知识框架的能力。在学习中，他们知识之间的迁移能力相对较弱。因此，在教学过程中，教师采用对比式板书，既复习了旧知识——分数的基本性质，又通过探索、类比、归纳分式的基本性质，充分发挥了知识之间正向迁移的积极作用，也让学生认识到类比思想在数学中的广泛应用。

5. 图示式板书

图示式板书，是利用文字、数字、符号、线条、框图等构成某种图形的板书方法。图示式板书的优点是形象生动、直观明了。图形的各种排列组合容易吸引学生的注意，能有效地对教学内容进行比较和分析，引导学生对知识产生联想和记忆。此类板书的应用范围比较广，在复习课或新授课上都可使用，它通过线条将教学内容连接成一个整体，体现其中的逻辑关系，是为学生建立知识体系的有效板书。

【案例一】在"一元一次方程"（人教版七年级上册第三章第一节）的教学中，教师出示板书如下：

具体问题解题板书：

例题：整理一批数据，由一个人做需要80小时，现在计划先由一些人做2小时，再增加5人做8小时，共完成这项工作的 $\dfrac{3}{4}$，怎样安排参与的具体人数？

审：工作效率　　工作时间：前 2 小时　　　　后 8 小时　　　　完成的工作量

　　$\dfrac{1}{80}$　　　　　　　　一些人×2　　（一些人 +5）× 8　　　　$\dfrac{3}{4}$

等量关系：工作效率×工作时间　工作总量

设：设先由 x 人整理数据，依题意得：

列：$\dfrac{1}{80}[2x + (x+5)\times 8] = \dfrac{3}{4}$

解：

验：

思路总结板书：

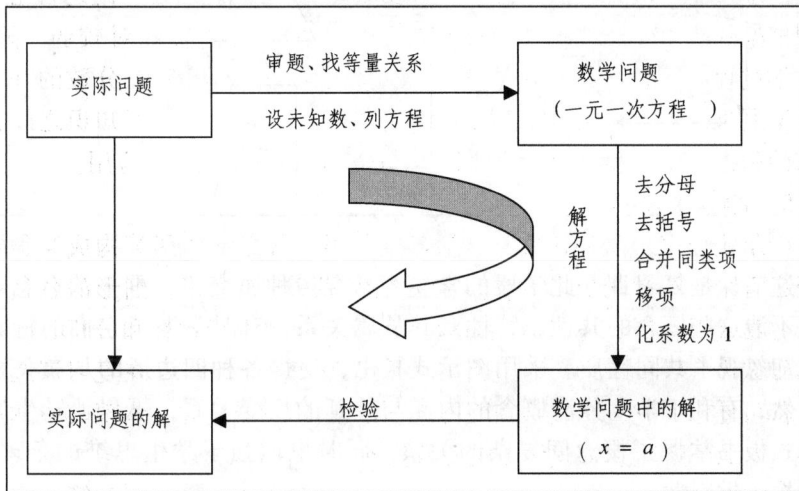

学生在小学已经初步接触过方程，已了解方程及方程的解，并学会了用逆运算法解一些简单的方程。这节课将带领学生继续学习方程、一元一次方程等内容。教学对象由于知识经验相对缺乏，以具体形象思维为主，他们往往只善于记忆事物的外部特征，掌握知识之间的外部联系，对将实际问题转化为数学语言则难以下手，对题量大的应用题无法准确提取信息。因此，在教学过程中，该图示式板书采用箭头、方框等基本图形将一元一次方程与这一章的知识有机地联系起来，既简洁明了、概括性强，又具体形象，体现了知识之间的联系，有利于学生将分散的知识串联起来，使知识结构化、系统化，从而加深学生对信息量大的题目的理解，同时也培养了学生抽象概括的逻辑思维能力。

【案例二】在"四边形"（人教版八年级下册第十九章）的复习教学中，教师出示板书如下：

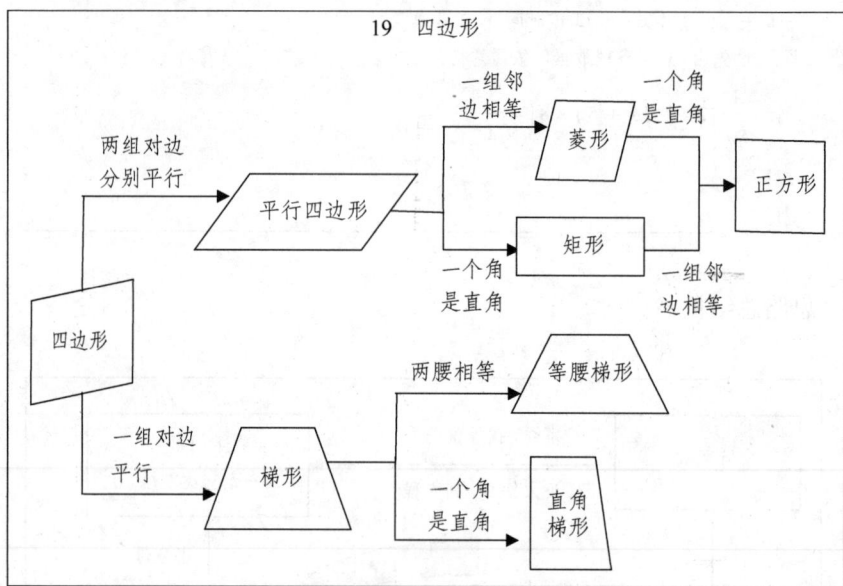

19　四边形

这节课是复习课。此学段的学生容易混淆种属交错、重叠的概念，往往理不清这些概念的共性、特性及其从属关系，有时掌握了它们的特殊性质，却忽视了共同性质。采用图示式板书，使得各种四边形的从属关系一目了然，有利于学生分清概念的内涵与外延的反变关系，不仅让学生通过图示式板书掌握了概念间复杂的关系，同时也增强了学生思维的条理性、深刻性、批判性。

教师应根据教学内容、教学目标的不同，适当选择板书的形式。各种形式的板书都有各自的优势，教师在教学中要钻研教材，选取最能反映教学内容的板书。这样，不仅使能学生获得视觉上的享受，同时也能使学生更好地理清教师教学的思路，从而更准确地把握这节课的知识内容。

▌五、章后语

苏联著名教育家加里宁有一句话："教育事业不仅是科学事业，而且是艺术事业。"成功的教学是程度的科学性和完美的艺术性的有机结合。所以，坚持教学原则，使用艺术手法，优化教学过程，浇灌学生的心田，是教师的高尚追求。板书技能是教学中的一种综合艺术，其实，设计板书也是艺术创作的过程。

课堂板书作为一门教学艺术，应该引起数学教师的高度重视。板书的设计反映的是教师对教材理解的深度，体现的是教师艺术修养的程度，板书设计得当、生动美观，则彰显出一个教师的教学态度和教学严谨性。所以，教师要摆正课堂教学与板书的关系，提高自己的板书技能，促进师生双方数学素养的提高。

1. 提纲挈领，条理清晰

在数学的教学过程中，要有条不紊地按照教学计划进行，需要教师将讲解和板书两者进行灵活运用。教师在一讲一写的过程中，要将有关的教学内容加以概括，使得板书的脉络和层次与数学的专业语言和符号形成一个整体。如果一节课的板书凌乱不清，学生就无法集中精神紧跟上课的节奏，上课的纪律也会受到影响，进而影响学习效率。

要使板书的条理清晰，可以对教学内容的层次进行划分，按照层次的不同对教学内容进行规范编号。按照规范的用法，各级提纲的编号体系为：

二级提纲	三级提纲	四级提纲	五级提纲
一、	一、	一、	一、
1.	（一）	（一）	（一）
	1.	1.	1.
		①	①

2. 抓住要点，合理规划

在设计教学板书时要以教学内容和教学目的为板书的基础。但由于一节课的知识内容繁多，将它们面面俱到地呈现在黑板上是很不实际的。所以在设计板书时，要从教学目的出发，抓住教学内容的重、难点和关键之处，将这两点有机联系起来。以此来设计板书，在教学过程中能更好地发挥板书的作用。

教师在教学中要紧抓教学目标，根据教学内容的知识结构，合理规划板书的位置。在组织教学中，不仅要体现教学内容各部分之间的关系，更要体现认知过程和思维过程。合理安排板书的结构，要全盘考虑，将主板书和副板书的作用最大限度地发挥出来，切忌随心所欲。

3. 适时出示，突出重点

数学课堂中，板书和讲解是不可分割的整体。两者有机结合是完成一节课的重要手段。但是在讲与写的过程中，两者如何配合才能更好地完成教学呢？结合的形式一般有先写后讲、先讲后写、边讲边写几种。我们要根据教学的需要，适当选择符合课堂的形式。而在板书的展现过程中，何时出示标题、何时出示问题、何时出示结论，都要经过周密计划、精心设计，做到适时出示板书。板书的提前或滞后，都会破坏正常的教学节奏，影响教师和学生的思路。一般而言，板书结论性知识时，推理结束，可将推理过程擦去；对讲清个别字句、概念的解释后要及时将其擦去，不要停留太久，防止分散学生的注意力。

在板书中，为了突出重点，教师要注意字体的大小、粗细，还可以用不同颜色的粉笔进行适当标注，引起学生的重视。

4. 书写端正，作图规范

教师的板书是学生模仿的榜样，起到示范性作用。所以，从板书的书写来说，教师的字迹必须工整，笔顺要正确，字体不能潦草，不要出现错别字，且字体应大小适宜，板书的行间要错落有致。对数学中出现的专业语言和符号要按标准书写，不要出现混乱不清的内容。作图时必须用辅助工具，做到既准确，又直观。不要贪图方便而随手做题，防止学生形成随手做题的坏习惯。同时，板书的书写速度也要与口头表达一致，从而加强教学的节奏感。

优秀的板书，应是字迹美观、数形并茂、布局合理、疏密有致、条理清晰，不仅达到美观的效果，更是教师给学生树立的示范榜样。这也正说明了教师身份的特殊性和示范性，通过言传身教，能用积极的态度影响学生的个性品质和思想。

5. 注意配合，增加效率

板书作为教学的有机组成部分，要完成一整节课则需要积极与其他教学活动配合。灵活地将板书与其他教学活动结合起来，尤其是与讲解的配合，可以很大程度地提高上课的教学效率。当然，在利用教学用具、绘制图形、演示媒体、分析讲解时，要注意教学时间的分配。一般情况下，教师往往是边讲解、边书写、边引导学生，学生是边听课、边记录、边思考，讲解教学重难点时，教师在板书的过程中要适时停顿，留给学生思考的时间，再进行分析讲解，直到板书结束。

板书是重要的教学手段。新课程标准提出，课堂要以学生为主体，所以在教师板书教学内容之余，为检查学生的接受情况，也可让学生进行板书。在板书的过程中，教师可以透过学生板书的格式、板书的结果等即时了解学生的掌握程度，不仅能及时纠正学生的错误，而且能加强师生的合作，丰富课堂的形式。

当然，教无定式，板书没有固定的模式，只要是能够让学生积极地参与到教学活动之中，能够引导学生自己去发现问题、提出问题并解决问题，从而提高学生的能力，并且具有严密的逻辑性、高度的抽象性、广泛的应用性的板书，就是好的板书。教学研究永远是一个不老的话题，让我们在不断的探索中实践，为教育的大厦添砖加瓦！

第六章　凡是需要知道的事物，都要通过事物本身来进行教学
—— 谈数学教学演示技能的运用与提升

【案例】请看"数轴"（人教版七年级上册第一章第二节）的导入教学片段：

> 师：同学们，有一条自西向东的笔直马路，上面有个汽车站，汽车站东 3 m 和 7.5 m 处分别有一棵柳树和一棵杨树，汽车站西 3 m 和 4.8 m 处分别有一棵槐树和一根电线杆，请同学们用几何元素把它们表示出来。
>
> （学生开始画图）
>
> 师：很多同学都会把马路抽象画成直线，那这些东 3 m 和 7.5 m，西 3 m 和 4.8 m 都在这条线上，所以有理数对应的点可以表示在直线上。通过刚才的操作，我们总结一下，要在一条直线上表示有理数的点，这条直线必须具备什么条件？
>
> 生：原点、单位长度、正方向。（看书得出）
>
> 师：具备这些特点的直线我们把它称为数轴。

"数轴"这节课中，认识数轴以及让学生理解数轴上的点表示有理数是一个重点，教师在上述案例的教学中很快给学生抛出数轴这一概念，像是硬塞了一个东西进入学生的头脑，这样学生并不能真正理解数轴的意义。那么，是不是有更好的教学方法可以让学生慢慢接受数轴的概念呢？答案是肯定的。例如，我们可以采用温度计进行演示教学，让学生经历从实物感知实物迁移到理解抽象数学知识。这样不但激发了学生的探索精神，同时也让数学课堂充满了趣味性。

一、概　念

演示技能是教师运用实物、教具或示教设备（幻灯机、投影仪、录像机和计算机等）进行实际表演和示范操作，指导学生进行观察、分析和归纳，为学生提供感性材料，使其获得知识，训练其操作技能，培养其观察、思维能力的一类教学行为。演示技能具有直观性、形象性和辅助性，对课堂教学具有重要作用。

▌二、功　能

1. 提供丰富直观的感性材料

中小学生的生活经验相对比较缺乏，对抽象知识的理解通常还需要借助外界事物。他们的感性认识是相对有限的，但感性认识是学生掌握书本知识的重要基础。为了保证教学的效率与系统性，教师需要利用具体、直观的感性材料来支持教学。捷克教育家夸美纽斯在论述科学教育法时提出："凡是需要知道的事物，都要通过事物本身来进行教学；那就是说，应该尽可能地把事物本身或代替它的图像放在面前，让学生去看看、摸摸、听听、闻闻等等。"这样，"知识一经获得，便永远得以记住"。

具体教学中，教师通过演示将所学知识与现实生活中的事物联系起来，让学生直观感受事物的特点，亲自获得具体的直接经验，丰富学生的感性经验，进而减少掌握新知识，尤其是抽象知识的困难。

例如，在"图形的认识"（人教版一年级下册第四单元第一课时）的教学中，教师可以在课堂上向学生展示生活中的方形茶叶盒、圆柱形杯子、足球等物体，再由这些物体总结出其图形特点。看到具有相同特点的模型，学生就能很快理解什么是长方体，什么是球体。生活中丰富的材料给学生在视觉上带来感性的认识，这种认识可以很快被大脑接受，形成直观的认识，为有针对性地接受与理解数学知识打下坚实的基础。

2. 培养观察能力和思维能力

思维是各种能力的核心，课堂教学要重视培养学生的思维能力。人的思维发展是从形象到抽象的。中小学生的思维正由具体形象性向抽象逻辑性发展。在这一过程中，教师想要通过有效的教学来引导学生的思维进行转变，很大程度上要借助演示教学中的具体、直观的感性材料。通过教学演示，教师能直观、生动地把某些自然规律与事物特点展现在学生面前；通过教师指导，学生能对有关事物、现象、规律进行观察、分析、思考、抽象和概括等思维加工，并从中学习教学中的新知识。教学演示能培养学生的观察能力和思维能力，同时开发学生的潜能，减轻学生的疲劳，让学生保持高昂的学习情绪。

例如，在"数轴"（人教版七年级上册第一章第二节）的教学中，教师从生活中的温度计入手，让学生观察不同温度导致的温度计上刻度线显示的变化、零上与零下温度的区别，以及温度计上刻度线的意义。由温度计的设计原理联系到数学中的数轴进行对比引导，学生就能很快地接受和理解数轴的概念以及数轴的原点、正方向、单位长度这三个要素。这样，学生就能经历由具体形象的事物迁移到数学抽象概念的认知过程，在思维上循序渐进，使思维得以顺利转换。

3. 激发学习兴趣，使注意力集中

教学中精心设计的演示，常以特有的生活情境感染、打动学生。这样能扣住学生的心弦，激发学生强烈的求知欲，引起他们的浓厚兴趣，集中学生的注意力。中国先秦教育家孔子说："知之者不如好之者，好之者不如乐之者。"可见兴趣是最好的老师。当学生发现原来数学也来自生活，数学知识也可以由身边的事物获得时，就能消除数学的神秘感及距离感，进而爱上数学。

注意力是开启心灵的门户，只有引起学生注意才能够使学生产生意识。一般情况下，学生会把注意力集中在教学过程中所采用的新颖有趣的演示上，这时，教师就能自然而然地引出新知识的学习。

例如，在"轴对称图形"（人教版八年级上册第十二章第一节）的教学中，可以向学生展示大自然中和身边各种各样美丽且对称的图片。学生被美丽的图片吸引后，教师再问学生这些图片都有什么共同的几何特征。随后，教师通过对图片进行折叠演示，让学生知道图形的左右两边是可以重合的，进而教师再引出"对称"的概念。这样，学生就能从生活现象中体会教学所针对的数学知识。

4. 深化学生对知识的理解

学生在感兴趣、注意力集中的情况下进行学习，能很快地领悟并掌握新知识。而且这些知识在学生脑海中的形成过程是充满趣味性的，学生是通过视觉、听觉、触觉等感官来学习的，这样的学习过程使得"知识一经获得，便永远得以记住"。

例如，在"对顶角的图形"（人教版七年级下册第九章第四节）的教学中，对顶角具有公共顶点，并分别在顶点的两侧，这些特征都容易被学生掌握，而其中一个角的两边是另一个角的两边的反向延长线这一特征就常常被忽略。教师在教学中，可制作一个活动的对顶角的模型，并将两个角放在顶点的两侧，然后分别移动每一个角的两边，使它们分别成为另一个角的两边的反向延长线，从而构成对顶角的模型。通过这样的演示，学生就不会忽略对顶角的这一重要特征了。

教师只有明确演示技能的目的，才能在教学设计中适当运用演示技能，改善教学方式，提高教学水平。

▎三、应用原则

1. 目的性原则

每一项教学演示都应有明确的目的，这样才有利于突出重点，讲清难

点，培养学生的观察能力和思维能力，增强课堂教学的效果。在利用实物、模型、图形、多媒体等进行演示时，教师要向学生提出观察演示的要求，使学生自觉地选择性服从于演示的目的，从而使学生有意识地去注意它们，尽量把握所演示事物的本质属性，而不被其中一些有趣的、刺激性强的次要部分所吸引。

例如，一些教师在"对称图形"（人教版二年级上册第五单元）的教学中，利用图片和视频演示，由美妙的钢琴曲《梁祝化蝶》的选段导入，让学生欣赏"碧草青青花盛开，彩蝶双双久徘徊"的优美画面，接着提问学生："蝴蝶有什么特点?"学生兴奋地回答，"蝴蝶真漂亮"，"蝴蝶一只红色、一只黑色"……不知不觉，黄金10分钟就过去了。不可否认，这个教学设计看起来是赏心悦目，但是充斥了很多与教学内容无关的因素，与对称图形知识的学习相去甚远。所以演示时应注意演示的目的，避免形式化。

2. 直观性原则

演示过程要注意科学性，紧密配合课堂教学内容，选择的演示要直观，让学生能快速地由演示内容联想到对应的数学知识。同时，演示必须准确、能说明问题，不要选择一些跟所讲内容相差甚远的事物进行演示，否则学生的理解会出现偏差。

例如，某女教师在"长方体"（人教版五年级下册第二单元）的教学中，选取了生活中自己所用的各种护肤品的包装盒进行实物演示，这样的盒子虽然能直观地看出是长方体，但是盒子五颜六色，多种品牌的字样反而成了学生的焦点，吸引了学生大部分的注意力，影响了教学效果。

3. 鲜明性原则

各种教具演示或者多媒体示范必须形象鲜明，便于观察，易于理解。教师要及时指导学生客观、全面、准确、有序地观察演示的过程和结果。演示现象要让每个学生都能观察清楚，如事物的特点、模型的展示，有时候需要读数的，可选用计算机屏幕投影的方式，也可以直接采用视频演示，尽量照顾到全班同学。

例如，在"简易方程"（人教版五年级上册第四单元）的教学中，教师演示在天平的左盘里放30克和20克的两个砝码，在右盘里放50克的砝码，并告诉学生这时天平处于平衡状态。说明天平左右两个盘里的砝码重量是相等的，用式子表示为 $30+20=50$，这是一个等式。现在把30克的砝码拿掉，换上一个不知道重量的小铁块，设重量为 x 克，这时右盘里要换上一个100克的砝码，天平才能平衡，用等式表示便是 $x+20=100$，这是含有未知数的等式。此时告诉学生：像这种含有未知数的等式叫作方程。这样的实物演示，虽然可以很鲜明地得出方程的概念，但是天平的示范并不是每个学生都能看得清，而看不清的学生自然无法真正理解。所以要想演示的效果作用在每个学生身上，可以采用投影示范，或者制作成课件进行多媒体演示。

4. 规范性原则

演示过程必须规范、正确、安全可靠，使学生获得完整、正确的印象，这就要求教师在进行演示时，必须清楚相应步骤和顺序。学生在观看演示时，由于缺乏经验，往往不分主次，盲目观察，以致影响演示的效果。因此，在组织学生观察时，要指导他们由整体到部分，再由部分到整体进行观察。即先要对事物有一个整体的、大致的认识，然后再观察它们的各个组成部分，最后观察部分与部分、部分与整体之间的联系。对一些有连续性的事物或活动，更要引导学生有步骤、有顺序地观察。

例如，在"椭圆"（人教版高中数学 A 版选修 1 - 1）的教学中，课前准备好足够的线绳，上课后在适当时间把线绳分给学生，让学生用该线绳设法画一个圆，并让一名同学上讲台示范。然后，教师在这根线绳的两端各系一根铁钉，再把铁钉设法固定在黑板上（两铁钉间距小于该线的定长），用粉笔将线绳绷紧绕两个定点作圆周曲线运动，此时粉笔在黑板上画出一条封闭的曲线（椭圆）。通过对比两种图形的异同，并对后一种作图过程加以分析，便可以得出"椭圆的定义"。在这个教学过程中，教师有计划、有目的地一步步引导学生作图，熟练地引导学生画出了椭圆。虽然该节课准备的东西不多，但是在画椭圆的整个操作过程中，若教师对椭圆的画法不熟练、作图过程不规范，则会导致学生对椭圆的认识出现偏差，也会浪费教学时间。

5. 简单性原则

教学中演示的内容要简单，使用要方便，尽量符合教学时间的安排。教师对多媒体、实物、模型的演示要提前做好准备，使之上课时能辅助教学顺利进行。情境、实验的安排也要步骤清晰，否则在课堂上准备的时间过长，也会让学生等太久，结果会使学生的精神状态从兴奋到抑制，容易挫伤学生的学习积极性。

四、类型与方法

演示技能是教师在课堂教学中，根据教学内容特点和学生学习的需要，通过对实物、模型、标本、图画图表、录像的展示，以及实际的表演、情境和实验操作为学生提供感性材料，以指导学生进行观察、分析、归纳的一种教学行为。这种技能会运用各种教学媒体传递教学信息，使学生通过直观感知材料，理解和掌握数学知识，增强信息交流效果，扩大认知通道，提高课堂教学的效率。所以，演示技能在数学教学中尤为重要。根据所演示的内容的不同，一般将演示技能分为随手教具演示、实物演示、实验演示、多媒体演示、挂图或图片演示、情境演示、模型演示。

1. 随手教具演示

随手教具是指那些无须专门购买和精心准备，在教室、办公室或家庭里随处能找到，不必特殊制作即可用于教学的物品。随手教具与正规教具相比有明显的优点：它经济简便，不必花经费去买，不必花很多时间和精力专门准备，操作也非常简单；它可以使知识还原于生活，使学生感到生活中处处皆学问，促进学生用数学的视角审视每时每刻遇到的生活问题；随手教具可以使教学内容变得生动有趣、直观形象，更有可能使知识长存于学生的记忆中。

使用随手教具时应注意以下几个问题：

①随手教具虽然不需要教师在课前花很多时间和精力专门准备，但有时一些日常生活用品并不适合直接作为教具，应该对其加以修整和加工，如将硬纸板剪成几何图形。

②平时要多留意日常物品，发现其用作教具的可能性。要想将随手教具运用得得心应手，光靠课堂上的灵机一动是不可能的。随手教具的使用看似随意，实则须经深思熟虑。运用何种教具，教师在课前就应该心中有数，表面上看似乎没有准备，实际上是有备而来。

③启发学生运用随手教具来说明或演示学习内容。学生上课前不一定会对教学内容有太多的理解，也不会想到要用某种物品去演示教学内容。但教师是应该有准备的，教师可通过启发的方式帮助学生在普通物品与教学内容之间建立联系。

【案例】"正方体的认识"（人教版五年级下册第三章第一节第二课时）。学生在初步认识了正方形的基础上，进一步学习正方体，这是学生比较深入地研究立体几何图形的开始。通过这节课的学习，学生对立体图形的认识会更加完整。五年级的学生空间想象能力差，要理解正方体的特点，还需要借助直观物体或模型。请参阅如下片段：

师：同学们，上节课我们学习了"长方体的认识"，回顾一下，长方体有什么特征呢？

生：6个面、12条棱、8个顶点，面的形状是长方形或正方形，每组互相平行的四条棱的长度相等。

师：以上是长方体的特征及相关知识。现在同学们来看一下，这个粉

笔盒具有什么图形特征呢？（随手拿起桌上的粉笔盒）

……

在教学过程中，教师直接用粉笔盒来讲解正方体的特点，不仅让学生直观了解正方体的特点，也让他们知道，生活中处处有数学知识。使用粉笔盒作为教具，无须特别制作，直观形象，使用方便。

2. 实物演示

实物演示是教师从生活中的实物入手，通过与生活中具体的实物类比引入教学内容，将其概括为数学中的概念，引导学生直观感知事物，从而把生活中的事物转化为数学知识，把所教知识具体化的教学技能。

在教学过程中，实物演示的目的是使学生充分感知教学内容。为了使学生的观察更有效，教师在恰当地使用演示技能的同时，还要用简洁的语言引导和启发学生的思维，使其更好地理解所观察的内容。具体来说，这类演示要注意将实物演示与语言讲解恰当结合。教师把实物展示给学生后，不作讲解，只让学生自己观察的做法是不恰当的；在学生观察时，教师滔滔不绝地进行详尽的讲解，不给学生留下思考的余地，同样也是不可取的。

【案例】"数轴"（人教版七年级上册第一章第二节）。这节课是在学生学习了有理数概念的基础上，从标有刻度的温度计表示温度高低这一事例出发，引出数轴的画法和用数轴上的点表示数的方法，初步向学生渗透数形结合的数学思想，使学生借助直观的图形来理解有理数的有关问题。且从心理学的认知性观点出发，该阶段的学生直观能力较强，因此，有必要采用生活中的实物来让学生对知识有更直观的感受。请参阅如下片段：

师：同学们，大家看一下老师手上的是什么？（手拿温度计进行提问，有利于吸引学生的注意力）

生：温度计。

师：我们可以用温度计来测量温度。现在老师的一个朋友带着老师手上的这种温度计自己驾车到国内的各个城市去旅游。他从广州出发一路向北，同学们看一下PPT上的温度计显示各城市的温度是多少？

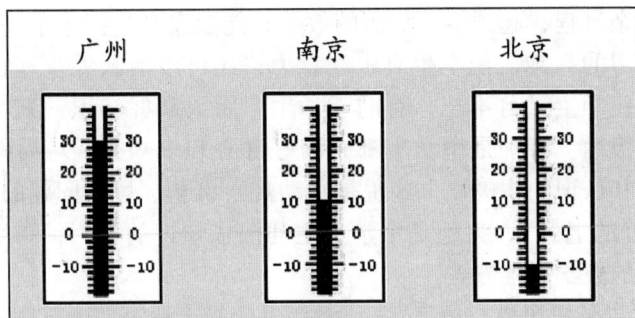

生：广州 30℃，南京 10℃，北京零下 10℃。

师：我们来看，在从广州到哈尔滨的漫长旅途中，温度计的水银柱是一直在往下降，也就是说，越往北，温度就越低。我们现在来大胆假设一下，如果我们继续往北走，走到了冰天雪地的北极。大家都知道，北极是一个极冷的世界，而那里的温度有时候只有零下 50℃，同学们觉得用我们这种温度计能把北极的温度测出来吗？

生：不能。

师：对，不能，我们这种温度计它的最低温度只有零下 30℃，所以它是不能够测出北极的温度的。

师：为了测出北极的温度，老师须请人生产出一种新温度计。但是现在老师要请同学们帮忙把我们要设计的这种温度计的图纸先给画出来。（让学生动手操作，自己体验数轴形成过程）

……

华罗庚曾说过，对数学产生枯燥乏味、神秘难懂的印象的主要原因就是脱离实际。而实物演示恰恰相反，它具体、直观、可感，有利于丰富学生的感性知识，从而帮助学生理解和体验间接知识。采用温度计进行实物演示教学，让学生在大脑里浮现出比较直观的数轴模型，从而帮助学生理解数轴的知识。实物演示遵循了数学教学从生活中来，到生活中去的生活化原则，不仅能激发学生的学习兴趣，也能增强学生在生活中的问题意识，使学生学会在生活中发现数学知识。将具体的实物温度计抽象概括为数学概念数轴，让学生初步体验到从实践到理论的认识过程，从而让学生更好地接受新知识。

3．实验演示

生动有趣的实验演示可以深入浅出且有效地揭示较为抽象的性质，展示事物的复杂过程，起到事半功倍的效果；能激发学生探索求知的好奇心，提高学生学习的兴趣，使学生集中注意力，还可以活跃课堂气氛。好的演示实验往往使学生过目不忘，有助于学生牢固地掌握知识，激发其学习的主动性和积极性。特别是中学生都充满好奇心和求知欲，对周围事物有强烈的敏感性和认识的积极性，这正是主动观察事物、思索问题的内在动力。"兴趣是最好的老师"，兴趣是中学生主动探求知识的推力，利用演示，更能培养学生的数学思维方式。

【案例】"随机事件与概率"（人教版九年级上册第二十五章第一节第一课时）。九年级的学生对新鲜事物比较敏感，但推理能力还有待发展，在一定程度上还需要依赖具体形象的经验材料来理解抽象逻辑关系。因此，本教学片段将通过创设情境与实物实验操作让学生更好地理解概念。请参阅如下片段：

师：同学们，圣诞节就要到了，圣诞老人正忙着给大家准备礼物，大家都希望圣诞老人给你们准备什么礼物呢？

生：零食、玩具、手套、衣服、帽子。（学生你一句我一句各自说出自己想要的礼物）

师：有的同学说想要零食，有的同学说想要玩具、衣服、帽子，看来大家想要的礼物还不少啊！（适时控制场面，对学生想要的礼物进行总结）那今天，老师就提前来给大家当一回圣诞老人。（戴上圣诞帽，增加课堂的活泼性）但是今天，圣诞老人没有背着大包小包的礼物，只有手上这一盒五彩幸运球，为什么没有礼物而只有这盒球呢？因为今天圣诞老人要跟大家玩一个"摸礼物"的游戏。这里面的红球代表糖果，黄球代表各种各样的玩具，白球代表帽子，还有黑球代表手套。如果你希望圣诞节那一天，圣诞老人给你送上一副手套的话，就必须从这个五彩幸运盒里面摸出黑球。而如果你想要一顶帽子的话，就必须从这个五彩幸运盒里面摸出白球。现在有没有同学想来试一下呢？（进行"摸礼物"游戏的说明，让学生清楚游戏规则，积极参与其中）好，小红同学。你想要什么礼物呢？

小红：玩具。

师：小红同学想要玩具，所以她必须从这个五彩幸运盒里面摸出黄球。那同学们觉得她一定能摸到黄球吗？

生：不一定。

师：同学们都说不一定，那现在小红同学上来试一下。现在小红同学闭上眼睛，不许偷看。摸到的是？

生：黄球。（齐声回答）

师：接下来再试一次，看一下她是不是能第二次摸中。（重复实验，体现事件的不确定性）好，摸到的是？

生：黑球。（齐声回答）

师：好，刚刚小红同学想要从这个五彩幸运盒里面摸出代表玩具的黄球，她第一次摸到的是黄球，但是第二次摸到的是黑球。也就是说，从这个盒子里面摸出代表玩具的黄球可能发生也可能不发生。还有没有同学想要其他礼物呢？小强同学。

……

随着对学习方法和相应逻辑规则的掌握，九年级的学生对学习的自我监控能力有了明显的提高，不仅能根据学习活动的结果反思、调节自己的学习行为，而且能够在学习过程中对学习活动进行监控，以确保学习活动的顺利进行。而原认知的发展更增强了学生学习策略的应用水平，提高了学生学习的针对性和有效性。因此，在教学过程中，教师以圣诞礼物作为切入点，设计了"摸礼物"的活动，通过创设情境以及实物操作既让同学们轻松地掌握所学新知识，也为学生提供了活动的机会，促进了师生之间的相互交流，让学生在互动教学中享受学习数学的快乐。

4. 多媒体演示

随着科技的进步，教学手段日益现代化，课堂演示也大量运用幻灯片、录音、录像等现代化的电化教学手段来创设情境。它通过形、声、光、色的相互作用，产生极强的直观效果，让学生眼、耳、口、脑等多种感官参与活动，使教学立体化，并引发学生的极大兴趣。教师对抽象的问题进行描述，营造动静结合、化虚为实的教学情境，有利于教学内容形象化与生动化。

现代教育技术的发展备受教师关注，教师们越发积极地提高自身素质：熟悉光学媒体、音响媒体、声像媒体、综合媒体等电教媒体的特点和功能，掌握演示的技能和技巧，并努力参与到软件制作、教学设计中去，不断提高演示技能的水平。

教师在运用多媒体演示时需要注意以下几个问题：

①目的要明确，教师不能将现代教学手段当作装点门面的东西，而应使其服务于教学，在注意多样性的同时不忘服务性和适度性，不可滥用。

②要从实际出发，注意时间的可行性。要根据教学任务、教学内容、教学环境及学生自身特点，恰当运用多媒体手段，选取合适的计算机软件

进行展示。

③课前做好充分准备，克服随意性。教师要不断提高制作、演示课件的能力和简单维修的能力。对于需要示范的实验，课前熟练演示，并能够应付课件演示时的突发情况，从而保证不浪费课堂教学时间，不影响课堂教学效果。

【案例】"平面直角坐标系"（人教版七年级下册第六章第一节第一课时）。该学段的学生对抽象性内容的记忆力逐渐增强，并开始超过具体性内容，由于想象现实性的发展，他们更喜欢描写现实生活的情境。请参阅如下片段：

师：同学们，还记得北京奥运会开幕式的倒计时片段吗？今天，我们就一同来回味一下。（用多媒体播放北京奥运会开幕式的视频）

师：现在我们看到的是由2 008名击缶者以及2 008个缶所组成的巨大方阵。缶是中国古老的打击乐器，由青铜或陶土制成，早在夏商年代，我国就有击缶而歌的演奏。此刻击缶者正以光的律动向我们传达光阴的概念。那一年是奥运会诞生112年来首次走进世界上人口最多的国家，这是中国人的百年梦圆，也是绵延5 000年的中华文化与世界的一次激情相拥。伴随着击打声，我们可以看到屏幕上方显示60这个字样，每次光影、数字的交锋都预示着北京奥运的即将莅临。就让我们一同穿越，一同倒数，一起用震撼的节奏，激荡千年祖国的万里疆土，激荡中华民族的奔腾血脉。好，10，9，8，7……（对视频进行适当的讲解，便于学生理解）很精彩的一个倒计时片段，同学们，你们感觉怎么样？

生：很震撼。

师：是啊，很震撼，可又岂是"震撼"两个字所能概括的。北京的申奥成功，预示着中国的国际形象已经开始高大起来了。好，回归正题，我们来看一下刚刚我们所看到的数字，60，50，40，我就好奇了，这些数字是怎么形成的呢？有没有同学知道呢？

……

在教学中，教师首先引入一个倒计时片段，抓住学生的注意力，接着通过截取该片段中的一些图片来引发学生的好奇心，引导学生认识一个简单的模型，在讲解模型的过程中逐步引导学生认识平面直角坐标系。这样的教学安排，不仅引导学生在认识上实现从一维到二维的跨越，也有助于学生对概念的理解深入到本质。

5. 挂图或图片演示

挂图或图片演示是指教师利用挂图或图片向学生展示事物的局部、整体面貌或发展过程的教学技能。挂图是教学中最早使用的一种教学辅助手段。它使用灵活方便，不受地点条件的限制。挂图是教学中最常用的直观教具。各种和教学内容相关的图片，比如对称图形、几何图形等，都可以展示给学生。

在使用挂图或图片演示的时候要注意以下几个问题：

①演示要及时，把握好演示时间。挂图和图片不能在课前就展示给学生，以免分散学生的注意力。上课需要时再展示到明显的地方让学生观察，使用完毕可取下，这样，学生就不至于被挂图分散注意力，观察时也会有一种新鲜感。

②挂图或图片演示要与语言文字有机结合。教师在演示过程中，可对展示的挂图或图片进行一定的讲解，必要时还要进行板书，不能太过依赖挂图与图片。

③如果直接给出的图片因大小限制无法供全班同学观察，可考虑使用投影放大，或者直接把图片制作成课件，便于学生欣赏和观察。

【案例】"图案设计"（人教版九年级上册第二十三章第三节）。九年级的学生注意力不容易集中，所学知识多，无法像低年级学生那样一直保持高涨的学习热情，所以枯燥的数学学习很难引起他们的兴趣，教学中采用大量图片进行讲解，一方面可引起学生的注意，另一方面又让学生可以直观感受图形特点。请参阅如下片段：

师：同学们，今天老师带大家走进有"人间天堂，园林之城"之称的历史文化名城苏州。（展示苏州园林的图片，给学生以视觉上的冲击，吸引学生的眼球）

师：苏州素来以山水秀丽、园林典雅而闻名天下，而在苏州园林里有很多对称美的设计，比如它里面独特的漏窗。大家一起来欣赏一下这些漏窗。（展示几幅漏窗的图片，让学生感受不同的漏窗相同的设计理念）

师：同学们看一下这些漏窗，它们是由怎样的基本图案设计而成的呢？运用了我们之前学过的什么知识呢？

生：旋转。

师：对，我们看一下，它们都是由这样的基本图形通过我们以前学习的旋转而得到的。（让学生在欣赏之余，能学着去理解其中所蕴含的数学知

识。既帮助学生复习了旧知识，也让学生在不知不觉中感受新知识）

师：现在老师再带大家走进梦幻的江南水乡，江南水乡有很多的古桥。同学们看一下这些古桥的桥孔，这些古桥的桥孔又是怎样设计的呢？（展示古桥桥孔图片，让学生感受平移、旋转、轴对称在设计中的广泛应用）

师：我们先来看一下这座古桥。这座古桥的桥孔是什么图形？

生：半圆。

师：它是我们之前所学过的什么？左右两边——（慢慢引导学生进行思考）

生：对称。

师：它是轴对称图形。其实在我们看来它是对称的结果。

师：其实我们也可以说左边这个桥孔可以通过什么方法得到右边的桥孔？向右——（教师引导，与学生一起探究）

生：平移。

师：我们再来看一下著名的赵州桥，赵州桥也是一个轴对称的结果。它左右两边的桥孔也是对称的。

师：在我们现实生活中有很多图案设计，比如中国结、奥运五环等，这些图片都是运用了我们之前所学到的平移、旋转及轴对称。（对刚刚所观察的大量图片进行总结，得出它们共同运用的数学知识，让学生对此有更深刻的认识）

师：所以说，我们既可以用平移、旋转或轴对称中的一种进行图案设计，也可以利用它们的组合进行图案设计，即同时运用平移、旋转以及轴对称来进行图案设计。（说明图案设计的本质）

……

教学中，教师通过让学生欣赏苏州园林的漏窗、江南古镇的桥孔、中国结等图片，让学生在不知不觉中了解图案的构造，了解图案设计在生活中的应用。再通过进一步的讲解，让学生在感受美的同时，也激发了学习设计图案的欲望，丰富了课堂学习的内容。

6. 情境演示

情境演示是指教师根据一定的教学目的，创设一个有关的情境，激发学生的求知欲，引导学生积极展开学习活动并获得知识的教学技能。

【案例】"整式的乘法——单项式乘以多项式"（人教版八年级上册第十五章第一节第四课时）。由于上两章学习的是实数和一次函数，所以学生已经接触了较多代数知识。代数不像几何那样有趣，学生容易对代数的学习产生枯燥感，教师应该在课堂上营造一种轻松有趣的学习氛围。因此，在学习"整式的乘法"课程的过程中，可选择用情境演示来进行讲解，以此吸引学生的注意力。请参考如下片段：

师：同学们，现在老师带大家逛一下超市。超市里面有各种各样的商品，不同的商品有不同的价格。（由带大家逛超市引入，迅速吸引学生的注意，让学生尽快调整为上课状态）现在同学们来当一下这个超市的收银员，负责收取客人买东西的钱。（让学生充当收银员，能激起学生计算的热情）

师：老师在逛超市时，选了3包糖果、3包纸巾和3包火腿，那你们应该收取老师多少钱呢？（营造出完整的买东西的情境，让学生融入情境，参与计算）

师：小明同学，你是怎么计算的呢？（进行提问，让学生自己得出计算过程）

小明：$2\times3+4\times3+6\times3$。

师：你为什么要这样计算呢？（让学生清楚自己列式的目的）

小明：我算出3包糖果的钱、3包纸巾的钱，以及3包火腿的钱，加起来就是要收的钱。

师：很好，请坐。小明同学说这个是3包糖果的钱，这个是3包纸巾的钱，这个是3包火腿的钱，那加起来就是他要收的钱。同学们说对不对啊？（照顾多数学生，活跃课堂气氛）

生：对。

师：好。小红同学，你是怎么列的呢？（肯定学生所列式子是正确的，询问有没有不同的列法，引出另一式子）

小红：$(2+4+6)\times3$。

师：那你为什么这样算呢？

小红：因为老师3种东西都买了3包，所以我把每一包的钱加起来再一起乘以3。

师：刚刚小红同学说，因为老师都买了3包，所以可以把它们每一包的价格加起来再乘以3。

师：刚刚小明同学算出的是要收的钱。同样，小红同学算出的是不是也是老师买的这些商品的总价呢？（总结两位同学所列式子，让学生更加明了它们的关系。引起学生对其进行对比）

生：是。

师：也就是说，刚刚小明同学列的这个式子跟小红同学列的式子是一

样的，都表示3包糖果加3包纸巾加3包火腿的钱。（得出两个式子的关系，在两个式子间画上等号）

师：现在如果我们不知道这些糖果、纸巾、火腿究竟是多少钱。我们用字母表示，如果糖果是 a 元，纸巾是 b 元，火腿是 c 元，现在老师随手各拿了 m 包，即每一种东西老师都拿了 m 包。那这个式子又怎么来列呢？

……

教学中，教师通过营造在超市买东西的情境，让学生主动参与到算钱这一问题上来，这样能让学生快速去计算、去思考，然后通过教师的引导，得出"单项式乘以多项式"的运算规律。这样，学生能很自然地掌握"单项式乘以多项式"这一知识点。

7. 模型演示

模型演示是指教师通过展示模型，人为地突出事物的特点，揭示事物的本质或内部结构，帮助学生更好地掌握所学知识的教学技能。模型与实物不同，它不是实际物体本身，而是根据教学需要，以实物作为原型，经过加工模拟制成的仿制品，它可以是原型的扩大，也可以是原型的缩小。从认识论的角度看，它不仅可以帮助学生揭示物体的内部结构，特别是从宏观和微观两个方面来表现物体，而且在帮助学生理解教学内容上，也具有特殊的作用。模型是物体形状的三维表现，它能以简洁明快的线条展示物体的内部构造，有助于学生空间想象力的形成，常在几何教学中使用。

【案例】"圆锥的体积"（人教版六年级下册第二章第二节第二课时）。六年级的学生对图形的空间认识还处于由形象到抽象的发展中，他们对新知识的生成充满好奇感，教师应多演示知识的生成过程，让他们体会到数学并不神秘。请参阅如下片段：

师：同学们，我们一起来观察一下老师手中的这两个空心的圆柱体和圆锥体模型。你们看一下，这两个模型有什么共同之处呢？（教师把两个模型的底部叠在一起）首先来看看它们的底有什么关系。

生：一样大。

师：对，一样大，也就是这个圆锥的底和这个圆柱的底面积是相等的。现在我们再来比比它们的高，这两个模型的高相等吗？（比较两个模型的高）

生：相等。

　　师：现在同学们跟着老师一起来做个实验，看看等底等高的圆锥和圆柱的体积有怎样的关系。老师先把水倒满整个圆锥，现在老师把这个圆锥的水倒进圆柱里面，看看要倒几次这个圆柱才能满。（三次倒满后）现在圆柱满了吗？

　　生：满了。

　　师：我刚刚倒了几次？

　　生：三次。

　　师：说明这个圆锥的体积跟这个圆柱的体积有什么关系呢？

　　生：圆锥的体积是圆柱体积的三分之一。

　　师：我们知道圆柱的体积公式为：体积＝底×高。所以和它等底等高的圆锥的体积公式应该是什么呢？

　　生：圆锥体积 $= \dfrac{1}{3} \times$ 底×高。

　　师：这就是我们今天要学习的圆锥的体积公式。

　　……

　　教学过程中，教师先让学生观察两个空心的圆锥体和圆柱体模型，让学生知道这两个模型的特点是等底等高，再进行圆锥模型装满水倒进圆柱中的实验，学生很容易发现，三次正好倒满。由此引导学生猜想：圆锥与圆柱的体积有怎样的关系？学生自然能想到"圆锥的体积是圆柱的三分之一"的结论。整个教学过程利用模型演示，很直观地展示了圆锥体积公式的生成过程，让学生对圆锥体积公式印象深刻。

五、章后语

　　为了发挥教学演示的作用，增强演示效果，教师在演示时，要注意以下实施策略：

　　1. 方式方法的确定

　　演示方案的设计要根据这节课的内容和重点来考虑所选择的类型和方法，同时还要考虑学生的认知特点和已有的知识水平，演示的类型要有助于突破重点和难点。演示的内容应该是教学内容所必需的、学生经验所缺乏的、对学生易造成疑难的抽象知识。结合所讲课题，选择适当的媒体进行演示，考虑采用的教具和使用方式，如图表、模型、实物等。如在讲"勾股定理"时，可采用拼图、多媒体演示勾股定理的推导过程；在讲"正方体的再认识"时，可以展示各种模型，让学生观察、分析正方体的特点。

2. 演示要与讲授紧密配合

因为演示的目的是使学生由感性认识上升为理性认识，所以必须引导学生及时对观察演示所得到的直观印象进行思维整理，这就需要教师运用讲解、设问、讲述等讲授方式帮助学生抓住现象的本质。教师的语言不需要多，但要起到"画龙点睛"的作用。学生以视听结合的方式理解并接受知识，对于提高他们的理解能力和巩固知识有重要作用。

3. 演示要适时适度

演示适时就是要在恰当的时候进行演示。教师的演示总有其特殊的目的、特定的时机。教师应根据具体情况在适当的时机演示，不能提前也不能推后。演示适度就是指不能过分演示，以致耽误了教学进度，也不能一带而过，使演示达不到效果。过度的演示，容易使学生产生疲惫感，不能集中注意力听讲。

4. 演示素材的选取要能适度地刺激学生

在选择演示素材时，应该注意选取能给学生适当刺激的内容素材。太强烈的刺激会对学习产生不利的影响，最好是选取既能激发学生的情感活动，又能引起学习兴趣的那些刺激度强的内容素材。如进行实物演示时，选择的演示物不能太小，如果太小，可以分组处理或者进行投影；如果太大，不便于在课堂上展示，则可课后组织学生观看。演示过程要尽量照顾每一个学生，使演示效果在教学上发挥最大作用。

第七章　教，不在于全盘授予，而在循序诱导
—— 谈数学教学提问技能的运用与提升

中国教育学家叶圣陶先生说过："教师之为教，不在全盘授予，而在相机诱导。"教学时应如何诱导呢？他认为一要提问，二要指点。提问是教学语言中最重要的部分。好的提问，既能起到引导学生明确重点、指导学生突破难点、激发学生兴趣、巩固学生所学知识、启迪学生思维的作用，同时也是教师获取反馈信息、调控教学过程、驾驭教学航向的主要手段。

一、概　念

提问技能是教师通过提出问题、诱导学生回答和处理学生答案的方式，来启发学生的思维，推动学生参与学习、理解和应用知识、培养能力，了解学生的学习状态的一类教学行为。

一个完整的提问过程，包括以下三个阶段：

（1）引入阶段。教师用指令性语言由讲解转入提问，使学生在心理上对提问有所准备。然后用准确、清晰的语言提出问题，稍等片刻再指定某位学生回答。

（2）介入阶段。在学生不作回答时才引入此阶段。此时教师要以不同的方法鼓励和诱导学生作答。教师可核查学生是否明了问题；催促学生回答；提示材料，协助学生作答；运用不同词句，重复问题等。

（3）评核阶段。教师以不同的方式处理学生的答案。包括检查学生的答案；估测其他学生是否听懂答案；重复学生回答的要点；对学生所答内容加以评论；依据学生答案，联系其他有关资料，引导学生回答有关的另一个问题或追问其中某一要点，即进行延伸和追问；更正学生的回答；就学生的答案提出新见解、补充新信息；以不同的词句，强调学生的观点和例证；引导其他学生参与对答案的订正和扩展。

二、功　能

宋代朱熹说："读书无疑者，须教有疑。有疑者无疑，至此方是长进。"学习过程实际上就是激疑、集疑、释疑的过程，因此，有经验的教师几乎每节课都要精心编拟不同水平、形式多样、引人深思的问题，并选择恰当的时机来进行提问。提问技能的教学功能主要有以下几点：

1. 吸引学生注意

能把学生引入"问题情境"，使他们的注意力迅速集中到特定事物、现象、专题或概念上来，产生解决问题的自觉意向。

如在引入"整式的运算"这节新课时，可创设如下教学问题情境：请同学们在练习本上任意写一个两位数，再按如下顺序进行运算：①用这个两位数减去十位上的数字与个位上的数字；②再把所得的数的各数位上的数相加；③再乘以 15，减去 88，得出计算结果。全班同学在纸上写的数并不相同，结果却都一样。同学们面面相觑，感到神奇，这是怎么回事呢？在大家产生强烈兴趣的基础上，教师说："如果你们想知道其中的奥妙，就要学好本节课的知识。"这样，从课程一开始就把学生的注意力吸引到所要研究的问题上去了。

2. 增进情感交流

《义务教育课程标准（实验稿）》强调要关注学生在数学活动中所表现出来的情感和态度。课堂提问是师生互动的一个过程，在这个过程中，表达了教师的教学需要以及学生的认知现状和态度。这个不断对话、交换思维活动的过程，实际上也是一个沟通的过程。这种沟通由浅入深，由不了解到了解，包含了情感的推进与融合，增进了师生的情感交流。

3. 启迪思维活动

通过提问，引导学生回忆、联系、分析、综合、概括，从而获得新知识，形成新概念。相应地，学生通过对问题的解答，能提高运用有价值的信息解决问题的能力以及有效、准确的表达能力。

4. 反馈调控教学

提问可以使教师及时获得反馈的信息，不断调控教学程序，为学生提供机会，激励他们提出疑问，积极主动地参与教学活动。

三、应用原则

中国教育家陶行知说，教学的艺术全在于如何恰当地提出问题和巧妙地引导学生作答。教师应当注重问题设置的质量，讲究课堂提问的艺术技巧。提问合理，问题获得解决，就能强化学生进一步学习的动机，激发他们学习的积极性，取得应有的课堂教学效果。为此，教师首先需要了解提问技能运用的原则。

1. 有效性原则

提问技能的有效性原则包括几个方面：问题要有导向性、问题要有启发性、提问方法要有有效性。

（1）**问题要有导向性。**

这是指问题要有明确的目的，课堂要以教学目标为导向，为这节课的教学任务服务，不能脱离课本内容；从学生的实际出发，设置的问题有针对性，针对学生的个体差异，使学生的思维趋向教材指定的方向，有利于解决当前讨论的问题。

【案例】在"一元二次方程"（人教版九年级上册第二十二章第一节）的教学片段中：

师：在一元二次方程 $ax^2 + bx + c = 0$ 的定义中，要限制 a，能把这个条件去掉吗？

生：不可以。如果 $a = 0$，$ax^2 + bx + c = 0$ 就变为 $bx + c = 0$，此时就不是一元二次方程了。

上述教学片段是在学生初学一元二次方程的概念的基础上进行的，此处教师的教学提问符合当前教学要求和学生的认知水平。如果教师再追问"$bx + c = 0$ 是什么方程"，则会冲淡此时的教学主题，影响学生对一元二次方程概念的掌握。

（2）**问题要有启发性。**

启发性的问题应能启发学生思维，激励学生提出疑问。启发式教学过程中的重要环节以及教学过程的进展，在许多情况下是靠启发来推动的。有的教师往往把启发式误认为提问式，认为问题提得越多越好。其实，问题并不在多，而在于是否具有启发性，是否涉及关键性的问题，是否能触及问题的本质并引导学生深入思考。

【案例】在"有理数——负数"（人教版七年级上册第一章第一节）的教学片段中：

师：同学们，3 是负数吗？

生：不是。

师：那 3 是正数吗？

生：是。

师：-6 是正数吗？

生：不是。

师：那 −6 是负数吗？

生：是。

……

教师仅仅为了调动学生上课的积极性，而使整节课华而不实，师生间的对话流于形式，而无启发性。

教师恰到好处的提问，不仅能激发学生强烈的求知欲望，还能促其知识内化，唤醒学生对新旧知识的联想，激发学生主动思考的兴趣，引导学生冲破迷雾的思路。

【案例】在"全等三角形"（人教版八年级上册第十一章第一节）综合练习的教学片段中，涉及证明一条线段等于两条线段的习题，由于之前从未遇到此类型的问题，学生不具备解决此类问题的技巧和能力。因此，在证明讲解前教师提了三个问题。

【例题】已知：如图 7−1，△ABC 中，E、G 在线段 AB 上，F、H 在线段 BC 上，$AC \parallel EF \parallel GH$，且 $AE = BG$。求证：$AC = EF + GH$。

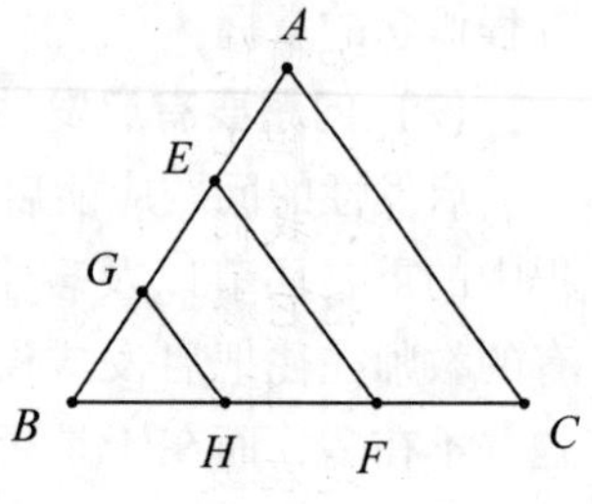

问题 1：已知两条线段相等，你可以怎么利用？已知两条直线平行，又可以怎么利用？

问题 2：你能把这个问题转化为证明两条线段相等的问题吗？

问题 3：把长线段截短或把短线段补长是 "证明一条线段等于两条线段的和" 时常用的方法。这道题能用这种方法吗？

图 7−1

（3）提问方法要有有效性。

在课堂中，只有获得真实信息反馈的提问才是有效的。我们经常看到一些教师热衷于追求课堂上的热烈气氛，常常问 "是不是"、"对不对"，殊不知学生的齐声回答并非他们学习效果的真实反映，这样的提问往往是无效的，应尽量避免。

【案例】在"轴对称"（人教版八年级上册第十二章第一节）课后习题

的教学片段中：

【例题】如图7-2，A 和 B 两地在一条河的两岸，现要在河上造一座桥 CD，桥造在何处才能使从 A 到 B 的路径最短？（假定河的两岸是平行的直线，桥要与河的两岸垂直）

师：同学们，我们现在来看这道应用题，这道题要解决的是什么问题呢？

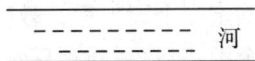

生：（学生在纸上试着画）AC、CD、DB 3 条线段和最短。（学生在老师的提问下，成功地将实际问题转化为数学问题，透过表面看本质）

师：观察这 3 条线段，问题还可以转化得更简单一些吗？

图7-2

生：线段 CD 是定值，所以 3 条线段和最短可以转化为 AC、DB 两条线段和最短。

师：非常好，两条线段和最短问题的解决方法是什么？（在这里，老师引导学生将新问题向已学过的知识转化，进行思考）

生：使两条线段共线。

师：如何使 AC、DB 共线就成了解决这个问题的关键。但 CD 定长在 AC、BD 之间，成了共线的阻碍，我们怎么办？

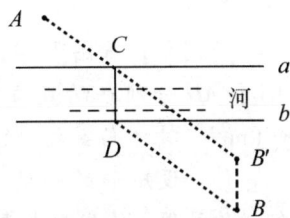

生：把它移一下位置，将 B 点向上平移河宽 CD 个长度，标为 B' 点。

师：现在就转化为 A、B' 两点间距离最短问题。

图7-3

生：连接 AB'，与河的一边 a 的交点就是所求的点 C，过 C 作垂线，与河另一边 b 的交点就是所求的点 D。（如图7-3）

师：可以证明吗？

生：利用平行四边形的性质就能证明。

上述教学片段中，教师有效地利用提问技能，启发学生独立思考问题，从而顺利解决问题，完成教学的目标。

2. 科学性原则

随着中小学数学课堂改革的不断深入，数学教师越来越重视课堂上以学生为中心的教学理念。这种教学理念能否顺利地实施，课堂提问是一个关键。因此，教师应在备课时围绕教学目的作出科学的安排，做到心中有数。

(1) 问题设计科学。

科学的问题应该是信息量适中的合理问题。合理的问题学生经过思考是可以回答的。比如，在讲完确定圆的条件"不在一条直线上的三个点可确定一个圆"后，教师立即提问："不在同一条直线上的三个点可以确定几个圆？"这一问题显然信息量过少，学生无须思考就能回答"一个圆"。如果将此问题改为："三个点可以确定几个圆？"这就成为合理的问题。因为这个问题没有现成的答案，需要学生一定的思维量。此外，所提问题的指向必须明确具体，不能产生歧义，切忌含糊不清、模棱两可。

【案例】在"二次函数的应用"（人教版九年级上册第二十二章第一节）课后问题的教学片段中，以下面这道题为例。该阶段的大多数学生看完此问题后会感到不知所措，因为该问题中的矩形面积为 $y = AB \cdot AD$，而从已知条件中能够看出的却只有 $AB = x$（m），设计的问题之间缺少过渡的逻辑，导致学生解决问题的思路陷于僵局。

【例题】如图7-4，在一个直角三角形的内部作一个矩形 $ABCD$，其中 AB 和 AD 分别在两直角边上。设矩形的一边 $AB = x$（m），矩形的面积为 y（m^2），求 y 与 x 之间的函数关系式。

师：设矩形的一边 $AB = x$（m），同学们，你能用 x 的代数式表示 AD 边的长度吗？可以怎么表示呢？

生：可以，用面积法。

师：若我们设矩形的面积为 y（m^2），现在你能表示 y 与 x 之间的函数关系式吗？

生：可以。

师：好，同学们现在就动手来解这道题。

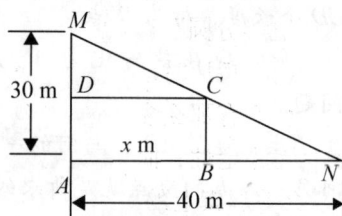

图7-4

这里教师的提问，巧妙地化解了课堂上的不和谐气氛，且从循序渐进的角度设计问题。从认知的角度分析，全体学生都会想办法应用相似的知识将线段 AD 的长用 x 的式子表示出来，然后教师将问题一环紧扣一环地连接起来，使学生的认识逐步深化。

（2）问题表述科学。

教师的提问首先要将问题表达清楚，尤其是数学问题，有时一字之差就会得到截然不同的结果。比如在高中阶段，在学习了圆柱和圆锥后，教师往往会问："圆锥和圆柱的体积有怎样的关系？"学生也往往作出"圆锥体积是圆柱体积的三分之一"这样"令人满意"的回答。但是只要稍加注意就会发现，教师的问题本身就存在问题，因为并非所有的圆柱和圆锥的体积都存在这样的关系，只有在同高同底的前提下才会有这样的结论。所以，提问应注意细枝末节。教师在提问时也要琢磨琢磨，稍有不注意，就会使内容发生非科学性的错误。

3. 层次性原则

模式识别、知识回忆、形成联系类的问题属于低层次的机械记忆问题。其主要特征是问题、答案局限于课本知识的范围内。综合理解、分析应用、总结评价类的问题属于高层次的认知问题。其根本特征是问题、答案必须通过分析、比较、对照、总结、扩展、应用、重组或评价等过程，改变已知信息的形式或组织结构，经过高级认知才可得出。

（1）诱发探求新知识的提问。

从众多优秀教师的教学经验可知，提出一个问题往往比解决一个问题更重要。教师应善于编拟诱发性、探求性的问题，引导学生观察、钻研，从而由此及彼、由表及里，逐步认识"庐山真面目"。例如，讲"三角形"和"五等分圆"时的提问。

讲三角形时，可先就三角形的稳定性问学生："电塔架上、石油钻井架上为什么有那么多三角形？"接着可用三角形和四边形的教具演示，四边形不具有稳定性，而三角形受外力是不会变形的。讲五等分圆时，可问学生："谁会剪国旗上的五角星？"这些提问，使学生在生动、愉快的情态下进入知识探索的思维中，把逻辑思维极强的数学内容教得妙趣横生。

（2）低级认知的提问。

低级认知的提问包括：记忆性问题——要求学生凭记忆作答；了解性问题——要求学生对学习内容有一定了解，并作初步的分析；简单应用性问题——要求学生把学到的知识和技能直接应用于某一问题。例如，在讲解梯形中位线定理时，可提问与此新知识密切相关的旧知识。

教师首先提问："三角形中位线定理是什么？"在提出梯形中位线定理

之后，可问："能否用三角形中位线的性质，来证明梯形中位线定理呢？"这样，可使学生围绕三角形中位线的性质积极思考，探索该定理证明的思路，使学生悟出引辅助线证明定理的方法。

（3）高级认知的提问。

高级认知的提问包括：理解性问题——要求学生对学过的知识进行解释和重新组合，能揭示问题的实质；分析性问题——要求学生对某些事物、事件进行构成要素分析、关系分析或组织原理分析等；综合运用及具有创造性问题——要求学生在头脑中将事物的各部分或个别特殊性联系起来，进行综合灵活运用，能独立思考，不墨守成规，找到解决问题的新途径、新方法和新见解；发散式问题——要求学生对提出的问题从多方面思考解决的方法；评价性问题——要求学生建立正确的思想观念或评价原则，以此评价他人的观点，判定方法的优劣等；激发争议性问题——要求学生阐释自己的观点，独立思考。

4. 主体性原则

数学教学应从学生出发，遵循新课程标准中"以学生为本"的宗旨。数学教学是师生的共同活动，而提问技能的运用首先要突出学生的主体地位。

【案例】 在"一元一次方程"（人教版七年级下册第六章第一节）课后问题的教学片段中。初一学生具有活泼、好动、好奇心旺盛的特点，在教学过程中，如果有学生提出独特的解法，教师应在教学中引导和启发他们。

> 师：如何解方程 $2x - 2 = -4(x-1)$？
> 生：老师，我还没有开始计算，就已看出来了，$x = 1$！
> 师：光看不行，要按要求算出来才算对。
> 生：先两边同时除以 2，再……（被老师打断了）
> 师：你的想法是对的。但以后要注意，刚学新知识时，一定要按课本的格式和要求来解，这样才能打好基础……（教师表情严肃）

案例教学中，教师将学生新颖的回答中途打断，只满足单一的标准答案，一味强调机械套用解题的一般步骤和通法。殊不知，这名学生的回答的确富有创造性，是不同于通法的奇思妙想。可惜的是，教师的做法不仅让学生的创造性思维火花被轻易地扼杀，更重要的是，他忽视了新课程标准以学生为主、以教师为辅的宗旨。

四、类型与方法

提问技能有多种不同的分类方法，可按提问的目的来划分，也可按问题的认知水平来划分。下面介绍几种重要类型：

1. 指导学生进行有效练习的提问技能

这类提问方法经常在布置课堂练习或作业讲评时用到，目的是使学生自觉并正确地运用所学知识来解决实际问题。这类提问的表现形式是提示、诱导和指导，创设发现情境，有意地减小问题的坡度和难度，以利于学生迈上由掌握知识到应用知识的新台阶，不断提高分析问题、解决问题的能力。

【案例】"等边三角形"（人教版八年级上册第十二章第三节）。等边三角形是继等腰三角形之后重点研究的一项内容，这一课的内容不仅是等腰三角形的延续，而且为今后证明角相等、线段相等等内容提供了重要依据。请参阅如下片段：

师：同学们，前面我们已经学习过了等边三角形的一些性质内容和解题方法，那么下面我们就来看一道以等边三角形为条件的题目：已知△ABC和△DCE是等边三角形，B、C、E在同一条直线上，且 $BC \neq CE$，求证：$AE = BD$。同学们仔细看这道题，然后思考，我们要如何证得 $AE = BD$？（直问）

生：△ABC 和 △DCE 是等边三角形，

$AB = BC = AC$，$DC = DE = CE$，$\angle ABC = \cdots\cdots$
（零零碎碎开始说答案）

师：对了。但是我们这里求出来的边都不含有 AE 和 BD，所以我们还需要往下证明，那是不是这些边和角都没有用呢？（提示式提问）

生：不是。

师：同学们想一下，根据得出的这些边和角，能够得到怎样的结论呢？（诱导式提问）

生：$BC = AC$，$DC = CE$，$\cdots\cdots$

师：对了，有 $BC = AC$，$DC = CE$，还有两个 60° 的角。而 $\angle ACD$ 刚好是我们看到的两个大角 $\angle BCD$ 和 $\angle ACE$ 的公共角，那这样能得出三角形的什么关系呢？（诱导式提问）

生：$BC = AC$，$DC = EC$，$\angle BCD = \angle ACE$。

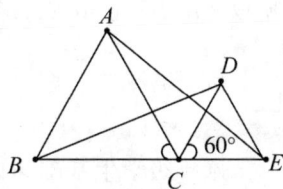

图7－5

师：对了，两对边相等，夹角也相等。那这两个三角形……（诱导式提问）

生：全等。

师：是的，三角形全等！所以 $AE = BD$。现在我们整理一下刚才的解题思路，题目里是说 B、C、E 在同一条直线上，那么同学们思考一下，假如 B、C、E 不在同一条直线上呢？AE 还会不会等于 BD 呢？甚至 $\triangle DCE$ 绕点 C 旋转一周，在旋转过程中，$AE = BD$ 是否恒成立？（如下图）（诱导式提问）

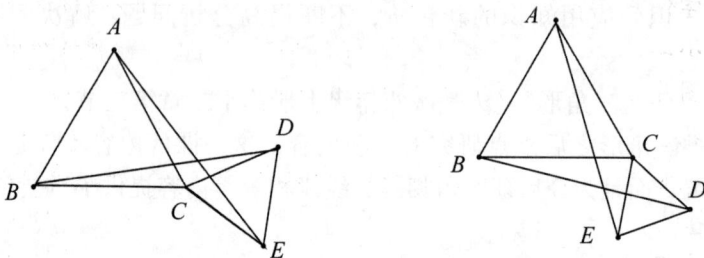

图 7 - 6

生：会。

师：来，小红同学。你是如何证得 $AE = BD$ 的呢？（直问）

小红：首先，$\triangle ABC$ 和 $\triangle DCE$ 都是等边三角形，所以 $BC = AC$，$DC = EC$，$\angle BCA = \angle DCE = 60°$。其次，$\angle ACD$ 又是 $\angle BCD$ 和 $\angle ACE$ 的公共角。所以 $\angle BCD = \angle ACE$，那么三角形就能够全等，运用的是两边夹一角定理。

……

八年级学生基础知识较为丰富，但理解记忆还没有成为学生记忆的主要方法，他们不善于理解记忆对象的内部本质，不易将记忆对象与已有知识建立联系。因此，在教学过程中，教师选择了指导学生进行有效练习的提问技能来引导和帮助学生对问题进行思考。通过对学生进行有效提问，并加以补充、启发，完善结论和证明过程。最后引入变式，化静为动，引导学生学会解类似的变式题目时要找准关键信息。有效地指导学生进行针对性练习，既激发了学生的兴趣，增强了学生的信心，同时也培养了学生的推理论证能力。

2. 组织学生注意定向、集中和转移的提问

这类提问适用于新课或新教材教学的开始，以及演示实验等，不一定要求学生回答。目的在于激发学生学习知识的兴趣，调动学生学习的积极

性，使学生时时关注着教学内容，注意力集中在每一个教学要点上，使学生的听与教师的讲节奏一致。

【案例】"全等三角形"（人教版八年级上册第十一章第一节第一课时）。全等三角形作为一个新的知识点出现，该阶段的学生对此理解有一定困难。教学中，教师可组织学生注意定向，以集中和转移的提问方式来调动学生学习积极性，使学生关注教学内容，集中注意力。请参阅如下片段：

师：同学们，汽车在公路上行驶是一个动态过程，老师模仿这一过程设计了一个小动画。（停顿，播放PPT）若我们任取汽车在行驶过程中两个不同位置的图片，它们的形状、大小有什么关系呢？（定向式提问）

生：形状、大小相同。

师：对，它们形状、大小是相同的，如果把它们叠在一起会怎样呢？（定向式提问）

生：重合在一起。

师：是的，因为它们本来就是同一辆汽车得出的图案，所以它们是能够完全重合在一起的。

（教师通过PPT给学生观看回旋镖在空中运动的连拍照片）

师：同学们，仔细观察这两张照片，你们能发现它们有什么不同吗？（集中式提问）

生：照片里的物体位置变了。

师：对，图片里这个回旋镖的位置变了。取下这两个图案，看成平面图形，这两个图形会不会重合在一起呢？（转移式提问）

生：会。

师：是怎么判断的？（直问）

生：它们形状、大小是相同的，所以能够完全重合。

……

师：请同学们思考一个问题。能够完全重合的图形是全等图形，那么，能够完全重合的三角形应该叫什么呢？（集中式提问）

生：全等三角形。

……

教学中，教师通过生活实物转入，以两张全等的汽车图案以及飞行中的回旋镖切入，生动形象地引入全等图形的概念，再通过激趣性、启发性等提问，使学生的注意力由图形转到三角形中，进而理解全等三角形的定义。

3. 启发学生掌握知识关键和本质的提问

这类提问在推导公式和法则之前运用，目的是使学生发现事物的本质，从而掌握解决问题的关键，为学生能够深刻理解教学内容，进而推导法则、定理和公式服务。通过教师的点拨启迪，学生抓住求证的关键，找到证明的方法，同时也能明确"转化"这一数学思想方法，奠定进一步学习的基础。

【案例】"点与圆的位置关系"（人教版九年级上册第二十四章第二节第一课时）。本节是在学习了圆的相关基本概念的基础上进一步学习的。整节课都以直观展示点与圆的位置关系为基点。这种推理学习的思路，为接下来学习直线与圆以及圆与圆的位置关系作了铺垫。请参阅如下片段：

师：同学们，以前我们就学了过两个点可以唯一确定一条直线，那你们猜猜，过几个点可以唯一确定一个圆呢？

生：三个。

师：我听到有同学说三个。那到底是不是呢？接下来我们一起来探讨。根据以前我们探索的规律，我们一般是从几个点开始探究呢？（启发学生掌握知识关键的提问）

生：一个。

师：过一个点，你们能作几个圆呢？（直问）

生：无数个。

师：那我们之前学过，我们如何确定一个圆呢？（启发学生掌握知识本质的提问）

生：圆心和半径。

师：嗯。由于过一个点作圆的时候，它的圆心就有无数个，因此，作出来的圆也有无数个。继续往下看，过两个点，你们能作几个圆呢？（追问）同学们来说说你们讨论出来的结果是什么。

生：无数个。

师：那同学们观察一下，它的圆心有什么共同特点呢？（启发学生掌握知识本质的提问）

生：圆心都在同一条直线上。

师：对了，都是在一条直线上。（如图7-7）那么，这条直线与 A、B 两点有什么样的关系呢？是不是它的垂直平分线呢？（启发学生掌握知识本质的提问）

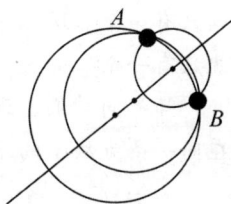
图7-7

生：是。

师：那我们再继续往下看：过三个点，我们可以作几个圆呢？首先，我们要思考，三个点在平面上的位置关系有几种？

生：两种，在同一直线上或不在同一条直线上。

师：所以我们先来看第一种情况，过同一条直线上的三个点，可以作几个圆呢？

生：没有。

师：对了，我们是画不出来的，也就是 0 个。那么，过不在同一直线上的三点，又可以作几个圆呢？请同学们先画一下。

生：一个。

师：那老师先问下，刚才你们是如何画圆的呢？

生：随手一画的。

师：我听到有同学说随手一画，可是这样画并不严谨。现在就让我们一起来画一个圆。我们要过 A、B、C 三点作一个圆，首先要找出它的圆心。可是，乍一看，过这三点找它的圆心，似乎很复杂，那该怎么办呢？我们是否可以先来看过两个点的情况？同学们，过 A、B 两点作圆时，它的圆心是在哪？（启发学生掌握知识关键的提问）

生：中垂线。

师：对了，这就是我们刚才所说的，圆心在 A、B 两点的垂直平分线上。那么过 A、C 两点呢？它的圆心的位置又是在哪呢？（启发学生掌握知识本质的提问）

生：AC 的中垂线上。

师：那么同学们来看一下。你们能不能找出过 A、B、C 三点作圆时，它的圆心所在的位置呢？（启发学生掌握知识本质的提问）

生：中垂线的交点。

师：假使我们设圆心为 O。这就是圆心，那么，半径有哪些？（直问）

生：OA、OB 或 OC。

师：嗯，就是 OA、OB 或 OC。这样，我们可以严谨地画出一个圆。（如图7-8）由于它的中垂线的交

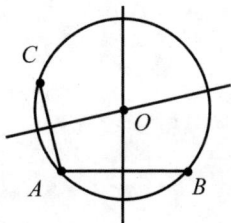
图7-8

点只有一个，所以圆心只有一个，半径也是确定的。因此，画出来的圆也就只有一个。

师：同学们，通过上面的讨论，我们就可以得出这样的一个结论：不在同一条直线上的三个点确定一个圆。

……

教学对象对新知识本质的探索既好奇又畏惧。因此，要想让学生了解其本质，就必须要有一个引导者来引导，又鉴于学生抽象逻辑思维能力较强，故而在这里教师采用了启发学生掌握知识关键和本质的提问技能。在教学过程中，教师围绕主题提出了三个递进式的问题，让学生一步步分析过一点、过两点、过三点作圆的情况。对于学生来说，用三个点作圆有一定难度，因此，教师又通过提问，引导学生利用中垂线的知识来找圆心，进而得出了结论。在此过程中，不仅使学生学到新的知识，更重要的是培养了学生的逻辑思维能力，加强了学生自主探索的意识，从而使学生对新知识本质有了一种无畏的探索精神。

4. 引导学生进行推理、归纳、概括的提问

这类提问用于例题讲授、课堂练习、探求新的解题方法、纠偏查错等教学环节，使学生从局部片面的认识发展到完整全面的认识，由机械套用到深刻理解并熟练掌握。通过教师提出的问题，给学生树立一些"路标"，启发学生循着"路标"前进，寻找解题途径。

【案例】"乘方"（人教版七年级上册第一章第五节）。该阶段的学生刚进入初中不久，在学习上还保持着积极的心态，具有好奇、好动的特征，此时是帮助学生建立数学思想的良好时机。而这节课是在学生已经学了有理数的加、减、乘、除运算的基础上进行的，主要是对例题进行讲解。故而，在这里教师采用的是引导学生进行推理、归纳、概括的启发性提问技能来进行教学。请参阅如下片段：

师：同学们，先看一下这道例题。（板书）

> 题：观察下列三行数：
>
> -2,　4,　-8,　16,　-32,　64,　…
> 　0,　6,　-6,　18,　-30,　66,　…
> -1,　2,　-4,　8,　-16,　32,　…
>
> 取每行第十个数，并计算这三个数的和。

师：好，同学们，这道例题求的是每行第十个数的和。我们应该怎么做？（引导学生推理的提问）

生：先找出每行的第十个数。

师：那我们要如何求出每行的第十个数呢？

生：找规律，猜。

师：很好。因为我们只知道每行的前六个数，后面的数是不知道的，要求它的第十个数，只能从前面六个数来猜它的规律，进而推理出第十个数。我们先来看第一行。第一行的数是什么？

生：-2、4、-8、16、-32、64。

师：我们要找出这六个数的规律，那要怎么找呢？可以写成什么乘方形式呢？（引导学生推理的提问）

生：$(-2)^1$，2^2，$(-2)^3$，2^4，$(-2)^5$，2^6。

师：这六个数都可以写成乘方的形式，但我们要找出其中的共同形式。来看这六个数，它们的指数是不可能相同的，那它们的底数有没有可能变成相同的呢？（引导学生推理的提问）

生：有。

师：怎么变？你是怎么想的呢？

生：把 2 变成 -2，因为负数偶次幂也是正数。

师：对，因为负数偶次幂也是正数，只要它的绝对值不变，无论它是正是负，它的值也是不变的。因此这里就可以把 2^2，2^4，2^6 这三个数的底数分别改为 -2。那么，看这六个数，你们能不能说出它们的规律？（引导学生归纳的提问）

生：$(-2)^n$。

师：这就是我们第一行的规律。接下来我们来看一下第二行的，第二行的数是什么?

生:0、6、-6、18、-30、66。

师:那同学们能不能仿照刚才的方法,把它都写成乘方的形式呢?(引导学生归纳的提问)

生:不能。

师:它们是无法直接写成乘方的形式的。其实,题中的条件都是相互联系的。在这里我们已经求出了第一行的规律,那可否根据第一行的规律来求第二行的呢?(引导学生推理的提问)

生:第二行的数比第一行的数大2。

师:对,那我们现在把第一行的规律代进第二行,那么这一行的数又该如何来表示呢?(引导学生归纳的提问)

生:$(-2)^n +2$。

[在同样的提问方式下,老师引导学生观察第三行的规律,并指出第三行的第 n 个数可以表示为 $(-2)^n \times 0.5$]

师:同学们,这三行的规律都求出来了,那么,每行的第十个数的和,你们会不会求?求一下。(引导学生概括的提问)

生:$(-2)^{10} \times 3 + 2 - (-2)^{10} \times 0.5 = 2562$。

师:这样我们就把这道题解决了。来回顾一下刚才的解题过程,首先是对每行的数进行分析,然后把它们都写成相同的形式,进而推出它们的规律。像这种解题思想,在数学中称为归纳思想。

教学中,教师先让学生理清解题思路,接着通过提问,引导学生对每行的数进行分析和猜想,进而归纳得出结论,并求出结果。这样的方式,不仅让学生体验到成功解决问题的喜悦,增强学生学好数学的自信心,同时也培养了学生观察、分析、归纳、概括的能力以及一定的数学归纳思想,为之后的学习打下良好的基础。

五、章后语

美国心理学家布鲁纳说:"向学生提出挑战性的问题,可以引导学生发展智慧。"当然,课堂提问技能不能仅仅是纸上谈兵,要想把学到的理论知识应用到实际当中,转化为一种实用技能,还需要注意课堂提问技能的应用要求:

1. 提问要精准，明确数学课堂提问的针对性和导向性

"精"、"准"是指课堂提问要有明确的出发点和针对性，问题精要恰当、准确无误、精益求精。教师要明确提问的目的，提出的每一个问题不仅本身要经得起推敲，同时还应强调组合的最有效，每一个问题组成一个有机的、严密的整体。在具体教学过程中，根据目的要求不同，教师可以提出不同类型的问题：引导学生再现已有的知识，利于他们知识迁移的回忆性问题；引导学生对已学过的知识叙述、比较、说明等的理解性问题；引导学生运用学过的知识和技能解决一些简单问题的应用性问题。

2. 把握数学课堂提问的难度

从心理学的角度来看，人的认知水平可划分为三个层次："已知区"、"最近发展区"和"未知区"。而人，特别是中学生的认知水平，就是在这三个层次之间循环往复，不断转化，呈螺旋式上升。课堂提问不宜停留在"已知区"与"未知区"，即不能太容易，也不能太难。太容易不能提高学生的思维能力，可能导致他们的思维能力下降；而太难则超出学生智力的范围，容易使他们丧失信心，无法保持持久的探索心理。我们提倡从发展学生的思维出发，根据学生的学习认知水平和数学学科的特点，采用深题浅问、浅题深问、直题曲问、曲题直问、逆向提问、一题多问等不同方式，开展多角度思考。

3. 瞄准数学课堂提问的时机

(1) 在介绍新概念时的提问。

这是教学过程的主要环节，教学时可从以下角度对学生进行提问：①概念中的关键词有哪些？②概念中有哪些规定和限制条件？它们和以前的什么知识有联系？③如果改变或者互换概念中的条件和结论，会产生什么样的结果？

提问力求循循善诱、层层深入，引导学生抓住概念的本质特征。

【案例】在"有理数——数轴"（人教版七年级上册第一章第二节）的教学中，教学对象刚接触了"有理数"以及"有理数——负数"，但是对于如何表示和区分正负数则需要利用数轴。课堂上，教师可通过在新课提问学生旧知识的概念，引出新知识的概念，这样让学生不会有太强的陌生感。

师：有理数包括哪些数？0 是正数还是负数？

生：有理数包括整数和分数，0 既不是正数，也不是负数。

师：温度计的用途是什么？类似于这种用带有刻度的物体表示数的还有哪些？

生：表示外界的温度。还有直尺、弹簧秤……

数轴的导入是应用复习旧课导入法直接提问已学的概念。教师在导入中应注意抓住新旧知识的某些联系，在提问旧知识时引导学生思考、联想、分析，使学生认识到新知识就是旧知识的延伸和拓展，从而消除对新知识的恐惧和陌生心理，做到温故而知新。

（2）在分析比较时的提问。

数学知识的内部存在千丝万缕的联系，也有许多知识存在形似神不似的差异，学习了一个新的知识点，就应当让学生把新旧知识作一个系统的归纳。学生掌握了一元一次方程和一元二次方程的定义后，有必要对这两个方程作一些比较，故可以提出以下问题：①说出两种方程的共同和不同之处。②它们的解有何不同？这一环节在一定的情况下，需要教师作出适当的提示。设计问题的时候，要让学生各抒己见，强调学生的参与，培养学生归纳分析、比较鉴别的能力。

（3）在知识应用时的提问。

在数学课堂上，老师若只给出书面的练习，而未给予启发式的提问或引导，直接让中学生应用刚学的知识解决问题，恐怕大多数学生会因为不理解而无从下手。在知识应用时，教师给予恰到好处的提问，不仅能让学生恍然大悟、印象深刻，同时也有利于课堂的顺利进行。

【案例】在"一元二次方程"（人教版九年级上册第二十二章第一节）的教学中，教学对象在此之前已经了解了一元二次方程的概念及解一元二次方程的一般形式，下面是通过练习让学生进行概念辨析，从而更好地从本质上、从不同角度来掌握一元二次方程及其特点。

问题1：同学们，我们已经学习了一元二次方程的概念，现在请你们判断下列方程是不是一元二次方程。

① $10x^2 = 9$　　② $2(x-1) = 3x$　　③ $2x^2 - 3x = 1$

问题2：现在请你们再来判断未知数的值 $x = -1$，$x = 2$ 是不是方程 $x^2 - 2 = x$ 的根。

问题3：我们来看下面这几道方程，请你们把下列方程化成一元二次方程的一般形式，并写出它的二次项系数、一次项系数、常数项：

$(2-x)(3x+4) = 3$　　　　$9x^2 = 5 - 4x$　　　　$3y^2 - 1 = 3y$　　　　$4x^2 = 5$

（讲解时要讲清方程变形时，哪些属于代数式变形，运用了什么法则；哪些属于等式变形，依据什么性质）

一元二次方程的概念比较抽象，学生较难理解，因此教师通过从不同角度提问学生，给予学生适当的练习，让学生在提问中，理清概念的要素和判定定理，从而有效地达到教学目标。

(4) 乘胜追问。

所谓追问，顾名思义就是追根求源地提问，即教师要遵循中学生回答的思路采取递进式提问，从而获取解题关键所在，或使中学生对问题进行进一步的思考。追问的最大优点在于激发中学生的潜能，激活他们的思维。数学课堂教学中，中学生的回答经常是肤浅的，或者是不得要领的，所以教师要适时地启发他们，使之朝着问题的正解进行思考并得以深入拓展，而追问就是一种极为有效的方法。

【案例】在"三角形三边关系"（人教版四年级下册第三章第三节）课例片段三的教学中，在教学对象初步了解了三角形的定义的基础上，进一步深化理解三角形的组成特性，即"三角形任意两边的和大于第三边"。

师：同学们能不能根据题意画一个草图予以解决，使边的长度尽可能与题意中数值相同。

（大部分同学可以得到周长为 23 厘米，因为学生习惯画出的是锐角三角形）

追问 1：只能这样画吗？

（可能有较多同学又得到周长为 19 厘米）

追问 2：如果本题中的 5 厘米换成 4 厘米，这时的周长是多少？

（有的同学会得到 22 厘米或 17 厘米，但也有同学只得到 22 厘米的结果）

追问 3：为什么这里只有一种结果呢？

生：以 4 厘米为腰不能构成三角形。

追问 4：考虑本题时有两种可能，但它的限制条件是什么呢？

生：构成三角形时必须满足条件"任意两边之和大于第三边"。

追问 5：还有没有类似这种有时有两个结果，有时只有一个结果的题目呢？（让学生展开讨论，部分同学可能会想起同样在等腰三角形中的另一个问题"等腰三角形中有一个角为 80°，求另外两个角的度数"）

在这个教学片段中，教师通过不断地追问，由此及彼，恰到好处，不仅使学生深刻地理解了三角形性质的本质，而且让学生养成了演绎、归纳等数学思维素质。

4. 把握三"适"，重点突出

问题安排的时机也很有技巧性。对于这个问题，笔者主要从把握三"适"讲起：

第一要适度，应根据学生现有知识水平，提出符合学生智力水平的、难易适度的问题。

第二要适时，俗话说"好雨知时节"，提问也是如此，提问的时机要得当。孔子曾说："不愤不启，不悱不发。"可见，只有当学生具备了"愤"和"悱"的状态，即到了"心求通而未得"、"口欲言而未能"之时，才是对学生进行"开其心"和"达其辞"的最佳时机。

第三要适量，精简提问数量，直入重点。一堂课不能问个不停，应当重视提问的密度、节奏及与其他教学方式的结合，要紧紧围绕实现教学目标这个中心，突出教学的重点。

5. 设置从学生实际出发的问题情境

新课程标准指出，数学教学应从学生实际出发，创造并设计有助于学生自主学习的问题情境，引导学生通过实践、思考、探索、交流，获得知识，形成技能，发展思维，学会学习，促使学生在教师的指导下生动活泼地、主动地、富有个性地学习。提问技能的运用首先要突出学生的主体地位，教师的一切活动是为学生服务的，提问就是为了创设一种问题情境，有利于引导学生积极思考，发展学生的个性特点和创造性。教师要把回答问题的机会平均分给每一个学生，好让全体学生共同思考，这样才会使全班整体的学习效果得到增强。

【案例】在"三角形三边关系"（人教版四年级下册第五章第二节）的教学中，该教学片段是在学生已经通过动手画图、度量及教师几何画板验证得出三角形三边关系后，教师发起的"解题接力赛"活动。

每组下发一张印好下列题目的纸：

判断下面 3 条线段能不能构成三角形（单位：cm）

① 2，5，3　　② 3，5，7　　③ 17，20，39　　④ 11，8，18

⑤ 10，15，23　　⑥ 15，20，25　　⑦ 305，206，500

师：每组从第一个同学开始，每人选做一道题，不可多做或不做，但可选择做第几题，做完后立刻上交给老师，比一比看，哪组做得又快又对。

（学生上交题目纸，教师带领学生共同探讨题目答案）

师：在验证三条线段能否构成三角形时，你是怎么检验的？做得特别快的同学你们有什么好的方法吗？

生：计算三个数据中最小两个数据之和，和比最大的数据大的就能构成三角形。

在这个案例中，教师的教学不仅以学生为主、以教师为辅，而且面向全班学生，分组探讨。对于数学基础差的学生，教师提出的问题的难度和信息量较小，而清晰度较高；对于数学基础好的学生，则提一些难度和信息量较大的问题。提出的问题层次性明显，而且以学生为主，防止学生出现"吃不饱"或"吃不消"的现象。

6．设置符合学生认知规律的问题情境

启发式教学是教师根据教学规律和学生的心理特点，通过呈现诱导材料或创设诱导环境，适时而又巧妙地给学生以引导、鼓舞和启迪，让他们通过自己的积极思考，创造性地进行学习。

【案例】在"菱形"（人教版八年级下册第三章第二节）的教学中，教学对象在小学时对正多边形已经有了一定的认识，但是对正多边形满足的前提条件掌握得还不透彻。

师：你们知道什么是正多边形吗？
生：各边都相等的多边形叫正多边形。
师：那你们学过的菱形是正多边形吗？
生：不是，哦，还要各角都相等。

这个教学的引入部分教师采取直接抛出问题的形式，当学生只关注到边需满足的条件时，若教师提问"只有边相等就可以吗"，这个问题就显得太过直接了，缺少思考。而教师举了初二学过的菱形的例子，让学生通过对比，自己发现欠缺的是角的条件，则更加有启发的效果。

7．设置具有层次性的问题情境

问题的设计要按照课程的逻辑顺序，循序渐进，由浅入深；要考虑学生的认知程序，循序而问，步步深入，使学生积极思考，逐步得出正确结论。如果前后颠倒，信口提问，就会扰乱学生的思维顺序。

【案例】在"坐标平面内的图形变换"（人教版八年级上册第六章第三节）复习例题的教学中，教学对象已经熟悉了坐标平面图形变换的内容，对于整点等概念也已掌握清楚。针对学生的复习课，教师以提问的方式，精心设计从简单到复杂的问题，循循善诱。

已知点 M $(3a-9,\ 1-a)$，请根据下列条件分别求出 a 的值。

问题1：点 M 与点 N $(b,\ 2)$ 关于 x 轴对称，求出 a 的值。

问题2：点 M 向右平移3个单位后落在 y 轴上时，求出 a 的值。

问题3：点 M 在第三象限的角平分线上时，求出 a 的值。

问题4：若点 M $(3a-9,\ 1-a)$ 是第三象限的整点，求出 a 的值。

在设计时，教师安排了四个提问，从简到难，逐步应用本章的有关知识点，以达到复习的目的。教师在提问中，让学生深入复习知识点，梳理知识点，一举两得。在这节课上，教师的问题设计得非常成功，学生兴趣高涨。

8. 提问要灵活处理，留空思考

课堂教学是师生双方交互式的动态过程，因而，在互动过程中可能会出现一些事先未预料的情况，这就要求教师在实际的教学过程中根据需要，抓住时机，灵活设计一些提问，调整和优化教学活动。提问要特别注意把握好时机，提问的最佳时机是在学生已开动脑筋，正在生疑、质疑但未能释疑之时。若学生对某个问题已经明白了，再去提问就没有意义了。

如果提问时没有学生举手或者只有一两个学生举手怎么办？这时教师首先要沉住气，可以把问题换个角度再复述一遍，并给予恰当的提示，给学生一些时间思考。若发现个别学生有了想法，就鼓励他们大胆说出来；还可以考虑降低问题的难度，激励学生积极开动脑筋。处理应灵活一些，不必拘泥于事先设计的教案。

学生对于教师提出的问题，总有个思考的过程。因此，提出问题后要有一个适当的停顿。至于停顿的长短，一般可根据问题的难易程度和学生的反应情况而定。学生答完问题后再停顿数秒，往往可引出他本人或其他同学更完整、更确切的补充。几秒钟的等待可以体现学生的主体地位，不可掉以轻心。

9. 提问后的有效性评价

课堂上，对回答正确或有创造性的学生，教师应该充分肯定，可继续追问学生是否还有更好的方法；对回答不完全正确的学生，应肯定其正确的部分，并提供线索继续补问使其完善；对回答错误的学生，应找到其错误的地方，暂时延缓评价，可转问其他学生，再评价其各自优点及错误之处。最后，教师和学生共同对问题进行再组织。中学生思维活跃，有时会提出古怪的问题与回答，教师切勿批评学生，而应引导和解答。

第八章　传道、授业、解惑
—— 谈数学教学讲解技能的运用与提升

无论是古代孔子的"私学"，还是今天新课程标准的"素质教育"理念，讲解始终在知识传授过程中占据着主要地位。然而，新课程标准的提出，强烈冲击着传统观念上的讲解体系，教师不再是教学的主体，而是学生学习活动的参与者、合作者和引导者，学生才是主体。

【案例】在"无理数"（人教版七年级下册第六章）的教学中：

师：同学们，我们之前学习的数有哪些呢？

生：自然数、整数、分数、有理数……

师：这些都是我们小学就学习了的。同学们回忆一下，什么叫作有理数？

生：有限小数或者无限循环小数。

师：现在老师写两个数：π，1.010 010 001 000 01……这两个数又是什么数呢？

生：……

师：观察一下，首先它们是小数，那么是有限小数吗？

生：不是。

师：那就是无限小数了。是无限循环小数吗？

生：不是。

师：那把它综合起来就是……

生：是无限不循环小数。

师：是的，在数学上，我们把这种无限不循环小数称为"无理数"。

通常情况下，"无理数"概念的讲解会比较枯燥乏味（如以上案例），其教学过程就是简单的一问一答，教师很单调地引导学生知道"我们还存在一种数叫无理数"。对于七年级的学生来说，他们的思维比较跳跃，"强迫式"接受知识的效果不会很好，尤其是对于基础一般的学生来说，他们很难跟上教师的节奏。相反，如果这样：

师：同学们，这是什么？（教师以一骰子作为教具）

生：骰子。

师：那它有什么用处？

生：玩飞行棋的时候要用到它……

师：是的，我们经常会用到骰子，那这节课老师带它来做什么呢？

生：……

（此时，面对学生的沉默，教师没有立即给予回答。他请两位学生上台，让一位学生在讲台上掷骰子，另一位学生在小数点的后面记录骰子掷出的点数。所有的学生都聚精会神地看他俩表演。随着骰子的一次次投掷、点数的一点点记录，黑板上出现了一个不断延伸的小数：0. 315 426 512 3……）

师：好！暂停！同学们，如果骰子不断掷下去，那么我们黑板上得到的是一个什么样的小数呢？它有多少位呢？

生：能够得到一个有无限多位的小数。

师：是无限循环小数吗？

生：不是。

师：为什么？

生：点数是掷出来的，没有什么规律。

师：不错，这样得到的小数是一个无限不循环小数。这种无限不循环小数，与我们已经学过的有限小数和无限循环小数不同，是一类新的数，我们称它为"无理数"。

在上述修正案例中，教师首先演示事先准备的教具，然后让学生上台自己动手操作，整个教学过程就会比较活跃且有趣味性，容易吸引学生的注意力。由此可见，只要改变一下讲解方式，就会产生不一样的教学效果。

一、概　念

讲解技能是教师运用语言向学生传授知识和方法、促进智力发展、表达思想感情的一类教学行为。

讲解的实质是建立新知识与学生原有知识经验之间的联系。新知识的获得要依赖于原认知结构中适当的观念，并通过新旧知识的相互作用，说明新旧知识的关系。填补学生原有知识经验与新知识之间的沟缝，以及剖析新知识本身各要素之间的关系，是讲解的主要任务。讲解有两个特点。

其一，在主客体信息传输（知识传授）中，语言是主要的媒体。因此，培养组织内部言语的能力（想好"为什么说"、"对谁说"及说明的意向与要点）；快速语言编码的能力（注意储备口语词汇，懂得语法规范）；运用语音表情达意的能力（善于运用语言、语调、语速、语量的变化表情达意，使之动听、令人爱听），是讲解得好的前提。其二，信息传输由主体传向客体，具有单向性，学生常处于被动地位。讲解的特点如下图所示：

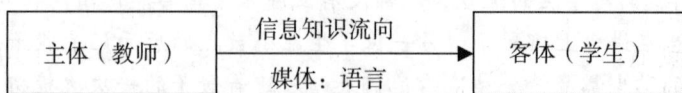

讲解技能在教学中的广泛运用源远流长，从两千多年前孔子的"私学"和柏拉图的"学园"延续至今。它之所以一直受到偏爱，是由于它能在较短的时间内，较简捷地传授大量的知识；可以方便、及时地向学生提出问题，指出解决问题的途径；教材中微规、抽象的内容，可以通过教师的讲解领着学生理解；讲解为教师传授知识提供了充分的主动权和控制权。总之，准确、流畅、清晰、生动的描述，循循善诱、层层推理、点点入心的讲解，可对学生晓之以理、动之以情、导之以行，会使听者"欲罢不能"。

二、功 能

讲解技能的教学功能首先是能引导学生在原有认知结构的基础上，感知、理解、巩固和应用新知识、新概念和新原理。其次，可帮助学生明了得出结论的思维过程和探讨方法，推进学生的认识能力（如观察力、思维力、想象力等）和实践能力（如运算能力、实验操作能力、设计能力等）。再次，可培养学生的学习兴趣，激发学习动机，并结合教学内容的思想性和美感，影响学生的思想和审美情趣。其主要功能具体表现如下：

1. 高效、省时地传授基础知识

古往今来的教学实践证明，课堂讲解中，教师起主要作用，是教学的主要活动者，教师把学生所要学习的内容以系统的形式呈现给学生，使学生在短时间内获得大量的信息，最终让学生理解重要事实，形成概念、原理、规律和法则等系统的知识体系。用时短、容量大、效率高是课堂讲解的一大特点，它方便及时向学生提出和解决问题，为教师传授知识提供了充分的主动权和控制权，这都是讲解之所以能成为成功的课堂教学中屡试不爽的重要手段的原因。现代课堂的有效教学对教学的高效性需求更是有增无减。

2. 全面、深刻地揭示内在本质

义务教育数学课程标准明确指出："数学教学活动必须建立在学生的认知发展水平和已有的知识经验基础之上。教师应激发学生的学习积极性，向学生提供充分从事数学活动的机会，帮助他们在自主探索和合作交流的过程中真正理解和掌握基本的数学知识与技能、数学思想和方法，获得广泛的数学活动经验。"学生由于知识掌握有限，未能形成系统的知识体系，所以在对待新知识时就无法从联系的高度出发，把握新知识与旧知识之间内在的本质联系，因而也就不能行之有效地理解和掌握新知识。此时，教师的讲解就显得十分重要了。教师的讲解须联系教材和学生的实际，利用富有启发性的讲解来揭示本质联系，使学生充分提取原有数学认知结构中的相关知识，明确学习所要达到的目的和要求，透过现象看本质，完成对新知识的理解和掌握。

3. 科学、准确地诠释重难点

数学课堂教学过程是为了实现数学教学目标而展开的，准确把握教材中的重难点，是完成教学目标的基础和前提。特级教师支玉恒说："那种把教材所有内容无巨无细都钻得深而透之做法，并非聪明之举，如果进而把这些东西都纳入教学计划当中，则更是弊多利少。面面俱到其实面面不到。浅尝辄止，水过地皮湿式地教学，是绝对不可取的。因此，吃透教材，首先是吃透教材的重点内容。"那么，哪些是教材中的重点和难点内容呢？又该怎样来消化理解这些重难点呢？这就需要教师在课堂教学中通过讲解来指出。学生通过教师的讲解的引导，提取原有数学认知结构中的相关知识，把新的学习对象同化于原有数学认知结构中去，从而产生新的思维，理解并吸收新知识。这些无不归功于教师对教学内容重难点的准确诠释。

4. 疑处解疑地引发学习兴趣

古之师者有云，"疑是思之始，学之端"，"于不疑处有疑，方是进矣"。疑可以激发学生自主探索的意识。当学生集中精力、情绪饱满地去挑战问题时，学习效率最高，同时在无形中强化了学习兴趣。在自学及预习新知识的过程中，学生往往因思维的局限而被动、麻木地去接受课本的概念和理论，缺乏主动探究的热情。教师在数学课堂讲解活动中，总会不时向学生追究概念中相关要素的来龙去脉，以及这样定义的原因。学生听讲时，便会循着教师的引导，逐步解决疑问，不知不觉中既培养了学习能力，又掌握了新知识，必然会对学习产生更浓郁的兴趣。教师在设置悬念和讲解疑问时，要根据教材的特点，吸引学生的注意力，促使学生渴望与追求新知，激发探究新知的激情，提高学习兴趣。

【案例】在"有序数对"（人教版七年级上册第六章）的教学中：

教学活动一：问学生来到教室后是怎样找到自己的位置的。（引导学生用数学语言表示自己的位置。例如第几行、第几列）接着教师提问："怎样才能确定一位同学的具体位置？"然后组织学生玩游戏——找座位。

教学活动二：问学生去电影院是怎样找到自己的座位的。（归纳共同点：用两个数表示位置）接着得出数对定义：由两个数组成的，表示某一具体位置。然后问学生："（13，26）和（26，13），它们有什么不一样呢？"［引导学生发现，数对 (a, b) 和 (b, a) 即使数字相同，如果顺序不同，表示的数对含义也不同，因为它们确定的位置不同］得出结论：数对是有顺序的。（引入课题——"有序数对"）

平面直角坐标系是初中数学教学的重点，有序数对是平面直角坐标系的基础，如果只是很平淡地告诉学生"由两个数组成的，表示某一具体位置的我们称为数对"的话，学生只能知其然而不知其所以然。先讲生活中的位置，教室的座位、电影院的位置，接着让同学们做游戏——找座位，再引入有序数对。在这一系列活动的过程中，学生的学习从身边的认识入手，从直观认识到总结共同点，知道描述某一确切位置需要两个条件，在游戏中得到这节课需要掌握的知识，大大提高了对学习的兴趣。

▎三、应用原则

讲解让教师在课堂中起到主导的作用，不同的讲解风格造就了讲解技能的艺术性和创造性，不同的讲解方法体现了讲解技能的灵活性和选择性。教师是课堂的导演而不是主角。但在我们的日常教学讲解过程中，有时教师会把自己放在主角的位子上，将学生变成配角，不注重启发学生的思维，课堂也会因此变得枯燥与乏味。讲书本、背公式、做题，这样的教学不利于发挥学生的主观能动性，会使教学僵化。所以在实际课堂教学的设计中，讲解技能的运用需要遵循一些原则。

1. 选择语言要科学、生动，准确性讲解

讲解的特点就是用语言传递教学信息。众所周知，数学是一门偏重于理性知识传授的学科，它具有科学而严谨的知识体系、抽象而简洁的表达形式。准确性要求讲解的过程无论是数学用语还是口头语言的表达都要准确无误；科学性要求传授给学生的知识必须是科学的，对于每一节课的教学，都要有一个科学的教学过程、一个严密而又准确的教学语言设计。同时，科学性还要求注意培养学生的科学态度以及对数学的热爱。

例如（准确性），在"不等式的性质"（人教版七年级下册第九章）的教学中：

> 师：不等式的性质有三个：第一，不等式两边同时加上（或减去）同一个数，不等号方向不变；第二，不等式两边同时乘以（或除以）同一个正数，不等号方向不变；第三，不等式两边同时乘以（或除以）同一个负数，不等号方向改变。在讲解时，对于哪些改变哪些不改变一定要强调清楚。

又如（科学性），在"一元二次方程的解法"（人教版九年级上册第二十二章）的教学中：

> 师：对于方程 $mx^2 + 4mx + 1 = 0$，若其有实根，求 m 的值。此题如果直接运用判别式，由 $\Delta = 16m^2 - 4m \geq 0$，得 $m \geq \frac{1}{4}$，或 $m \leq 0$。这样的推理过程显然违反了科学性，因为只有在 $m \neq 0$ 的情况下，才可以考虑 Δ 的情况，而当 $m = 0$ 时，Δ 就不存在了。于是必须去掉 $m = 0$ 这一点。正确结论应该是 $m \geq \frac{1}{4}$ 或 $m < 0$。

在数学教学过程中，数学语言的准确性体现得尤为重要。准确性案例中在讲解不等式时，许多同学会在定义上出错，所以教师此时一定要多加强调。科学性案例中教师的推理过程显然违反了科学性原则，容易让学生形成错误的解题思路，教师表达的准确度会直接影响学生对学习的态度。

2. 坚持以学生为主体，启发性讲解

新课程标准的素质教育强调学习过程中学生的主体性和启发性，通过提示、发问等方式来引导、启发学生自己思考并归纳总结。课堂教学过程，特别是对于数学这门联系性很强的学科，教师在讲解过程中更要注意启发、引导学生的学习动机，激发学生的思维活动，启迪学生根据讲解的线索进行独立思考。教师永远不能对学生说"这道题就是这样做的"，而应鼓励他们大胆地展开思维的翅膀，养成多想、多问的良好习惯。

例如（主体性），在"圆的内接四边形"（人教版九年级上册第二十四章）的教学中：

师：在 ⊙O 上，选择任意三个点 A、B、C，然后顺次连接，得到的是什么图形？

生：三角形。

师：那这个图形与 ⊙O 有什么关系？

生：是圆的内接三角形。

师：由圆内接三角形的概念，能否得出什么叫圆的内接四边形呢？（类比）（此时，教师展示一个圆，让学生通过大胆猜测得到圆的内接四边形）

师：根据我们已知的圆的内接三角形的概念，我们能不能总结出什么叫圆的内接四边形？

又如（启发性），在"三角形内角和"（人教版七年级下册第七章）的教学中：

师：我们都知道正方形和长方形的四个角都是直角，那么，它们的内角和是多少度？（把学生的注意力集中到内角和上）

生：360°。

师：直角三角形有三个内角，且其中两个是未知的，怎么得到它们的内角和呢？

这两个例子，教师都没有马上告诉学生结果，而是让学生由已知入手，引导学生回答，让学生自行得出答案。这样不仅可以加深学生的印象，还能提高学生对课堂的参与度，锻炼学生的思维。

3. 注意知识的内在联系，结构性讲解

数学学科的知识点繁多、联系紧密，教师在讲解过程中应充分考虑教学内容与整个知识体系的有机内在联系，注意教学内容各部分之间的联系性，揭示新旧知识的本质联系，紧扣讲解主题，根据知识间的逻辑顺序，以符合学生认知顺序的方式，精心安排，系统、充分地展示新知识的产生和发展。这样，学生便能在知其然又知其所以然的基础上快速高效地掌握新知识。系统性、结构性的讲解能帮助学生把分离、零散的知识连接起来，弥合学生知识层面上的断裂，便于学生掌握系统、完整的知识体系，培养学生举一反三的能力。

4. 适当使用强调技巧，深化性讲解

数学学科不比语文或者历史，无法直观感受新知识表达的内容，在知识的讲解过程中，理论、抽象的概念和公式都是以教师的单向信息输出为主，学生处于被动接受的状态。久而久之，学生容易产生疲惫感，注意力不集中。此时，适当的强调就显得十分重要。教师在课堂讲解时通过讲话声音的变化、直接言语提示和做出标记等方式对重难点知识进行强调，可以利用有意注意加深学生对知识的印象，提高学习效率。此外，重复叙述、概括归纳、邀请学生进行回答都是强调的有效手段。强调是使讲解水到渠成的重要技巧之一。

5. 使用多种技能相配合，生动性讲解

任何教学方法都有一定的局限性，不可能适用于任何教学内容的教学。讲解作为课堂教学的方式之一，其便捷、高效的优点不容置疑，但其单向、单一的传输途径则容易置学生于被动之地，使学生缺乏学习的自主积极性。而且，只听不练的话也会使学生刚掌握的知识因为得不到及时的内化和巩固而被日渐遗忘。提问、板书、演示等技能与讲解技能的无缝衔接，能把讲解的理论性和逻辑性化抽象为直观，转化为学生易于接受的知识形态，便于学生理解和掌握所讲问题的实质。根据不同的教学效果要求，灵活、得心应手地使用各种教学手段，会使讲解的成效事半功倍。

6. 兼顾实时反馈协调，调控性讲解

学习是一个信息传递的动态过程，学习者的心理、学习状况及与要达到目标间的差距，需要反馈调控来调节。课堂教学中不但要求教师讲解得科学、准确，更要求教师的讲解能为学生所吸收。通过课堂上学生对教师讲解行为的反馈，比如表情和情绪的变化、非正式发言的内容等，教师可以准确地把握学生的思维进度和理解程度，及时调整自己的步伐，使之与学生协调一致，提高教学效果。讲解进度的调节可以通过改变讲解方法、转换讲解的重点与难点、调节讲解的速度、适当应用例子等方式，必要时要重复讲解，直到学生理解为止。

四、类型与方法

讲解技能的类型可依据不同的标准进行划分，根据知识类型划分，一般可分为如下几类：定义式讲解、对比解释式讲解、描述式讲解、探究式讲解、类比推理式讲解。

1. 定义式讲解

定义式讲解是通过揭示事物的本质属性，利用已有的知识、思维等构建由表象到内化的认识的一种讲解技能。在学生进行回忆或观察的过程中，教师要启发他们认识各种事物或事实所具有的基本属性或特征，在感知的基础上，引导他们进行分析、比较，排除次要因素，抓住主要因素，对一系列事物的共性进行综合概括，明确它们的基本属性和本质特征。定义式讲解技能具有以下特点：

（1）运用丰富实例，使学生充分感知。在进行概念教学时，应使学生从各种情境中接触概念，以使其便于接受和理解。例如，在导入一个新概念时，最好使用实物、事实和事例等，并作必要的说明，使得有关事物连续出现，相同的刺激重复出现，让学生易于区分哪些是重要的属性、哪些是次要的属性。概念教学的理想方式是先教给学生一些典型的问题，识别出哪些是概念的主要属性，然后再教一般事物，最后识别特殊事物。

（2）用"变式"引导学生理解概念的本质。在学生初步掌握了概念以后，可以变换概念的叙述方法，让学生从各个侧面来理解概念。概念的表述可以是多种多样的。如质数，可以说是"一个大于1的自然数除了1和它本身外，不再有别的约数，这个数叫质数"，有时也说成"仅仅能被1和它本身整除的数叫质数"。学生对各种不同的叙述都能理解，就说明他们对概念的理解是透彻的、灵活的。

（3）联系已学知识，加深理解。当学生学习一个新概念时，要尽可能地与以前学过的知识联系起来。这样不仅可为学习新的概念奠定基础，也有利于对概念进行分化，较深入地理解新概念，从而使所学的知识系统化。例如，在"中心对称"（人教版七年级下册第九章第八节）的教学中，在对中心对称图形的定义进行教学之后，就必须与"轴对称"（人教版八年级上册第十三章第一节）的定义进行对比讲解，找出区别与联系，这样才能让学生在已知的学习中巩固新学习的定义知识，形成一个清晰的知识框架。

（4）显示相反事例，及时巩固应用。在显示概念所包含的各种事例，从中分析抽象出概念的特征的时候，不能仅仅显示与概念特征相一致的事例，也应显示与其特征相反的事例，尤其是容易弄错或搞混的事例，以利于明确概念的内涵和外延。例如，"一元二次方程"（人教版九年级上册第二十二章第一节）的教学中，对于"一元二次方程"定义的讲解，可让学生从定义的几个关键词出发，通过正、反面的例子相结合，更好地理解概念的关键信息。

【案例】"一元二次方程"（人教版九年级上册第二十二章第一节的第一课时）。九年级学生在小学阶段已经接触了方程的定义，对方程有了初步的了解，七年级和八年级阶段学习了一元一次方程和二元一次方程组，且九年级学段的学生对知识的迁移具有一定的基础，在知识的建构中有一定的类比迁移能力。请参阅如下片段：

师：我们学习过方程的概念，哪位同学可以告诉老师，什么是方程？

生1：含有未知数的等式。

师：对。我们还学习了一些简单的方程，比如一元一次方程。哪位同学可以给出一元一次方程的定义？

生2：含有一个未知数，并且未知数的最高次数为1的等式。

师：对。那它的一般形式可以怎样表示呢？

生2：$ax+b=0$（$a\neq0$）。

师：根据我们对一元一次方程的理解以及其一般形式，请同学们看黑板上的等式。

[板书：（1）$x^2=4$；（2）$5x^2+3x+4=0$；（3）$(x-1)(x-2)=8$]。

问：它们与一元一次方程有什么样的区别和共同点呢？

……

在以上教学中，教师通过让学生观察一组一元二次方程特征的等式，同时类比已有的知识，将一元一次方程的学习经验类比迁移到一元二次方程的学习中，使学生在自主的建构中获得新知。这不仅符合该年龄段学生的认知水平，提升了学生知识迁移的能力，也符合建构主义的教学观和知识迁移的教学理论。

2. 对比解释式讲解

对比解释式讲解是教师用简洁、严谨的语言具体讲解事物、事理的含义、原因等，利用已有的类似知识迁移，形成对比，进而用简洁的语言解释说明，突出教学重点的一种讲解技能。对比解释式讲解技能具有以下特点：

（1）讲解不同于讲授，重在"解"。通过前后知识的联系和区别形成对比，发展学生们的转换思维。同时，运用解释说明的方式，使学生认识事物的现象、发展变化、本质特征和内在联系，更深刻地理解教学内容。例如，在"用拆添项法分解因式"（人教版八年级上册第十四章）的教学中，教师首先提出如何分解 x^6-1 的因式分解问题，此时学生会出现两种结果。结果一：$x^6-1=\left(x^3\right)^2-1=\left(x^3+1\right)\left(x^3-1\right)=(x+1)\left(x^2-x+1\right)(x-1)$ $\left(x^2+x+1\right)$；结果二：$x^6-1=\left(x^2\right)^3-1=\left(x^2-1\right)\left(x^4+x^2+1\right)=(x+1)$ $(x-1)\left(x^4+x^2+1\right)$。此时学生就会猜想：到底哪一种结果是对的呢？教师进而引导学生观察两个结果中相同的项和不同的项。即观察 $\left(x^2+x+1\right)\left(x^2-x+1\right)$ 与 x^4+x^2+1 两者有什么关系。然后探索出它们其实是相等的，引导学生掌握这种因式分解的方法。

（2）讲解不是照本宣科，而是对教学内容的知识迁移，解释说明其区别和联系，发散思维，引导学生更深刻地认识。例如在"随机事件"（人教版九年级上册第二十五章第一节）的讲解中，可以通过许多生活中的例子让学生判断。这样不仅能让学生从生活实际出发学习数学，而且还能激发学生的想象力。但教师也要注意不要任由学生天马行空地想象而脱离了课堂本身。

【案例】"二元一次方程组的解法"（人教版七年级下册第八章第二节的第一课时）。从已有的知识结构来看，学生已经学习并掌握了解一元一次方程的方法，对于二元一次方程则是刚刚接触。从心理认知角度上看，学生具备一定的观察、对比和迁移能力。因此，教学中怎样把学生已熟知的一元一次方程的解法与今天要学习的二元一次方程组的解法建立联系，则是这节课的教学重点。请参阅如下片段：

【题目】体育节快到了，篮球是初一（2）班的优势比赛项目，为了取得好成绩，他们想在全部22场比赛中得到40分。已知每场比赛都要分出胜负，胜队得2分，负队得1分，那么初一（2）班应该胜、负各几场？

师：看到题目，我们首先就是审题。上节课我们学习了二元一次方程组的定义和设两个未知数建立二元一次方程组。根据上节课所学内容，应该怎么来设呢？

生：设胜 x 场，负 y 场。

（教师板书）

师：接着怎么列方程呢？

生：依据全部 22 场比赛可列：$x+y=22$ ①；再由得到 40 分可列：$2x+y=40$ ②。

（教师板书）

师：做到这里，我们这个问题解决了没有？

生：没有，还得解出未知数的值。

师：对，我们之前有没有学过怎么解这样的方程呢？

生：没有。

师：换个角度，我们能否用我们以前学过的设一个未知数建立一个一元一次方程来解决呢？（转化思维提问，启发式提问）有哪个同学可以回答？（示意学生回答）

生1：（学生举手）设胜 x 场，负 $(22-x)$ 场。

$$2x+(22-x)=40 \quad ③$$

$$解得：x=18$$

$$负有 22-18=4 场$$

生：应该胜 18 场，负 4 场。

（学生边回答，教师边板书）

师：回答得很正确。（对学生回答进行简单的评价）以上这两种方法都可以解决这个问题，它们之间有一定的联系。（短暂停顿）我们再来看一下方程③和方程②，是不是很相似呢？

（学生们表情疑惑）

师：方程③的左边有 $2x$，方程②的左边也有 $2x$。再来看一下方程③和方程②的右边都等于 40。唯一不同的是，方程②有两个未知数 x 和 y，而方程③只有一个未知数 x。那么我们再看一下，方程②中 y 表示什么？

生：负的场数。

师：再看方程③中 $(22-x)$ 表示的是什么？

生：负的场数。

师：也就是说，它们表示的关系是相同的。那么能否将二元一次方程组通过变形变成一元一次方程呢？我们看到，二元一次方程组中的第一个方程 $x+y=22$ 可以写成 $y=22-x$，此时把第二个方程 $2x+y=40$ 中的 y 换成 $22-x$，这个方程就化为一元一次方程 $2x+(22-x)=40$。

（教师由此切入，讲解消元思想）

在以上教学中，教师首先通过一个学生熟知的实例引入，分析讲解后学生容易想到通过设两个未知数建立二元一次方程组来解决，但在求解的过程中遇到了瓶颈。接着，引导学生转换思维，应用之前学过的一元一次方程求解，让学生明白这两种方法都可解决同类问题。通过对比解释和讲解，说明两种方法的区别与联系，进而说明二元一次方程组的解题思想——消元。这样的讲解提升了学生的观察能力与思维迁移能力。

3. 描述式讲解

描述式讲解是教师用简洁严谨的语言对事物的外观进行描述，利用已有的类似知识迁移，抽象出数学图像或数学问题等，进而用简洁的语言描述讲解，突出教学重点的一种讲解技能。描述式讲解技能具有以下特点：

（1）讲解不同于讲授，重在对事物特点的直观描述，通过抽象出数学问题，如数学模型、数学图像、数学图表等，发展学生的转换思维。运用直观的描述，使学生认识事物的本质特征和内在联系，从而更深刻地理解教学内容。

（2）讲解不是照本宣科不脱离教材，讲解是对内容的知识迁移，描述事物内在的特点，从而揭露数学本质。

【案例】"实际问题与二次函数"（人教版九年级上册第二十六章第三节第一课时）。在此之前学生已经学习了二次函数及其图像和性质，对二次函数的性质已经有了一定的认识。通过这节课的学习，学生对利用二次函数知识解决一些简单实际问题最大（小）值的方法会更加完整。请参阅如下片段：

师：今天我们学习的是"实际问题与二次函数"中的探索3。请大家看下面一道题（指PPT）。这是一个抛物线形拱桥的截面图，题目中告诉我们是抛物线形拱桥，当水面在 l 时，拱顶离水面 2 m，水面宽 4 m。当水面下降 1 m 后，这时水面宽度为 d 线段标识的宽度，问水面宽度增加了多少？（如图 8-1）这也就是要我们求什么呢？

生：线段 d 与 4 m 的差。

师：我们该怎么来解决这个问题呢？

生：利用二次函数。

师：对了，我们知道了二次函数的图像是抛物线。我们应该选择怎样的抛物线呢？

生：$y = ax^2$。

师：对，我们有了函数图像的解析式，那么我们需要建立合适的坐标系来表示这个解析式。我们

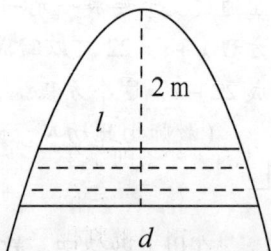

图 8-1

之前学习了 $y=ax^2$ 的图像，那么这个图像有什么特点呢？

生：顶点是原点，图像关于 y 轴对称。

师：那么，我们将该抛物线形拱桥的什么部位作为坐标原点呢？

生：拱顶。

师：拱顶为坐标原点 O，将该抛物线的对称轴作为 y 轴，那就很自然地得到 x 轴了。根据题目的意思，我们取 1 m 作为单位长度，把相应的长度标上去，这样就把二次函数图像的坐标系建立好了。根据我们建立的坐标系，我们假设该抛物线的二次函数为 $y=ax^2$。刚刚我们分析过了，要求出该解析式，只含有一个参数 a。只需找到一个非原点的点代入 y，就可以求出参数 a。那图示标出的黑色点的坐标是多少呢？

生：（回答不上）

师：（分析题意）根据题目中给出的已知条件，以及图像的对称性，我们可以知道黑色点对应的水面宽度是 4 m，这时距离拱顶有 2 m。那么该点的坐标是什么？

生：（齐答）（2，-2）。

师：那么我们把抛物线经过点（2，-2）代入，得：$-2=a\times2^2$，解得 $a=-\dfrac{1}{2}$，故抛物线的解析式为 $y=-\dfrac{1}{2}x^2$，那么我们就把该图像的解析式具体地表示出来了。回到题目，之前分析了是要求水面下降 1 m 后水面的宽度，当水面下降 1 m，这时对应的 $y=-3$。就把 $y=-3$ 代入解析式 $y=-\dfrac{1}{2}x^2$，可以求得 x 等于什么？

生：$x=\pm\sqrt{6}$。

师：线段 d 长为多少？

生：$2\sqrt{6}$ m。

师：题目要求的是水面宽度增加了多少？

生：$(2\sqrt{6}-4)$ m。

师：这道题我们就解决了。

……

　　在此之前学生已经学习了二次函数及其图像和性质，对二次函数的性质已经有了一定的认识，且该学段学生的认知发展水平较高，形成了一定的独立性与批判性的学习品质。同时，随着学生认知水平提高，他们对学习的目的、意义会有越来越深刻的认识，表现为学习自觉性、主动性的增强，能有效地调节自己的学习活动，其自我监控和元认知水平有了明显提高。因此，在教学过程中，教师通过对抛物线形拱桥的直观描述，从实际问题中抽象出数学问题，进而引导学生利用二次函数图像的特点，建立合适的坐标系构成数学模型，让学生充分感受到数学在实际生活中的应用价值，培养学生数形结合与逻辑推理能力。

4. 探究式讲解

探究式讲解，又称发现法、研究法讲解，是指学生在学习概念和原理时，教师只是给他们一些事例和问题，让学生自己通过阅读、观察、实验、思考、讨论、听讲等途径去独立探究，自行发现并掌握相应的原理和结论的一种讲解技能。该讲解技能以学生为主体，让学生自觉、主动地探索，掌握认识和解决问题的方法与步骤，研究客观事物的属性，发现事物发展的起因和事物内部的联系，从中找出规律，形成自己的概念。探究式讲解技能具有以下特点：

（1）创设情境，激发自主探究欲望。"良好的开端是成功的一半。"探究式教学的载体与核心是问题，学习活动是围绕问题展开的。探究式讲解即设定需要解答的问题，这是进一步探究的起点。

（2）开放课堂，发掘自主探究潜能。教师以一个组织者的角色，指导、规范学生的探索过程。这个过程可以由单个学生自己完成，也可以由教师将学生分组来完成，培养学生寻求合作的团队精神。经过探究，学生要把自己的实验过程或者查阅的资料进行总结梳理，得出自己的结论和解释，并将自己的结论清楚地表达出来，与大家共同探讨。

例如，在"圆的周长"（人教版六年级上册第四单元）的教学中，首先，让学生动手操作测量圆的周长（让他们在操作过程中，以猜想—验证—结论的顺序进行），然后归纳圆周率的概念，接着学生经过亲自动手测量、亲身体验、激烈的争论，共同探索出圆的周长与直径的内在联系，从而得出圆周率的概念与取值，并引出圆的周长、面积计算公式。最后利用圆的周长、面积计算公式，解决生活中遇到的简单实际问题。整节课学生在主动参与猜想—验证—设疑—解疑的活动中，明白了数学知识可以先依据旧知识进行猜想，再对猜想进行验证，然后在验证中不断发现新问题、解决新问题直至获取真知识。

（3）适时点拨，诱导探究的方向。教师为了达到让学生自主学习的目的，引导学生自己去发现问题，学生不明白时可适当点拨，诱导探究的方向。

（4）课堂上合作探究，训练自主学习的能力。在探究教学中，教师是引导者，基本任务是启发诱导；学生是探究者，其主要任务是通过自己的探究发现新事物。因此，必须正确处理教师的"引"和学生的"探"的关系，做到既不放任自流，让学生漫无边际去探究，也不过多牵引。

【案例】"三角形全等的判定"（人教版八年级上册第十二章第二节的第一课时）。这节课的授课对象为八年级的学生，考虑到该年龄段学生已有的知识结构和认识水平，学生已经掌握了全等三角形的对应边、对应角的关系，并具备了利用已知条件拼出三角形的能力。从认知心理学角度看，八年级学生缺乏思维的严谨性，不能很好地对问题作出全面、系统的分析。请参阅如下片段：

师：同学们看大屏幕上这个情境。在学校的花架上有一块三角形的玻璃，这时，小明不小心将足球踢过来，"啪"的一声，三角形玻璃碎了。小明很是着急，必须配置一块与之前一模一样的三角形玻璃，他该怎么来完成呢？而且小明没有量角器，只有尺子，有没有我们学习过的什么知识可以帮助他呢？

生：三角形全等。

师：同学们回忆一下，全等三角形具备什么性质？

生：全等三角形对应边、对应角相等。

师：大家想想，是否一定要满足这六个条件，我们才说三角形全等呢？这些条件能否尽可能少呢？满足其中几个条件可否找到全等三角形呢？这道题中，有一个限制条件"小明没有量角器，只有尺子"，那么，这六个条件中就不能考虑角了，因此，我们只能从边入手。又可以分为几种情况来讨论？我们该怎么解决？

生1：我们可以分情况讨论：满足一条边对应相等，满足两条边对应相等和满足三条边对应相等。

师：回答得非常好，那我们就逐个情况来分析。先给出一条边对应相等。我们给出一条边对应相等，可以画出两个三角形全等吗？

（学生动手操作）

生：（齐声）不能。

师：我们取一条边对应相等，可以画出许多不一样大小的三角形，那么可以得出什么结论呢？

生：一条边对应相等，不能得到两个三角形全等。

师：我们就排除第一种情况，我们来看第二种情况：两条边对应相等。现在同学们拿出笔和纸，画边长分别为 6 cm、8 cm 的三角形，然后剪下，与同桌相比，看是否可以重合。

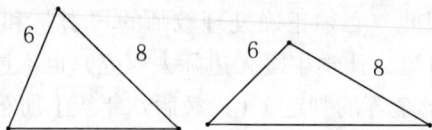

图 8-2

生2：（举手回答）这是我画的，这个是同桌画的（如图8-2），两个不能重合，所以不是全等的。

师：是什么原因造成的呢？

生：是这两条边所交的角度不一样。

师：通过前两种的分析，我们可以得出什么结论呢？

生：给出一组对应边相等或两组对应边相等，不能得到三角形全等。

师：那我们再分析三条边对应相等的情况。同学们动手画边长分别为 3 cm、4 cm、5 cm 的三角形，将画好的三角形剪下与附近的同学比较，看能否重合。

（画图几分钟）

生：可以重合。

师：那么任意画一个三角形$\triangle ABC$，使其三边对应相等画$\triangle A'B'C'$，画出的三角形全等吗？

（学生动手画图）

师：（进一步引导）可先画线段$BC = B'C'$，然后分别以B'、C'为圆心，以AB、AC为半径画弧，交点是A'，是否与A相对应呢？

生：是。

师：我们再将其重合，可以发现什么？

生：这两个三角形全等。

师：我们可以得出什么结论？

生：三边对应相等的两个三角形全等。

（教师板书）

师：我们将这个结论简写为"边边边"或"SSS"。回到开始的问题，小明要配置一块一模一样的玻璃，那么，小明需量出什么数据？

生：三边的长度。

师：依据是什么？

生：三边对应相等的两个三角形全等。

在以上教学中，教师通过情境导入，在对三角形全等的条件探索中渗透分类讨论的思想，培养学生严谨的思维，提高学生全面、正确分析问题的能力，培养学生思维的主动性和广阔性，使他们在学习中得到乐趣，同时也领悟到生活处处皆数学的道理。

5. 类比推理式讲解

类比推理式讲解是教师利用学生已掌握的知识和材料，运用富于逻辑性的语言，根据教材中提供的已知材料讲道理、论是非、作推理，从简单到一般，类比推导出新知识，引导学生通过观察，简单地得出一般规律的一种讲解技能。类比推理式讲解具有以下特点：

（1）运用分析、类比说明、归纳推理等方式讲解，使学生认识事物的现象、发展变化、本质特征和内在联系，学习由特殊到一般的解决问题的思考方法。

（2）教师用生动、富有启发性的语言激发学生的思维活动，引导他们想象，利用类比推理等方法，发展学生的一般数学推理能力。

【案例】"多边形内角和"（人教版七年级下册第七章第三节的第一课时）。从知识结构上看，推导任意多边形内角和是在探索四边形、五边形、六边形内角和的基础上进行的，且七年级的学生的知识迁移能力不强。因此，通过类比推理等教学活动，结合新旧知识探索图形性质，让学生们感受数学思考过程的条理性，从中发展他们的推理能力。请参阅如下片段：

师：同学们，今天我们来学习第七章第三节"多边形内角和"。（板书：7.3 多边形内角和）之前我们学习了三角形的内角和，你们还记得三角形的内角和是多少吗？

生：180°。

师：那么，特殊的四边形——长方形的内角和是多少？

生：360°。

师：那么任意的一个四边形，它的内角和又是多少呢？（停顿后，给出提示）我们知道，任意的三角形的内角和是180°，是个定值。

生：可否将四边形转化为三角形来求呢？

师：很好！怎么转化呢？（停顿后，给出提示）如果我连接四边形的不相邻的两个顶点，那么，我们可以得到几条对角线？

生：一条。

师：这条对角线把该四边形分成几个三角形？

生：两个。

师：那么，这个四边形的内角和等于两个三角形内角和，也就是多少？

生：$2 \times 180°$。

师：四边形的内角和我们知道了，那么，五边形、六边形的内角和又怎么来求呢？（停顿）这里有一个五边形，回忆一下刚刚的四边形，我们是通过连接对角线构造三角形，转化为三角形问题来解决的。那么，同样，对于五边形我们是否可以用这种转化的思想来解决呢？（停顿）从五边形的一个顶点出发，连接与之不相邻的两个顶点，可以得到几条对角线？

生：两条。

师：那么，这两条对角线把这个五边形分为几个三角形？

生：三个。

师：也就是说，五边形的内角和可以看成是三个三角形的内角和，也就是多少？

生：$3 \times 180°$。

师：这是五边形的，那么，我们是否可以用这种转化的思想来处理六边形呢？如果从六边形的一个顶点出发，连接与之不相邻的顶点，可以构成几条对角线？

生：三条。

师：那么这三条对角线把这个六边形分为几个三角形？

生：四个。

师：也就是说，六边形的内角和可以看成是四个三角形的内角和，也就是多少？

生：$4 \times 180°$。

师：同样，我们可以求出七边形、八边形，甚至是十边形的内角和。那么，对于一个 n 边形，它的内角和又是多少呢？（板书：n 边形）刚刚我们求四边形、五边形、六边形是通过作对角线来转化为三角形的。那么，对于一个 n 边形，从它的一个顶点出发，连接与之不相邻的顶点，可以得到几个三角形呢？（板书：对角线条数）

生：$n - 2$。

师：因此，对于一个 n 边形的内角和，我们可以看成是 $n - 2$ 个三角形的内角和。所以我们很快可以得出，n 边形的内角和是多少？（板书：n 边形的内角和）

生：$180° \times (n - 2)$。

在以上教学中，教师首先从学生已有的关于三角形内角和的知识出发，探索出多边形中简单图形四边形的内角和，从中发现转化的思想方法；接着，通过增加图形的复杂性，探索五边形、六边形的内角和，从中发展学生的类比推理能力，并加深对转化思想方法的理解；最后，通过归纳不同边数多边形内角和与边数关系的公式，体会数形之间的联系，将任意多边形转化为三角形，发展学生的空间想象力，感受由特殊到一般的数学思考方法。

此外，讲解技能还可分为描述式、说明式、原理中心式、行为动作中心式和问题中心式等类型。

描述式，又称叙述式或记叙式。描述的任务在于使学生对描述的人、事、物的结构、要素、属性、发展和变化，有比较形象的、具体的感知，或有一定深度的认识。根据描述方式不同，描述又可分为概要性描述（对人、事、物的特征、要素作概述。对这类描述要充分运用生动、形象的口头语言，引用有关数字、资料，要注意揭示事物的结构、各层次间的关系）；例证式描述（举出有代表性的、人们比较熟悉的、有说服力的例证来具体描述事物）；程序式描述（按事物发展的过程、步骤一步步地描述。此种描述要注意事物发展的阶段性，抓住事物发展的关节点）。

说明式，又称解释式或翻译式。通过讲述将未知与已知联系起来。因其说明的内容不同又可分为意义解释（例如，什么是平行四边形？定义：两组对边分别平行的四边形叫平行四边形。进而由定义作分析性说明：①一个四边形的两组对边分别平行，它一定是平行四边形；②一个四边形是平行四边形，那么它的两组对边一定分别平行；③"四边形两组对边平行"与"它是平行四边形"是一回事；④四边形只有一组对边平行，它不是平行四边形。通过分析性说明，使学生理解定义的条件与结论是一回事）；翻译性解释（例如，数学符号"≥"、"⊥"代表什么意思？）；结构说明；比较性说明（为了把那些微观的、抽象的、生疏的事物说明白，可以拿人们可见的、具体的、熟悉的事物作比较）。

原理中心式。以概念、规律、原理、理论为中心内容的讲解，是教学中最重要、最基本的技能。如果按讲解的逻辑方法分，又可分为归纳中心式和演绎中心式，它们的一般模式为：

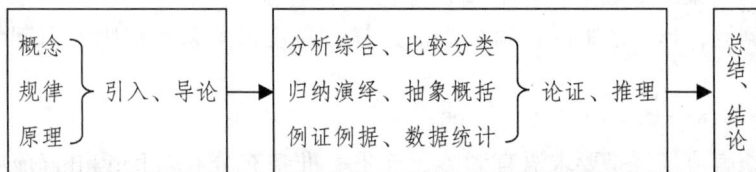

行为动作中心式。以训练动作技能为中心的讲解，主要有动作原理的

阐述、结合示范的讲解、指导学生练习的讲解等。

问题中心式。"问题"即未知，"解答"即由未知到已知的认知过程。认知的关键是方法，选择方法和具体解决问题，都离不开知识和思维能力。问题可能是一个练习题、作文题，也可能是带有实际意义的课题。问题中心式的讲解，常带有一定的探究性。在讲解中要注意体现启发性，善于利用迁移规律启迪学生积极思维。问题中心式讲解的一般程序为：

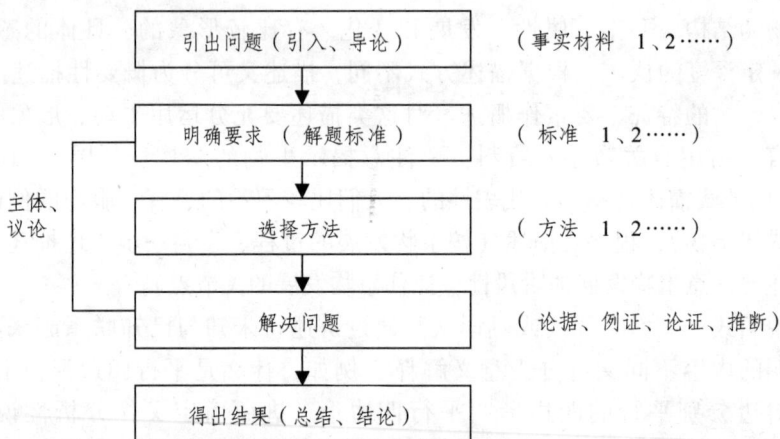

各式的讲解都有各自的优势，教师在教学中要钻研教材，选取最能反映教学内容的讲解方式，讲清数学问题的来龙去脉，使学生理清上课的思路，准确把握知识内容。

五、章后语

教师在教学实践中应该通过学习、总结和创新，不断提高自己的讲解能力，丰富和完善自己的讲解技能，以不断提高数学教育教学质量和水平。

1. 要有明确的讲解结构

在认真确定教学目标、分析教学内容的重点和难点、明确新旧知识之间相互联系的基础上，理顺知识结构、学生思维发展顺序，提出系列化的关键问题，形成清晰的讲解框架。这样，易使讲解条理清晰，引起学生的思考。

2. 语言要流畅、准确、明白

语言流畅就是要求语言紧凑、连贯。准备充分和自信是语言流畅的前提。语言要准确、明白，就要求正确运用术语，用学生能理解的词汇，不用未经定义的术语。同时，要求句子完整，措辞和发音准确，语音和语速应适应讲解内容与情感的需要。

3. 讲解要有启发性

要把直观、具体的现象、事件，通过分析、综合、抽象和概括，升华为理性的概念和规律。要留有一定的思索余地，把握讲解的时机，凡对重要内容作本质论述时，尽量创设愤悱的教学情境。

4. 要善于使用例证

例证是进行学习迁移的重要手段；例证能将熟悉的经验与新的知识、概念联系起来。举例的数量并不重要，重要的是所举的例子与新概念之间具有实质性的非人为的逻辑联系，并对此联系作透彻的分析。

5. 注意形成连接

清楚连贯的讲解是由新旧知识之间、例证和原理之间、问题和问题之间恰当的连接构成的。在讲解中仔细选择能起连接作用的词或短语来说明上述关系，使讲解形成完整的系统。

6. 会进行强调

强调是使讲解清楚、成功的重要技术之一。要强调重点或关键内容，要对新旧知识的联系和新知识的结构作透彻的分析。可以用讲话声音的变化、身体动作的变化、做出标记、直接用语言提示进行强调，也可以通过概括和重复接受与利用学生的回答进行强调。

7. 要重视获得反馈和及时调控

在讲解中，教师要善于通过观察学生的表情、行为和操作，留意学生的非正式发言，向学生提出问题或给学生提出问题的机会，收集讲解效果的反馈信息，清楚学生的理解程度，并及时调整讲解的程序和方式，以达到教学目标。

第九章　一个形成条件反射的关键变量
—— 谈数学教学强化技能的运用与提升

强化是行为主义文献中最早出现的概念之一。强化原理后来就演化为教育心理学中的著名学习原理——及时强化与反馈。强化这一概念的提出始于桑代克，后经华生、赫尔的发展、修订，到新行为主义代表人物斯金纳时理论达到了一定高度，他们都认为强化作用是决定人和动物行为的关键因素。

桑代克（1874—1949），美国心理学家、教育家，是介绍动物实验研究的第一人、联结主义和教育心理学体系的创始人。桑代克是第一个强化理论者，他首创迷箱实验，即刺激同反应融合形成一种联结。刺激—反应的联结是通过学习过程建立、加强和组织起来的。据此，桑代克提出了几条学习规律：准备律、练习律和效果律。其中最著名的是效果律，这也是桑代克对教育心理学的主要贡献。

斯金纳（1904—1990），新行为主义的代表人物。在研究学习方面是一个严谨的行为主义者，他以自己的研究方法解决了强化问题。斯金纳的强化程序是通过他设计的一种特殊仪器——"斯金纳箱"实验而获得的。斯金纳的强化理论集中表述为人和动物总是自动出现许多反应，凡是受到强化的行为，以后出现的可能性增加；凡是未受到强化的行为，以后出现的可能性下降，以致消退。在此基础上，他还提出并区分了正、负强化与一级强化、二级强化，确定了强化程序，由此便构成斯金纳强化原理的要点。这些原理早已被广泛地应用于教育、教学的实践中。从某种意义上说，斯金纳关于强化程序安排方面的实验，是他对心理学的最大贡献。

桑代克的猫学习开迷箱的实验与斯金纳的白鼠学习按压杠杆取食的实验相比，桑代克发现的实际上就是一种操作性条件反射。由于桑代克的迷箱中的无关刺激较多，猫要经过大量的尝试错误的动作才能辨别有关的刺激。斯金纳箱实际上是桑代克的迷箱的简化形式。也正是基于这一点，才有人认为"斯金纳的强化原理实际上是桑代克效果律的翻版，他们的基本观点是：人总通过其行为后果进行学习"。

斯金纳在桑代克的效果律和巴甫洛夫的强化概念的基础上，进一步发展了强化学说，使强化理论能够解释人的许多态度和行为。斯金纳的强化原理不仅在实验情境中获得了成功，而且在社会实践中得到了广泛应用，与同时代的其他学习理论（如格恩里的邻近学习理论、赫尔的驱力还原理论和勒温的场论等）相比，经受了时间的考验，并很快流行起来。然而桑代克的效果律和斯金纳的强化程序有一最大弱点，就是过于简化了学习过程。桑代克的实验方法比较粗糙简单，经不起他人的检验；斯金纳则局限于实验室动物的简单学习上，总是避免涉及有机体的内部形态，所以被人称为是在研究"空调的有机体"。从本质上说，桑代克的效果律为传统哲学上的享乐主义提供了心理学的基础，而斯金纳企图用操作性强化理论来解释人类所有的学习行为，认为只要分析强化的效果并依此设计控制强化的程序，就可以塑造和消除人的任何行为，这未免使人怀疑这一结论的合理性，"因为人的认识与情感、思维与行动、个性特征与社会交往等方面的复杂性和微妙性程序，绝非用'强化物'这把'万能钥匙'所能开启的"。

瑕不掩瑜，桑代克作为强化理论的第一人所提出的效果律，斯金纳经过延伸和发展而构建的强化程序早已被承认并广泛应用于人类的社会情境，如心理治疗、问题儿童的处理、课堂管理等方面，斯金纳用操作性条件反射解释了行为动作、学术活动和社会关系等人类所有的学习。强化理论尤其在学校教育中对促使学生行为的变化与改善方面价值更大，它能指导我们恰当地运用奖励和惩罚，正确地培养和矫正学生的道德行为。

一、概 念

重复快乐的行为是人的天性。当学生学习是为了获得或者避免某种"东西"时，则这种"东西"就成为他学习的强化物。课堂强化就是增强学生某种课堂行为重复出现可能性的过程。强化技能则是教师依据"操作性条件反射"的心理学原理，主要运用对学生的反应采用肯定或奖励的方式，使教学材料的刺激与学生反应之间，更快地建立稳固的联系，帮助学生形成正确的行为，引导学生把思维活动朝正确的方向发展的一类教学行为。

"操作性条件反射"的概念是美国心理学家斯金纳于 1953 年提出来的。他把一只饿鼠放入实验箱内，当鼠偶然踩在杠杆上时，即喂食，为强化这一动作，经多次重复，鼠即会自动踩杆而得食。这类必须通过自己某种活动（操作）才能达到一定目的而形成的条件反射，称为"操作性条件反射"。在操作性条件反射中强化只与反应（操作）有关，并出现在反应之后。后来对训练和行为的强化效果的研究转向到人，在 20 世纪 70 年代具体运用到课堂教学实践中，斯金纳指出，学习者倾向于重复那些受到奖赏的反应，而终止那些没有受到奖赏的反应。

而数学教学中的强化技能，是指在课堂教学中，教师通过各种方法与手段，巩固学生的知识点，促使学生将新知识与原有认知结构中的有关旧知识发生相互作用，从而改善和健全学生的知识体系，同时使教学材料的刺激与教师希望学生产生的反应之间建立更加稳固的联系，促进和增强学生反应及保持学习动力的方式。

构成强化技能的因素，主要有以下几点：

（一）提供机会

在数学教学中，教师要给学生提供表现自我的机会，教师才能看到学生的反应并对其正确的因素给予强化。

【案例】在人教版八年级下册第十八章第二节"特殊的平行四边形"中，在进行矩形定义构建过程的教学中，教师采用以下的教学行为：

> 教师拿出一个四角用钉子钉的木条做成的矩形后，学生通过观察，能回答出这个图形是长方形或是矩形。

如果此时教师自己给出矩形的定义，那么这种课堂就显得单调而苍白。相反地，如果教师进一步采用强化技能，采用以下的教学方式：

> 教师进一步引导学生："谁能像给平行四边形定义一样，给矩形下一个定义？"
>
> 学生1："两组对边分别平行且四个角都是直角的四边形叫作矩形。"
>
> 此时教师将学生1的回答在副板书上写出，并通过语言进行强化："××同学经过充分观察给出的定义是对的。很好！"然后教师再进行停顿，反复观察学生，等待其他回答。
>
> 学生2："实际上两组对边分别平行，有三个角是直角就行了。"教师对学生2的回答点头微笑。学生之间互相讨论。

在该教学片段中，教师通过提问的方式给学生提供了表现自己的机会，并针对个别学生的反应，及时地对其正确的因素给予强化，给出评价，使学生能够加深对矩形定义的理解，同时也体会到自己归纳总结、展示成果的快乐。因此，教师一般可采取诸如提问、板演、对个别学生的反应作出评价等方式，给学生作出反应的机会。

·

（二）作出判断

学生作出反应后，教师应准确地判断其反应是不是所要求的表现。要善于抓住学生反应中的每一个闪光点，给予强化，这样可调动不同水平的学生的积极性。就如在人教版八年级下册第十八章第二节"特殊的平行四边形"中，在进行矩形定义构建过程的教学中，采用的教学行为：

教师通过引导提问学生，让学生给矩形下定义后，不同的学生给出了不同的答案，此时教师将学生 1 的回答在副板书上写成：两组对边分别平行，四角为直角 ⟺ 矩形。并通过语言进行强化："××同学经过充分观察给出的定义是对的。很好！"而对于同学 2 的回答给予点头微笑。

教师通过学生的不同反应，及时地作出判断并根据学生的表现是否是所要求的给予不同的强化，通过语言或标志或行为及时对学生的每一个闪光点进行强化，既可以激发学生在课堂上与教师互动的积极性，同时也能调动学生自主学习的兴趣和信心。但是当教师自己对学生的反应一时不能作出准确判断时，不要武断下结论。在课堂上及时对学生的反应作出判断属于教师的心智活动，这要求教师平时要深钻教材，打好扎实的业务功底，才能起到事半功倍的效果。

（三）表明态度

教师对学生的反应作出判断后，要表明自己的态度，对学生的正确反应进行强化。这是教师在应用强化技能时的外显行为。教师的态度应当明确，要使学生知道肯定的是他的哪些行为。在进行强化时，要面向全体学生，以取得最佳的教学效果。例如，在上面"特殊的平行四边形"中，在进行矩形定义构建过程的教学中，教师对学生 1 的评价："××同学经过充分观察给出的定义是对的。很好！"教师明确的表态，让学生清楚地知道自己给出的定义是正确的，同时这种强化也让所有学生明确教学的内容，给予学生信心的同时也激发了学生的学习兴趣。

（四）提供线索

当教师认为有必要让学生对自身作出的反应进行自我强化时，要给学生提供线索，引导学生对自己的反应进行检验或判断。例如，在人教版八年级上册第十三章"轴对称"第三节"等腰三角形"的教学时，出示例题：

"等腰三角形一边为5，一边为6，求它的周长是多少。"教师对思路清晰正确的学生进行表扬，并让做得好的学生讲解自己的思路。

教师通过对学生的反应及时给出强化，并进一步引导学生讲出自己解题的思路，让学生在展示自己思路的同时，对自己给出的反应进行一次检验和判断，以此强化学生对教学内容的掌握。

课堂上提供线索的方式要根据实际情况而定，可采用提问、提示等不同方式。

二、特 点

强化技能的特点主要有：

1. 时效性

强化的时间对于强化的效果有很大的影响，对学生的反应给予强化要有时效性。过早易使学生慌乱，阻碍探究活动的进行；而过晚则易使学生失去帮助的良机，甚至可能接受不了正确的信息。

2. 准确性

教师的强化一般是发生在学生被要求的表现上，因此对学生的反应需进行迅速而准确的判断，使学生明确教师的表扬、奖励是针对他的某种特定的学习行为，以保证教师的强化意图被学生正确地理解。

3. 真实性

教师的热情真诚，对学生充满希望、关怀和信任，都能对学生的情感产生积极的影响。教师的强化应该是让学生感受到可信赖的、有意义的。不真实、不恰当的强化会使学生认为是虚伪的、挖苦人的。

三、功 能

在数学课堂教学中，强化是进一步学习的重要因素，是为促进学习进展而需要研究的一个重要变量。教师在数学课堂中恰当运用强化技能，主要有以下两方面的功能。

1. 在课堂组织方面

强化技能能够促使学生集中注意，主动参与教学活动并养成良好的行为习惯。在课堂教学中，教师通过对认真听讲的学生给予表扬，或对全班同学聚精会神地听课给予很高的评价等强化方式的运用，能促使学生把注意力集中到教学活动上，也可以防止或减少非教学因素的刺激所产生的干扰。教师对主动参与教学的学生给予鼓励，尽管他们作出的反应有时不完全正确，教师还是应该对他们的积极性给予肯定。

例如，有些教师对板演出错的学生采取分步给分的办法，这样不仅可以使他们本人更主动地参与教学活动，还能促使更多的学生投入，形成热烈、活跃的课堂气氛。

实验研究表明运用强化技能塑造学生的行为是行之有效的。教师在帮助学生形成良好的行为习惯，诸如遵守纪律、独立思考、课前预习、课后及时复习的时候，对做得好的和有进步的学生经常采用各种赞赏的方式，从而起到对学生形成并巩固正确的行为的促进作用。

2．在学生学习方面

承认学生的努力和成绩，能促使学生将正确的反应行为巩固下来。研究表明，强化不仅能改善学生的行为，还能提高学生学习的数量和质量。这是由于教师有目的地运用强化技能，能促使学生的正确行为以较高频率出现。在课堂教学中，教师提出问题或布置其他学习任务后，当学生作出的正确反应（如回答或板演正确、思维敏捷、见解独到等）符合甚至超过了教师的期望时，教师采取适当的强化方式给予肯定或赞许，会使学生因自己的努力得到教师的承认而在心理上获得一定的满足感。

例如，教师给出一道题目，请学生在黑板上进行演算、证明，当学生书写完成后，判断是否正确，教师可用彩色粉笔在正确的地方打钩，还可以写上"好"，并画上感叹号。或者是对学生的作业采用印章（如五角星、红旗等）的方式给予肯定和表扬。

这样既使学生获得心理上的满足感，同时也有助于学生把自己正确的反应行为（如解题思路和方法技巧等）巩固下来。如果这种正确的反应经常得到强化，学生的学习动机就会增强，学习水平也会得到提高。

▌ 四、应用原则

强化技能的应用原则主要有：

1．多样性原则

在采用强化技能时，不宜重复地采用同一种类型的强化。教师可以不失时机地对全班或小组进行强化，也可以对个体采用强化技能。对全班或小组的强化，可以帮助教师创造一个良好的课堂氛围，使所有学生在团结、奋进的精神下愉快地学习。教师必须在考虑学生的年龄和能力的基础上，弄清楚什么类型的强化会对所教学生有效，并且教师一旦决定实施某种适当的强化，还必须灵活地完成。

例如，对于年龄小的学生，教师采用表扬、身体接触、给象征性的奖赏物等，强化的效果更好；对于年龄大的学生，通过集体舆论、教学表扬或批评，强化的效果更好；对于自信心差的学生，宜多采用一些表扬和鼓励；而对于过于自信的学生，则应更多地提出要求，在表扬的同时还应指出其不足之处。

2. 个性化原则

教师必须注意个体对强化方式的需要。有的学生满足于从教师那儿得到一两句表扬的话，另一些学生可能窘迫于当众赞赏而希望教师在作业后面写几句鼓励的话。小学生可能为得到一个印章图案或星号而高兴，许多高中学生在成功地完成教师安排的任务后，可能倾向于参加一项他喜欢的活动。在对每个人实施强化技能时，提到学生的姓名，会比笼统的表扬更有效果。

3. 恰当性原则

教师在使用强化技能时，应设法使学生知道强化的是他哪些特殊行为，表扬、鼓励的是针对他的哪些特定的学习行为。这样教师的强化意图才能被学生正确地领悟。

例如，当学生回答问题时，他的回答或操作不完全正确的时候，教师对合理的部分进行正面的强化。又例如，教师对学生的回答不能作出准确判断时，不能主观、武断地评论，这时可要求学生再重复自己的回答，给学生一个充分表现自己的机会。

4. 灵活运用及时强化与滞后强化原则

教师通常是在得到一个满意的反应后，马上采用强化。滞后强化看起来没有及时强化效果好，但为使某一教学活动一气呵成，或不打断全班的热烈讨论，即使某一个学生的回答很精彩，也不要插入强化，而使用滞后强化为好。更值得表扬的人和事，也许会等到讨论完成时才出现。

5. 善于对正确部分进行正面强化原则

学生的解答不够全面或者只答对一部分；学生在操作中，努力的结果仍是不完全正确。尽管如此，他们仍有值得表扬之处。教师要善于抓住每个学生的闪光点，指出其所作努力的价值，并鼓励学生在此基础上继续努力。

使用强化技能时，教师的态度要真诚，评价要客观。表扬和赞许的程度要与学生反应行为的正确程度相匹配。如果对缺乏想象力的学生说他"思维敏捷"；当学习差的学生答对一个简单问题就说："可算开窍了！"也许教师是出于鼓励或表扬，而学生可能感到的是虚假、挖苦。

6. 引发学生间的激励原则

教师可以采用鼓励学生互相肯定或表扬的强化方式，从而使教学过程中实施的彼此强化得到发展。

例如，让一组学生正面评论另一组学生所作的努力；让大家为某位同学精辟的阐述而鼓掌；由班委会成员表扬学习进步者、互帮互学者等。

所以，学生正确的行为习惯、学习的动力、成绩的提高，并不是完全依赖于教师直接给出的强化。

▌ 五、技能的设计要求

课堂强化是对学生课堂理想行为的强化，是教师教学的一项重要技术。正确地掌握和运用课堂强化技术，可以提高教学的成效。为了更好地实现强化的功能和作用，在掌握技能实施原则的基础上，在课堂上运用强化技能时，还必须遵从以下的要求：

1. 要明确强化目的，切忌强化对象不具体

在运用强化技能时，应根据教学目标，有目的、有选择地对学生的反应进行强化。在数学课堂教学中，教师不必对学生所有的正确反应都给予强化，而应当对与达到教学目标有密切关系的正确反应给予强化。通过强化，促使学生在课堂上及课外的学习中采取正确的学习行为，更加积极、主动地去学习。因此，强化技能的使用，应以表扬、奖励为主。对于学生在数学课堂上出现的学习数学知识、思维方法训练及遵守纪律的表现等方面的错误，教师应给予正面的引导，尊重学生的自尊心，要正面说理，而不能以力服人。

2. 要变化多样，切忌强化手段单一

在运用强化技能时，注意使用多种不同的强化方式，即使是使用同一类型的强化技能，在反复使用时也应有所变化，切忌强化的手段单一。如果教师总共只使用一两种强化方法，就会引起学生乏味，而同样的强化方法使用过多后，就会失去其原本的作用。再者，过多地使用同一种强化，会使学生只注意追求强化物本身，而不去注意学习的过程。因此，强化的类型要根据所授课内容的特点经常变化。例如，使用的语言要变化、幽默有趣，印章图形的变化，口头表扬与图表方式的不同形式的交替使用变化等。

3. 要突出强化的正面效应，努力做到准确、有效

在运用强化技能时，要注意做到合适、自然、可靠、恰到好处。对于学生的反应进行迅速而准确的判断，保证教师的强化是发生在学生被要求的表现上，使学生明确教师的表扬、奖励是针对他的某种特定的学习行为，以保证教师的强化意图被学生正确地理解。如果使用不当，反而会分散学生的注意力。

例如，给一个学生惩罚性强化，使用批评应注意个别化，如果这个学生由于能力较弱而回答错误，采用全班批评，反而会带来反面的强化效果。

又如，低年级学生回答后，教师用鼓掌表扬，效果很好。而在高中学生答对后，让全班学生鼓掌表扬，则可能使作答的学生受窘，反而会适得其反，分散其注意力。

4. 要态度真实、可信，切忌夸大、虚伪

在运用强化技能时，教师的态度应该是客观的、真诚的，必须能让学生感受到教师的强化是可信赖的、有意义的。教师的客观和真诚是运用强化技能的重要组成部分。所谓客观，就是要实事求是，是事就表扬事，是人就表扬人，某一方面好就表扬某一方面，既不扩大也不缩小。所谓真诚，就是在程度上不夸张、渲染、吹捧，也不能表扬不够"度"。同样，批评也是如此，批评应该是有针对性的、善意的、尊重学生的，是为了纠正错误的，而不是故意令学生难堪的。教师使用强化技能的时候，采用热情诚恳的态度，才能对学生的情感传递产生积极有效的影响，才能达到强化的目的。而不恰当的表扬或批评，都会让学生认为是虚假、挖苦人的，不但起不到强化的作用，有时反而会带来负面影响。

例如，对于一个学习基础较差、学习成绩不太好、思维反应较迟钝而且自卑感较强的学生，教师却表扬他"很聪明"、"很出众"。这样不但不会增加学生的自信心、自豪感以及学习的热情，反而会让学生清楚地意识到教师的表扬是虚伪、不恰当的，让学生感受到讽刺的表扬，从而更加打击学生的自信心和学习热情。

5. 要把握好强化的时机，切忌过于急切与频繁

强化的时间对于强化是否有效具有很大的影响，教师对学生的反应要及时给予强化，但在运用强化技能时，应把握好强化的时机，过早易使学生慌乱，阻碍探究活动的进行；过晚易使学生失去帮助的良机，甚至可能接受不了正确的信息。同样地，过于急切地、频繁地使用强化手段，会分散学生的注意力，会妨碍或干扰学生正常的思路，也会干扰学生相互之间的交流，因为学生会把注意力集中在教师要呈现的新的强化物上。所以我们应当确保在学生表达完自己的想法之后，再予以强化。因此，为了有效地提高强化的作用，教师在教学课堂上要把握好强化的时机。

例如，对于短小、简单的问题，作业完成的情况等应进行及时强化，这样可以给学生留下较深的印象；学生对于一些抽象、复杂问题的解答或对概念、原理的理解，则应等待学生充分反应后再进行强化，以使强化更具有针对性。

六、类型与方法

强化技能的方式有很多。教师可以在教学中运用一些激励赞扬的语言，

期望称赞的目光与眼神、赞美的手势、会心的微笑，以及利用面部表情、体态和活动等方式，为学生创设学习的最佳环境，增强情感的感染力。基于强化方式的不同，教师实际应用强化技能的具体形式主要有以下几种类型：

1. 语言强化

语言强化是教师运用语言手段来强化教学的行为。教师对学生的回答、反应或行为习惯作出判断和表明态度，并用恰当的词语进行评价，给予肯定、否定、表扬或赞赏，增强学生向所希望的方向发展的倾向，以达到强化学习效果的目的。

语言强化一般分为两种形式：口头语言强化和书面语言强化。

（1）**口头语言强化。**

口头语言强化是教师对学生在课堂上的反应和表现以口头语言的形式作出针对性的确认（如表扬或批评），以达到强化的目的。这些语言既可以用于数学课堂的教学进行之中，也可以用于教学任务完成之时，同时，还可以用于教学任务完成之后作为补充的反馈信息。

①积极的、肯定的强化一般用肯定词语或语句。

词语类："对"、"正确"、"很好"、"太棒了"、"非常正确"、"逻辑清楚"、"保持下去"、"进步明显"等。

短句类："回答得很完整"、"这个想法是动了脑筋的"、"做得对，我很满意"、"继续做下去，你会做得越来越好的"、"很好，我喜欢××同学的解释"、"你掌握得非常快"、"你进步得很快"、"你的书写工整很多了，要保持下去"等。

②有时用突出的语气进行强化，如"这是重点"、"这里要特别注意"。有时通过修辞手法进行强化，如对比（正确和错误）、夸张（夸大或缩小）、重复、比喻等。

③为消除错误行为出现的否定性强化一般用否定的或疑问语词，如"对吗"、"是这样吗"、"可能吗"。但为了避免伤害学生的自尊，不是直接否定，而是迂回婉转地否定强化，如"你的解法是正确的，如果计算再准确一点就更好了"、"你的构思很新颖，再仔细想一想"等。

【案例一】在"用定义法解一元一次不等式"（人教版七年级下册第九章第二节第二课时）的教学中，教师采用的口头语言强化：

师：现在请这位同学说一下你做这道题的思路是什么，运用什么性质。
生：运用不等式的性质一：不等式两边同时加上同一个数，不等号方向不变。

师：很好，看来这位同学对不等式的运用还是很熟练的，但是大家说说，她这样运用是否正确呢？

这节课是七年级下册第九章"不等式与不等式组"第二节"一元一次不等式"第二课时"用定义法解一元一次不等式"，是一节复习课。在此之前学生已经学习了不等式的概念、不等式的解、不等式的解集、一元一次不等式的概念、一元一次不等式的基本性质，但在之后的课后作业反馈时，却发现学生在利用定义解一元一次不等式时经常出现错误。通过这节课的学习，让学生对定义的理解达到更深的程度，这也为以后用移项法解一元一次不等式作铺垫。且七年级的学生活泼好动，而一元一次不等式的基本性质有三个，内容本身比较多，学生可能会对关键信息把握不准确，尤其在解题的过程中更容易混淆性质，导致在用定义法解一元一次不等式时出现错误。因此，教师在教学过程中通过口头语言强化，巩固学生对不等式性质的理解和运用，也为之后用移项法解一元一次不等式打下扎实的基础。

【案例二】在"完全平方公式"（人教版八年级上册第十四章第二节第二课时）的教学中，教师采用的口头语言强化：

"请大家注意，我们这里说的等号的右边是'两数的平方和'，不是'两数和的平方'。我再说一遍，是'两数的平方和'。"（教师在黑板上写下 $a^2 + b^2$）

这节课是八年级上册第十四章"整式的乘除与因式分解"第二节"乘法公式"第二课时"完全平方公式"。这节课是学生在学习了有理数运算、列简单的代数式、一次方程及不等式、整式的加减运算知识、一般的整式乘法知识和平方差公式的基础上进行的。通过这节课的学习，让学生掌握完全平方公式的相关知识和用法，这是基本而重要的代数初步知识，这为以后学习分式和根式运算、函数等知识打下基础，也对后续的数学学习具有重要意义，同时也是学习物理、化学等学科及其他科学技术不可缺少的数学基础知识。教师通过反复强调，进一步强化学生的理解，使学生掌握完全平方公式，并通过强化来区分"两数的平方和"和"两数和的平方"，以此加深学生的印象。

(2) 书面语言强化。

书面语言强化是教师通过在学生的作业或试卷上所写的批语，而对学生的学习行为产生强化作用的一种方式。

例如，在学生的作业上写出适当的肯定性的评语，如"很完整"、"你的作业工整多了，要继续保持下去"、"进步明显"、"如果计算再准确一点就更好了"等评语。

例如，一个对作业从不认真的学生，经教师和家长教育后，不但文字比过去工整了，错误率降低了，而且确实是他自己下了功夫的。教师对他的作业就要仔细评判，并写出适当的评语，如："文字较工整、错误少，有进步。你还有潜力，再下功夫会有更大的进步。"

经过反复的鼓励强化和引导，这个学生对待作业的态度就会有较大的改变。恰如其分的评价比单单地写"好"、"有进步"具有更大的强化作用。如果只写一个"阅"字则对学生没有强化作用。

（3）采纳学生的想法。

语言强化还有一种容易忽略的方式，就是采纳学生的想法，当学生上课时在应用、比较、归纳、扩充等方面提出自己的见解时，就可以采用这一方法。采纳学生的想法，可以向学生表明他们的话是重要的，这样做可以提高学生参与的积极性。

【案例】在"矩形定义的构建过程"（人教版八年级下册第十八章第二节第一课时）的教学中，教师通过采纳学生的想法这一语言强化进行教学：

> 师：谁能像给平行四边形定义一样，给矩形下一个定义？
>
> （分别有学生 1、2、3、4 站起来说出了自己对矩形下的不同的定义，教师在副板书上简记学生 1、2、3、4 的定义）
>
> 师：说得好！请同学们互相研究一下，这个定义怎么给最好？
>
> （学生互相研究，很快有不少人举手要发言）
>
> 生 5：有一个角是直角的平行四边形叫矩形。
>
> 师：给出的这些定义有没有错的？你们都同意哪一个定义？
>
> （学生互相商量，纷纷要求发言：①五个都对；②最后一个好！）
>
> 师：非常好！今天我们同学自己给出了矩形的定义。（同时将最后一个同学发言的内容写在主板书上，并写出了本课课题）

这节课是八年级下册第十八章"平行四边形"第二节"特殊的平行四边形"第一课时"矩形"中的"矩形定义的构建过程"。这节课是学生在学习了平行四边形的定义、性质的基础上进行的。教科书采用属加种差的方法，将平行四边形特殊化得到矩形的概念。通过这节课的学习，让学生自己通过归纳总结来掌握矩形的定义，这为今后学习矩形的特殊性质、其他特殊的平行四边形等知识打下基础，也对后续的数学学习具有重要意义。教师通过采用学生的想法这一语言强化技能，让学生自己在课堂上归纳总结提出自己的见解，从而提高学生参与的积极性，增强学生自主学习的能力，提高学生的学习兴趣，使学生更加扎实地掌握矩形的定义这一知识，加深学生的印象。

2. 非语言强化

教师通过某种非语言动作传递一种信息，对学生的某种行为表现表示赞赏和肯定，这种强化就是非语言强化。简单来说，非语言强化就是教师使用语言以外的手段来强化教学的行为。这些非语言的行为可以是目光接触、点头微笑、靠近学生、体态放松或做出某种积极的姿态、标记某种醒目的符号等。教师在课堂要善于运用非语言强化，因为它有时比语言强化的作用更大。研究表明，当教师的语言信息与非语言信息不一致时，学生倾向于接受非语言信息。

非语言强化主要包括动作强化和标志强化两种形式。

（1）动作强化。

动作强化是教师运用师生之间的交流动作来强化学习活动的行为方式。一个教师的教学魅力往往通过利用他的体态语言和学生进行非常默契的信息交流来体现。一个会意的微笑、一种审视的目光，都可以把教师的情感正确地传达给课堂里的每一个学生。动作是无声的语言，包含手势、头势、姿势，可赞同或否定、代替或调节、控制课堂教学语言行为。

手势。作为强化的方式，手势主要由点、划、挥、压、劈、摇等组成。点的作用有强调，比如，点点黑板、讲台、学生所在的空间，起强调重点、要求注意力集中的作用。划，以手模拟事物形象，加强效果，也可表示数量关系，以便强调。如教师扳着手数一、二、三……以此计算自己讲授或学生回答的内容，强调要点的完备程度。挥，可以增强信息的表达效果。压，手掌向下按，强调要肃静，或表示高压之意。劈，传递决心等情感和意志的信息。摇，表示否定、婉拒之意。

头势。一般以微微的点头表示肯定、赞扬、鼓励，以重重的点头表示强烈的正强化；以微微的摇头表示否定、谴责、批评，以沉重的摇头表示强烈的负强化。

身势。身体姿势也是教师用以传递信息、强化的重要手段。"立如松"使学生觉得教师精力充沛、充满自信；在讲台的两侧得体地走动，会使学生感受到教师教态亲切自然，产生亲近感；边读书讲授，边在学生课桌间前后走动，可缩短师生之间的心理距离，集中"注意力分散"者的注意力，使部分学生感受到教师在关注着自己。

在数学课堂的教学过程中，有一些常用的动作强化。例如，通过微笑对学生的表现表示赞许。通过点头、摇头，对学生的表现表示肯定、否定，它比语言强化更容易让学生接受。通过拍手鼓掌、举手，对学生的表现给予强烈的鼓励或同意。教师用目光接触学生，起到暗示、关心、激励学生的强化作用。教师通过有意识地走到学生的身边，或站立观察其活动，或指点、提示其解题步骤，或纠正其实验装置，或参加小组讨论等，都表示对学生的关心。当学生有好的见解或成功完成某项工作时，用拍肩等动作给予赞赏，这些都能对学生起到关心、鼓舞的作用。

【案例】在"一元二次不等式解法"（人教版高中数学必修5第三章第二节）的教学中，教师采用的动作强化：

教师通过两手距离的拉开和靠近，能具体地表现出"两根之外"与"两根之间"的差别，使得解不等式这一过程更加形象化。

这节课是人教版高中数学必修5第三章"不等式"第二节"一元二次不等式及其解法"。这节课是初中一元一次不等式和一元一次不等式组的延续和深化，对已学习过的集合知识的巩固和运用具有重要的作用，也与后面的函数、数列、三角函数、线性规划、直线与圆锥曲线以及导数等内容密切相关。这在整个高中数学教学中具有很强的基础性，体现出很大的工具作用。教师为了使学生更加深刻地理解一元二次不等式的解法，通过采用动作强化这一技能，借助恰当的手势，运用眼神、手势的变化使课堂教学内容更加有力、明确，增强语言的形象性和情感性，把动作与数学教学语言表达默契地配合，使抽象的数学内容显得更加形象直观，使学生更加深刻地掌握一元二次不等式的解法，以达到良好的教学效果。

（2）标志强化。

标志强化又称符号强化，是教师用一些醒目的符号、色彩对比等来强化教学活动，是在学习材料中加入不增加实际内容的词语、数字、符号，以强调概念结构和组织的强化方式。这些符号标志不提供实际信息，但是材料的结构更为清晰，一目了然，加深印象。它们的作用主要是促进选择性保持和迁移，有助于学生对材料的理解，使之对内在结构融会贯通，故有利于提高解决问题与迁移的能力。

使用标志强化的方式有很多，一般有：列出小标题，使用不同字体的字，突出关键词语，用序列数字标明要点，板书、教具等使用不同色彩，加上着重符号（如"……"、"△△△△"），画上各种线条（直线、曲线、波浪线），在作业上加正误符号（"√"、"×"），在易错部分、重要部分、矫正部分用彩色标明等。

例如，等学生在黑板上的演算、证明等书写完成后，教师可用彩色粉笔在正确的地方打钩，还可以写上"好"，并画上惊叹号"！"。

又如，对学生的作业，可以用印章（红花、五角星、红旗等）的方式给予表扬和肯定。

再如，在课堂教学中，对讲解内容中的重点、难点以及关键处可加彩色的圆点，或画曲线等方式以引起学生的特别关注。

还有在演示实验中，在观察的重点处加标志、加说明等，强化实验目的。

还可以对全班同学或个人的学习、遵守纪律等情况利用图表的形式向全体同学公布展示出来，以起到对进步明显的优秀学生进行鼓励，对差生进行督促等作用。但是采用这一做法要注意防止负面效应。

【案例一】在"解一元一次方程（一）——合并同类项"（人教版七年级上册第三章第二节）的教学中，教师采用的标志强化：

教师在讲解合并同类项的过程中，要求学生在做合并同类项的题目的时候，第一步先把题目中的同类项用直线、波浪线、双横线画出来。比如，题目：计算 $3a^2 + 2b - a^2 + 3 + 4b - 6$。教师在讲解过程中，先把 $3a^2$ 和 $-a^2$ 用"____"画出来，再把 $+2b$ 和 $+4b$ 用"～～～"画出来，再用"＝＝"把 $+3$ 和 -6 画出来。

这节课是七年级上册第三章"一元一次方程"第二节"解一元一次方程(一)——合并同类项与移项"第一课时"合并同类项"。在此之前学生已经学习了用字母表示数以及有理数运算。通过这节课的学习，让学生通过探究的形式，讨论了一般的同类项的合并，并采用与数进行类比的方式，讨论了利用数的运算律（交换律、结合律、分配律等）将多项式中的同类项进行合并，进一步体现了"数式同性"。这是解一元一次方程的直接基础，也为后面学习分式和根式运算、方程以及函数等知识奠定基础。而七年级的学生活泼聪明，但还是难以快速而准确地区别出同类项，往往会判断错误或漏找同类项。因此，教师通过标志强化，使学生能够快速地找出同类项，加深学生的印象，以此来训练学生熟练地找出同类项，同时也为整个合并同类项的计算奠定坚实的基础。

【案例二】在"同角三角函数的基本关系"（人教版高中数学必修4第

一章第二节第二课时）的教学中，教师采用的标志强化：

在讲"同角三角函数的基本关系"时，得到三组关系：

倒数关系：$\sin\alpha \cdot \csc\alpha = 1$，$\cos\alpha \cdot \sec\alpha = 1$，$\tan\alpha \cdot \cot\alpha = 1$

商数关系：$\tan\alpha = \dfrac{\sin\alpha}{\cos\alpha}$，$\cot\alpha = \dfrac{\cos\alpha}{\sin\alpha}$

平方关系：$\sin^2\alpha + \cos^2\alpha = 1$，$1 + \tan^2\alpha = \sec^2\alpha$，$1 + \cot^2\alpha = \csc^2\alpha$

为了便于记忆，可画一个正六边形，在六个顶点上逐步显示"$\sin\alpha$"、"$\cos\alpha$"、"$\cot\alpha$"、"$\csc\alpha$"、"$\sec\alpha$"、"$\tan\alpha$"，在对角线的交点处标上1。然后"显示"倒数关系：三条对角线的两端所标注的函数，具有倒数关系；平方关系：三个倒三角形的顶点所标注的函数，具有平方关系；商数关系：上面四个函数与1，形成两个平行四边形，它们具有商数关系：$\dfrac{\sin\alpha}{\cos\alpha} = \dfrac{\tan\alpha}{1}$，$\dfrac{\cos\alpha}{\sin\alpha} = \dfrac{\cot\alpha}{1}$。

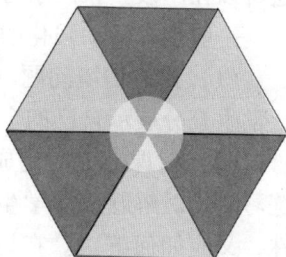

图 9-1

这节课是人教版高中数学必修 4 第一章"三角函数"第二节"任意角的三角函数"第二课时"同角三角函数的基本关系"。三角函数是描述客观世界中周期性变化规律的重要数学模型，在数学和其他领域中具有重要作用，它是学生在高中阶段学习的又一类重要的基本初等函数。这节课是在学生学习了函数概念、基本初等函数、任意三角函数的定义的基础上开展的，同时也为以后学习三角函数的诱导公式和三角函数的图像性质奠定了基础。教师为了使学生更加深刻地理解掌握同角三角函数的基本关系，采用了标志强化这一技能。随着讲课的进行，通过图形，逐步显示强化，使课堂教学内容更加有力、明确，使抽象的课堂数学教学内容显得更加形象直观。通过数形结合的方式，让学生牢固地掌握同角三角函数的基本关系。

3. 活动强化

教师为学生提供一些活动背景，让学生参与到教学过程中去，以起到自我促进、自我强化的作用，这样一种教学行为称为活动强化。

学习是一种艰苦的脑力活动，硬逼着学生去学，就会使学生觉得学习是一件枯燥的苦差事。如果把学生本身的学习活动当作强化因子，即把容易引起学生兴趣的活动放在难度较大的学习活动之后，做到先张后弛，就可以强化难度较大的学习。我们在进行数学课堂教学活动甚至平时的课时安排时，都应该遵循这一原则。例如，在一节数学课上，我们采用各种办法把学生的学习积极性调动起来以后，就可以进入概念、法则、原理等难度较大的理论学习。经过一段紧张的思维活动，在学生初步形成了有关理论的概念之后，教师就可以提出一些生动有趣的问题，让学生通过解决这些问题来加以深化，巩固学习，这就是对所学的理论知识的强化。另外，还可以在一段紧张的学习之后，安排他们感兴趣的活动或娱乐活动。

一般地，活动强化的方式主要有：

（1）设置情境问题，有针对性地让学生参与一些比较容易完成的活动，让学生充分展示自己的个性特长和聪明才智，让学生享受成功的乐趣。

（2）对课上提前完成某一学习目标的学生，可以给新的学习任务。如练习时，对解题快的学生，教师可要求其练习相关联的新问题，若改变条件，又应如何解决。在课堂练习中，让完成速度快、质量好的学生，将答案写在黑板上向同学们展示。

（3）在课堂讨论中，让理解正确或有独特见解的学生，向全班阐述他的理解，提出他的观点和论据。鼓励学生对其他同学的回答发表意见，进行评价。

（4）对有特殊爱好和专长的学生，分派一些"代替"教师的任务，如在课前准备演练的基础上，向全班做比较复杂的演示实验或创新实验。

（5）组织一些竞赛性活动。学生都有争强好胜的心理和表现欲望，非常愿意参加富有挑战性的竞赛活动。教师可让学生在竞赛中体验成功，从而树立学生的自信心。

（6）在完成一段教学任务后，如讲完一单元或一章，教师可以组织一次总结讨论课。在学生有准备的情况下，讨论这部分的主要内容、知识结构、主要的题目类型以及提出尚存有疑难的问题等，诱导学生充分发表意见，尽量发掘学生的学习潜能。

【案例一】在"全等三角形的判定"（人教版八年级上册第十二章第二节）的教学过程中，教师采用如下的活动强化：

一块三角形玻璃，不小心打成两块。现在要截同样大小的玻璃，是否要把两块都带去？为什么？如果只带一块去的话，应该带哪一块？为什么？教师让学生通过剪纸来发现问题的结论。

这节课是人教版八年级上册第十二章"全等三角形"第二节"全等三角形的判定"。全等三角形是研究图形的重要工具，在此之前学生已经学过了线段、角、相交线、平行线以及三角形的有关知识。通过这节课的学习，可以丰富和加深学生对已学图形的认识，同时也为学习四边形、圆和其他图形打好基础。在这个教学过程中，教师通过采用活动强化这一技能，让学生自己亲手操作来加深学生对三角形全等的判定定理的理解，从而避免了单独讲这些定理的单调枯燥，提高了学生的学习兴趣，巩固了学生对相关结论的认识和理解。

【案例二】在"三角形的高"（人教版八年级上册第十一章第一节第二课时）的教学过程中，教师采用如下的活动强化：

教师让学生动手分别画出锐角三角形、直角三角形和钝角三角形这三个三角形中每一个三角形的三条高。学生之间对照图形，可得到三条高相交于同一点：锐角三角形中，它们的交点在三角形内；直角三角形中，它们的交点在直角顶点上；钝角三角形中，它们的交点在三角形外。再引导学生观察、组织小组讨论，尝试能不能通过三条高的交点位置判断它是哪种三角形？

开始，小组成员只是轻声地发表自己的看法，后来在逐渐交流中，大家一致认为可以，这时教师再让学生看书上的结论，验证一下自己的说法对不对。

这节课是人教版八年级上册第十一章"三角形"第一节"与三角形有关的线段"第二课时"三角形的高、中线与角平分线"。在此之前学生已经学过了线段、角以及三角形的边等相关知识，通过这节课的学习，更进一步了解三角形的有关概念和性质，丰富和加深学生对三角形的认识。同时，这些内容是以后学习各种特殊三角形的基础知识，也是研究其他图形的基础知识。在这个教学过程中，教师通过采用活动强化这一技能，抓住教材的重点、难点，安排切实有效的讨论，让学生各抒己见，由被动的"光听不说"转变为"既听又说"，让学生在小组讨论中积极参与，充分调动了学生学习的积极性和独见性，从而突出教学重点，克服教学难点，使教材中的疑难问题迎刃而解，让学生体验到成功的喜悦。

4. 提问强化

提问是教学中必不可少的教学手段。在数学课堂教学中，向学生提问，是教与学之间信息传导的一种重要方式。有的提问能"一石激起千层浪"，提问运用得好，可以激发学生的学习兴趣，激活学生的思维，培养学生的自学能力。在学生学习教材的过程中，对学生已学过的公式、定理、概念、法则提问是对学生记忆知识的强化。同样地，教师讲解完某公式后，也可以将公式的变形形式叙述或板书给学生，请他们判断正确与否。当学生表示理解并能正确回答教师的提问时，教师要给予表扬。这样不但能够使学生饶有兴趣去记忆公式，而且能活跃课堂气氛。

【案例】在"同角三角函数的基本关系"（人教版高中数学必修 4 第一章第二节第二课时）的教学中，教师采用的提问强化：

> 教师在进行同角三角函数的基本关系的教授之后，向学生提问："1 等于什么？"你能写出几种不同的形式？并要求学生在练习本上写出：$1 = \sin^2\alpha + \cos^2\alpha$，$1 = \sec^2\alpha - \tan^2\alpha$，$1 = \csc^2\alpha - \cot^2\alpha$，$1 = \sin\alpha \cdot \csc\alpha$，$1 = \cos\alpha \cdot \sec\alpha$。还可以要求学生写出：$1 = \sin 90°$，$1 = \cos 0°$，$1 = \tan 45°$，$1 = \log_a a$，$1 = a^0$ $(a \neq 0)$ 等。

这节课是人教版高中数学必修 4 第一章"三角函数"第二节"任意角的三角函数"第二课时"同角三角函数的基本关系"。三角函数是学生在高中阶段学习的一类重要的基本初等函数，它是描述客观世界中周期性变化规律的重要数学模型，在数学和其他领域中具有重要作用。这节课是在学生学习了函数概念、基本初等函数、任意三角函数的定义的基础上开展的，同时也为以后学习三角函数的诱导公式和三角函数的图像性质奠定了基础。教师为了使学生更加深刻地理解、掌握同角三角函数的基本关系，采用提问强化这一技能，通过适当的提问，强化学生对公式的记忆，这种方法也可称为公式变形强化记忆。这样的方法能够提高学生的记忆效果，加深对同角三角函数的基本关系的理解，真正掌握这些公式及其变形。

5. 延迟强化

教师一般要对学生的理想行为表现予以及时强化，但有时也对学生前一段时期的行为进行强化。这种对以前行为的强化就是延迟强化。虽然在课堂教学中，延迟强化似乎没有及时强化常用，但也不能忽视其作用。教师可通过延迟强化向学生表明有些行为不应忘记甚至很重要；同时，也向学生表明了教师对学生早先的良好行为是非常重视的。对于课堂中出现的小问题、家庭作业就应及时强化，而对于比较抽象复杂的问题应待学生反应充分后再进行强化。在课堂教学中，有时由于环境不允许（如学生集中注意某一问题或兴趣集中在某一点）来不及强化时可使用延迟强化；有时是需要学生的某种行为保持一定势头，而还未施行强化或强化得还不够时使用延迟强化。

例如，当学生提出不同看法甚至是错误看法时，教师不急于作出评价，而肯定了学生肯动脑筋的优点，继而让他带着问题学习。最后学生终于明白其中的道理，教师这时再来强化，给学生的印象会更深刻，强化也更加有效。

强化的类型除了以上所描述的五种之外，按照不同的划分方式，还有很多。强化的效用也是因人而异的。有些学生把强化作为唯一的学习动力；有些学生则把强化看作外来物；有的学生强化越多，学习的劲头越大；而有的学生则是强化多了就不再努力学习了。因此，在数学的课堂教学中，对于不同学生的不同阶段需要不同类型的强化，甚至是不同数量的强化。但无论如何，强化在数学课堂上对教与学所起的作用是有目共睹的，关键是要看教师如何去使用，能否恰当地使用合适的强化类型，以及使用的频率是否恰当和必要。

七、章后语

强化技能是一种引导学生将自己的课堂表现和思维活动朝着更好的方向发展，改变错误的或不明确的行为或思维方法，向正确的行为或思维方法前进的教学技能，有人也称其为导向技能或表扬技能。强化技能是教师应该掌握的一项基本教学技能，它能起到帮助学生形成正确行为和促进学生思维发展的作用。因此，作为一名数学教师，只有掌握不同类型不同方法的强化技能，才能够在数学课堂教学中根据不同的情况、不同的学生，充分挖掘、组合、加工这些强化技能的运用，从而从不同的途径去培养、激发学生学习数学的兴趣，使我们的数学课堂教学获得良好的效果。

当然，教师在数学课堂上要达到事半功倍的教学效果，也需要慎重地使用强化技能，因为强化不一定总能够带来良好的课堂学习和良好的课堂行为。课堂强化一旦误用，会削弱和减缓学生内部动机的发展，造成学生对外部动机的依赖，反而会影响整个教学效果。换句话说，课堂强化的误用会使得学生的学习只是为了获得外部的奖赏，而不是为了求得内心的满足。不过，只要慎重而恰当地使用课堂强化技能，这种错误是可以避免的。

以下提出优化数学教学强化技能的策略：

1. 要有明确的强化目的

在课堂教学中运用强化技能时一定要将学生的注意力引到学习任务中

来，提高学生参与教学活动的意识。因此在数学课堂教学过程中运用强化技能的时候，要根据教学目标，有目的、有选择地对学生的反应进行强化，而不必对学生的所有正确的反应都给予强化。

2. 要根据不同的情况，精心挑选恰当的强化物

在进行课堂强化的安排时，教师应该针对不同学生的特点，精心挑选恰当的强化物。因为不同的学生所理解的强化物是不同的。对于多数学生而言，教师的关注是一种有效的强化物。这种关注可以是语言的关注，也可以是非语言的关注，教师通过关注来表达自己对学生的行为的一种态度。在与学生的交流中，教师可以使用多种不同的强化物，可以是授予特殊权利、物质奖励，可以允许交谈、少做作业、免于考试，也可以让学生阅读杂志、玩游戏，还可以对表现好的行为予以表扬。不管使用什么方法，强化物都应该经过精心选择。

3. 选择的强化方式要适合学生的特点

在数学课堂教学中，要根据学生的特点来选择不同的强化方式。强化要考虑学生的年龄特征，选择学生能够理解的语言、符号、体势、活动等。如果学生感到莫名其妙，或是颇为费解，那么就难以收到好的强化效果。同时，强化要考虑学生的个性特征，对于内向、胆怯、自卑感强的学生可多采用正强化，以增强其自尊、自信；而对于外向、自傲的学生则应采用负强化，以引起其自我警醒，避免其因为骄傲自满而故步自封、停滞不前。

4. 要把握好强化的时机，注意强化的间歇性

在数学课堂教学中，强化的时间对于强化的效果具有很大的影响。因此，教师应把握好强化的时机，学会掌握合适的强化时机是使学生学习成功的一个重要的环节。当所期望的行为一出现，教师就应当抓准时机给予奖赏，力求得到强化，过早或过晚都会影响强化的效果。而当某种期望的行为已相当巩固，教师要逐渐减少强化的次数，直至最终每隔一段时间再给予强化，这种间歇性的强化比经常强化对于保持已经养成的行为更为有效。

5. 要注意强化差生的微小进步

对于学习或纪律行为较差的同学，教师应该多注意强化他们的微小进步。比如，爱说话的学生安静下来的时候、过分爱动的学生坐到位置上的时候、从来不做作业的学生交了作业的时候、平时计算很马虎的学生所有题目都计算正确的时候等，教师都应该重视这微小的进步，及时地给予强化，表明教师对他们这些行为的肯定和认可。

总之，强化是塑造行为和保持行为强度不可或缺的关键。它对激励学习活动、形成良好的学习行为和纪律并使之保持下去，都是极为有益的。

恰到好处地应用强化技能是一门艺术。陶行知先生曾这样批判旧教育："你这糊涂的先生！你的教鞭下有瓦特，你的冷眼里有牛顿，你的讥笑中有爱迪生。别忙着把他们赶跑。你可要等到坐火车，点电灯，学微积分，才认他们是你当年的小学生！"对照今天的教育，这段话至今仍有指导意义！作为今天的教师，要相信"今天小小的孩子，就是将来小小的科学家"。因此，每一位教师要在课堂上以热情真诚的态度，对学生充满希望、关怀和信任，善用、巧用强化技能，对学生的情感、行为产生积极的影响，从而使学生"亲其师，信其道，乐其学"。

第十章　变化是"兴趣之母"
—— 谈数学教学变化技能的运用与提升

心理学研究表明，变化刺激能抓住听众的注意力。我国教育工作者更是常用"文似看山不喜平"来形容教学上的变化。因此，教学要有变化，教学需要变化。通过各种变化，可引起学生的注意和兴趣，激发学生学习的欲望，有效地调控课堂教学气氛，提高课堂教学效益。

例如，"三角形内角和"（人教版七年级下册第七章第二节）：这节课的教学重点在于让学生了解内角和定理及如何应用该定理，难点则在于如何启发学生去探索、证明三角形内角和是 180°这个结论。如果教师在教学中直接展示出证明的过程，一方面会让整个数学课堂显得枯燥无味，降低学生听课的兴趣，不利于学生有效且深刻地掌握该定理；另一方面也不利于学生发散性思维能力的培养。相反地，教师在教学过程中适当地变换教学方式，如让学生动手操作，拿纸板进行撕、剪、拼接等，这样的变化一方面能让学生在亲身体验中感受数学知识，激发学生的探索精神；另一方面也使得整个数学课堂充满趣味性。

因此，在数学教学中，如果想要把教学信息准确并且生动有趣地传递给学生，首先是要吸引学生的注意力，让学生爱上数学，这就要求教师在课堂教学当中不能从头到尾保持一成不变的教学方式，而是要合理地变换教学方式，使得课堂充满生气，激发学生的学习兴趣，进而有效地提高教学效果。

一、概　念

变化技能是指在教学过程中，教师为了引起学生的注意、减轻学生的疲劳、激发学生主动参与学习的意识、启发学生的思维而用变化教态和信息的传递方式、教学媒体、师生相互作用的方式等来改变对学生的刺激的教学行为方式，是教师组织教学活动的一种基本技能。

心理学研究表明，过于长久或单调的活动，容易引起学生大脑皮层的疲劳，使神经活动受到抑制，难以维持注意力而影响课堂教学效果。因此，变化技能与教学质量以及课堂教学生动性息息相关，教师生动活泼的教学和富有变化的课堂环境对学生的学习尤为重要。

▌二、功 能

古希腊伟大的教育家亚里士多德曾经说过："思维自惊奇和疑问开始。"苏联著名教育实践家和教育理论家苏霍姆林斯基也曾经说过："新奇和惊讶之感便是思考的开端。"因此，如果学生较长时间在同一教学方式、同一教学氛围和同一种教学媒体中活动，那么他们的思维、灵感和注意的程度都会陷入低迷的状态。相反地，在数学教学中运用变化技能，利用学生的多种感觉器官来传递数学教学信息，不但可以减轻学生的疲劳程度，刺激学生的大脑，使学生的注意力重新回到教学内容上，还可以更有效地强化信息的接收。所以，变化技能应当成为每一位教师必须掌握的基本技能。

1. 激发并保持学生对数学教学活动的注意力

心理学实验表明，持续不变的同一种信号刺激，容易使人产生厌倦和疲劳；间断的、变化的信号能使人保持兴奋。同样的东西，变化一个角度、变换一种方法，常常给人以新鲜感。教师运用变化技能，通过教态、语言、媒体和方式的交替改变，使教学活动刺激学生而引起其大脑兴奋中心的转移，引发无意注意，并使之转向有意注意。因此，使用恰如其分的变化可以集中并保持学生的注意力，引起学生的学习兴趣，稳定课堂纪律。

例如，在"多项式"（人教版七年级上册第二章第一节）的教学中，如果教师在讲授多项式的次数以及多项式的项等概念时，一直以平平的语调，念经式地讲完所有的概念，而没有顾及学生的反应，就会造成学生注意力分散，他们的注意力早已不在教师身上，他们甚至会觉得这节课枯燥无味，丧失继续学习的欲望。该节课对于初一的学生来说，知识点是全新的，并且容易与单项式的知识点产生混淆。再加上概念课本身就带有枯燥性，假如教师讲解过程中语调平平，没有语气的轻重变化，学生根本不知道这节课的重难点是什么。相反，假如教师在讲课过程当中有抑扬顿挫的语调、松紧适中的节奏、富于变化的表情，结合指引性、加强性的手势，自觉变化身体朝向位置、视线以及与学生的空间距离等，则会对学生的情绪产生极大的暗示和感染力，使得学生的学习热情被激发，从而使注意力长时间、高效地保持在教学活动上。

2. 帮助学生建构新的数学知识结构

对于同样的一个数学知识点，每个人的观察点会有所不同，使用的方法当然也会有所不同。不仅师生之间对同一数学知识存在不同的看法，学生之间也会存在不同的看法。通过教学变化技能的运用，教师可以调动学生从不同的角度，用不同的方法来认识数学知识，使学生建构起自己新的数学知识结构体系。而通过这种方式建构起来的数学知识结构体系无疑是牢固的，因为它是建立在学生原有的知识结构基础之上的，且与原有知识结构紧密结合。

例如，在"轴对称"（人教版八年级上册第十三章第一节）的教学中，由于该节课的学习是建立在学生已经具备了一定的知识结构基础之上的，因此，教师不必直接给出轴对称图形的定义，而可以先通过视觉通道展示图片，让学生观察图形。在观察的同时播放音乐营造课堂气氛；再通过触觉通道，让学生动手画轴对称图形等使学生掌握轴对称图形的特点。在整个教学过程中，教师利用多种感觉器官循序渐进地帮助学生建构起新的数学知识结构体系，从真正意义上来学习轴对称图形。

3. 激发学生学习数学的兴趣，营造良好的课堂气氛

托尔斯泰说过："成功的教学所需要的不是强制，而是激发学生的兴趣。"很多教师一堂课下来，始终是一种声调、一种姿势、一种活动方式，教学单调呆板，容易使学生对学习产生厌倦之感。人的大脑如果长时间接受一种刺激，那么他对这种刺激的反应就会减弱，就会兴趣索然。因此，在课堂中变化信息传输通道，给学生提供动手操作的机会，可激发学生的学习兴趣以及学习的主动性。陶行知曾说："行动是教育的开始，创造是教育的完成。"学生主体参与学习的意识也必将在"行动"中被唤醒。唤醒学生的主体意识，可使其思维处于兴奋状态，激发出身心潜能。

例如，在"认识几何图形"（人教版七年级上册第四章第一节）的教学中，教师通过身边的物体等教学道具，让学生参与到整个教学活动当中来。学生时而观察图片，时而观察周围的事物，并且还亲自触摸道具来感受几何图形的特点，多种感觉器官同时运用；教师则时而引导，时而让学生自主发挥，角色互换；教学媒体也在实物和多媒体中转换。一切都在不断变化，营造出轻松愉快的学习氛围。在此教学情境中，教师将变化技能运用得淋漓尽致，依据教学内容应用相应的教学变化技能，使得课堂活跃轻松、生动有趣，学生的学习热情也被大大地激发出来，从而积极地参与到整个教学活动中。

4. 为学生提供参与数学教学活动的机会

认知心理学早就揭示，教学过程是学生运用他已有的知识和经验，对面临的新知识进行分析、类比、判断，然后把它内化为自己的知识的过程。同一个班级的学生的智力水平、非智力水平以及思维能力毕竟是有差异的。因此，不同的学生对各种信息传递方式的接受程度也不相同。教师在向学生传递教学信息时，应运用变化技能，有针对性地对不同水平的学生进行调整，采用灵活变化的方式进行教学，因地制宜，因材施教，既注意全体

活动，又考虑个体活动，既照顾全体，又兼顾两头，引导学生积极参与教学活动，让学生充分发挥自己的主观能动性，有效地提高课堂教学质量。

如在教学中，讲授涉及船顺水、逆水的列式问题时，教师在黑板上直接给出"①顺水：船的速度＝船在静水中的速度＋水流速度。②逆水：船的速度＝船在静水中的速度－水流速度"两条公式，并且用口头语言对其进行简单的讲解。此时大部分学生反应冷淡，课后纷纷表示理解不了这两条公式。涉及船只顺水、逆水的题目对于学生来说本身就具有一定的理解难度。简单的语言讲解的教学方式只适用于理解能力较好的学生，对于理解能力一般的学生，教师应该通过画图来启发他们思考顺水、逆水这两种情况。对于有理解难度的题目，教师如果只是单纯地讲授，大部分学生的理解能力可能跟不上，此时教师应注意采用变化技能，及时停顿，留给学生思考的时间，改变教学方式，必要时采用图文并茂的讲解形式来帮助学生理解。如此采用灵活变化的方式进行教学，才能更好地调动更多的学生积极、主动地参与课堂教学活动。

5. 加强师生之间的情感交流

课堂教学是师生的双边活动，教师在传递知识信息的同时，必然伴随着师生的情感交流。教学中，教师的教态对学生有重大影响，尤其是教师的目光、表情在激发学生情感方面有重要作用。很多学生从教师友好、善意的微笑里，感受到教师对学生无私的关心、爱护、理解和友谊，进而激起相应的情感，学生就会从爱教师，进而延伸到爱上教师的课，欣然接受教师的要求和教育。同时，通过变化技能，可以有效避免教学的刻板、沉闷，创造愉快、活跃的学习气氛，有利于养成学生积极参与教学活动和积极思考的良好习惯，使之主动参与学习，从而提高课堂教学效率。

6. 启发诱导学生的数学思维

现代数学教学理论认为，数学是思维活动的过程，数学教学是数学思维活动的教学。因此，数学课堂教学的核心是启迪数学思维。在情境教学中，教师可以有意识地设置思维障碍，使学生产生"山重水复疑无路"之感，进而教师通过运用变化技能精心启发，点拨诱导，让学生处于闭塞的思维重新活跃起来，最终通过学生自身兴奋的思维活动找出解决问题的方法，从而达到"柳暗花明又一村"的效果。

三、应用原则

1. 目的性原则

变化应该要有明确的目的，与教材内容的相关性强，为实现教学目标服务。教学变化应该因需而变，不要为变化而变化。过多的或盲目的变化不仅不能促进学生的学习，反而会起干扰作用。例如，教学中已经采用多媒体给出生动直观的演示，教师再用双手、身体姿势等变化技能就没必要了。教师应该针对学生的能力、兴趣、学习任务等有目的地选择有意义的变化技能。

2. 针对性原则

教师应该有针对性地运用变化技能，选择变化技能时要充分考虑学生的年龄、心理特征、认知水平以及不同的教学任务、教学内容，同时，必须要和课堂气氛、教学情境等协调一致。只有采用不同的、有针对性的变化技能，才能取得理想的教学效果。

3. 流畅性原则

变化的连接应该是自然流畅的，过渡顺理成章。教师在使用多种变化技能时，要注意教学过程的连续性和一致性；注意变化技能之间、变化技能与其他技能之间的连接要流畅、有连续性，不要来得太突然，否则会分散学生的注意力，降低学生学习的积极性。

4. 适度性原则

变化技能是引起学生注意的方式。在引起无意注意和有意注意后，教师运用变化技能时要适度、合理，尤其是教师教态变化的强度和幅度都要恰当、自然，不宜夸张。如果变化技能使用得过多、幅度太大，就会喧宾夺主，影响教学效果。

四、类型与方法

实际课堂教学当中的变化是丰富多彩的，关于课堂教学变化技能的分类，仁者见仁，智者见智。一般地，我们将变化技能大致分为三类：教态的变化、信息传输通道及教学媒体的变化、师生相互作用的变化。

1. 教态的变化

教态的变化指在课堂教学中，教师讲话的声音，教学中运用的手势、眼神、表情、身体运动等变化。美国著名心理学家梅达别恩的实验得出这样的结论：信息交流的总效果 = 7%的文字 + 38%的音调 + 55%的面部表情。这一发现启发了教师对教学中教态变化的重视。在教学中，适度的教态变化能够有效地引起学生的注意力，引导学生的思维。因此，教师要高度重视在课堂教学中教态变化的使用。

（1）声音的变化。

声音的变化是指教师讲话的语调、音量、节奏和速度的变化。比如，教师在讲解过程中适当加大音量，放慢讲话速度，配合手势，可以起到强调学习重点的作用。如果一节课下来，教师一直用一种平缓、单调无味的声音上课，可想而知，会使学生处于一种压抑、昏昏欲睡的状态，课堂将变得死气沉沉。同样，如果教师讲话音量过低，会使课堂气氛沉闷，无法引起学生的注意，难以刺激学生神经系统的兴奋；反之，如果教师音量过高，会使学生神经兴奋过度，难以控制课堂教学秩序。当然，在发现学生注意力不太集中时，适当提高音量，能使学生觉察到教师的不满，将学生的注意力有效集中起来，从而避免学生精力进一步分散。教师在上课时，讲话速度应有快有慢、快慢适宜。如果总是一个节奏，不仅会使学生难以把握教学的重难点，而且教学本身缺乏生机，使学生产生单调、乏味之感，还会降低学生学习的积极性。而变化教学语言的节奏必须以情感变化为基础，必须与教学内容本身的节奏相一致，必须根据学生在课堂上的情绪表现，巧妙地调节自己的语言节奏，做到快慢得当、高低适宜。合理、巧妙地调节声音的变化，能给学生带来强烈的听觉节奏，使学生兴趣盎然。

（2）**语言节奏的变化——停顿。**

教学中的停顿是在课堂教学中，教师根据某种需要，短暂地中断讲话以引起学生注意的方式。停顿的时间不宜过长，大约为3秒。教师在表述概念、定理时，可对其中的关键字词运用停顿，一字一板，短促疏朗，引起学生的注意，加深学生对概念、定理的理解与记忆；在讲解时插入停顿，引起学生对关键点的注意，并给予学生的大脑充足的时间，对讲解的内容作出反应；在讲解完课堂内容的重难点后，运用停顿也可以起到同样的作用。很多刚走上讲台的新教师，担心学生听不懂自己课上讲解的内容而选择重复阐述教学内容。当课堂出现沉默时，依然选择重复阐述的方式。一方面，一节课出现太多次重复阐述，学生会厌烦，难以再次集中注意力；另一方面，对教师的心理也会产生不利的影响。而有经验的教师则会抓住时机，巧妙地运用停顿，引起学生注意，给予学生时间进行思考、整理，有效地提高课堂教学效率。教师应根据课堂教学的需要灵活运用停顿，停顿运用得好，可以表达出语言无法表达的意境，收到"此时无声胜有声"的效果。

（3）**身体动作的变化。**

身体动作主要是指教师在教室里身体位置的变化和身体的局部动作。一个出色的歌手不仅要有美的歌喉，同时还要有协调的动作；一名优秀的教师不仅要有渊博的知识和雄辩的口才，还要有适度的身体动作来传递教学信息，与学生沟通交流，引起学生的注意，调动学生学习的积极性。

身体位置的变化是通过教师在课堂上的走动实现的。那么，在走动的时候要注意控制走动的次数与速度，如果走动频繁，则容易分散学生的注意力。另外，教师也要注意走动或者停留的位置，一般来说，方便教学的位置就是最恰当的位置。当学生回答问题时，宜在讲台周围走动；在让学生进行小组讨论、做实验时，宜在学生中间走动，如果发现某个小组有问题，教师应轻轻向他们走去，然后再回答问题或讲解，以免影响到其他组的学生；在进行个别辅导、解答疑难时，轻轻走到学生旁边，可拉近教师与学生的距离，让学生感受到教师给予的亲切感。课堂教学要求教师要关注、考虑学生的心理，一般来说，在做练习或做试卷的时候，学生不喜欢教师在教室中间走来走去，更不喜欢教师在自己的旁边停下来。教师适时、适度的走动，可以拉近师生之间的距离，给学生营造一个宽松、舒适的学习环境。

身体的局部动作，主要包括头部动作和手势的变化。头部动作和手势的变化也是教师向学生传达信息的一种方式。比如，在学生回答问题时，稍微点头表示肯定，鼓励学生继续往下发言；发现学生回答不太正确、思路有偏离题意时，也可以稍微摇头示意。学生可以从教师点头、摇头的动作中领悟到自己回答的正误，修正自己回答的内容。而生动、准确的手势配合口头语言的表述，能帮助学生更好地理解教学内容，与学生相互交流情感。比如，在学习"全等三角形"中"全等"这一概念时，教师突然伸出双手，学生眼前一亮：教师这是要做什么？这就引起学生的注意。教师再慢慢两手合拢，重复两次动作，让学生分别从两边观察，再引导归纳出"能够完成重合的两个图形叫全等三角形"的概念。这一做法利用直观的手势的变化，加深学生对全等形的认识。有研究表明，教师恰如其分的手势能使学生大脑兴奋中心持续活跃，记忆力增强，使学生加深对外来刺激的印象。科学地使用身体局部动作的变化，能引起学生的注意，调动学生的积极性，达到出人意料的教学效果。

（4）面部表情的变化。

俗话说，"出门观天色，进门看脸色"，教师的脸色对学生心理也有一定的影响。如果教师精神焕发、面带笑容地走进教室，那种热情舒心的情绪就会立即传递给学生，使学生产生一种轻松愉快的情感，造成积极、愉悦的心境，有利于传递教学信息，进行师生之间的情感交流；如果教师一进教室就面孔冷漠、冷眼相对，学生看到这样的情况，情绪顿时就会紧张起来，甚至一节课都在担心教师会不会对他们怎么样。这样就会影响学生的情绪，造成思维迟钝，不利于学生的学习。所以，即使感到疲惫、身体不适，优秀的教师依然会面带微笑地走进学生的课堂。因此，教师应善于运用自己的面部表情传递信息、表达情感并使情感的变化适应课堂气氛的需要。

面部表情的关键是眼睛。眼睛永远是语言与行动的先导。人的"七情六欲"都能从眼睛里折射出来。教师在教学中始终要面对全班学生，跟所有的学生都有目光接触的机会，目光的接触能够增加双方的信任度。在向学生发问时，向学生投去期待的目光，学生收到这个信号的刺激，收到教师对自己的鼓励，经过思考，会勇敢地站起来各抒己见；当个别学生听课不认真、交头接耳、搞小动作时，教师将目光停留在那里，学生就会有所觉悟，停止注意力偏离的行为。实践表明：当学生对事物感兴趣或领会到教师的意图时，瞳孔会变大，反之会变小。新教师上第一节课时，通常会把目光停留在天花板、门口、窗外或者教案上，再者，会面向黑板讲课。心理学研究表明，一个教师不敢用目光接触学生，说明他缺乏自信心，胆小。因此，在讲课时，教师要始终把全体学生放在自己的视野内，让每个学生都感觉到教师在注意自己，眼能传神，眼能达意，运用好目光接触的变化，能够拉近师生之间的心理距离，促进师生之间情感的交流。

有一名学生因为学习成绩差，特别喜欢扰乱班级纪律，被老师安排在特殊座位——一排一座。于是他破罐子破摔，更加调皮。后来来了一位教数学的新班主任，他对这个小"捣蛋王"特别关爱，每次上课都喜欢对他笑一笑，摸摸这个学生的头。老师这不经意的一笑一摸，却给学生带来了自豪感和荣誉感。从此，他就对这位老师颇有好感，并爱屋及乌地喜欢上了数学。这个学生就是后来成了大数学家的陈景润。功成名就的他总会记起老师那温暖的微笑、欣赏的目光和那份特殊的关爱。

2. 信息传输通道及教学媒体的变化

美国哈佛商学院有关研究人员的分析资料表明，人的大脑每天通过五种感官接受外部信息的比例分别为：味觉1%，触觉1.5%，嗅觉3.5%，听觉11%以及视觉83%。因此，人对客观事物的感知是通过五种感官来完成的。另外，从信息传输理论上看，每种信息传输通道（与人类感官相对应）传递信息的效率不同，疲劳的程度也不同。如长时间应用一种视觉传输通道，容易造成学生注意力分散并产生疲劳。因此，在课堂教学中，教师应根据教学需要，适当变换信息传输通道，可交替使用直观教具、录音、板书、投影等来提高教师向学生传递教学信息的效率，也有利于学生对信息的接受。

从系统科学和认知心理学的角度来看，课堂教学可看作学生接受各种知识信号和信息，并形成认知结构的过程。对于数学教学来说，学生接受信息主要有三条通道：视觉通道，听觉通道以及触觉、嗅觉通道。

(1) 视觉通道和媒体。

教学中视觉媒体是多种多样的，主要指实物、板书、挂图、模型、演示实验、投影片、幻灯片、录像、教学电影等，它具有形象直观、活泼生动、可感易懂的特点。俗话说，"百闻不如一见"，视觉通道是各种感官中效率最高的。视觉媒体的变化能引起学生参与课堂教学活动的新鲜感和兴趣，激发学生的学习动机，但容易使学生感到疲劳，应注意变换。

【案例】在"平面直角坐标系"（人教版七年级下册第六章第一节）的导入教学中：

> 师：同学们，还记得北京奥运会开幕式的倒计时片段吗？今天，我们就一同来回味一下。（播放视频）现在我们看到的是由 2 008 名击缶者以及 2 008 个缶所组成的巨大方阵。缶是中国古老的打击乐器，由青铜或陶土制成。早在夏商年代，我国就有击缶而歌的演奏。此刻击缶者正以光的律动向我们传达光阴的概念。那一年是奥运会诞生 112 年来首次走进世界上人口最多的国家，这是中国人的百年梦圆，也是绵延 5 000 年的中华文化与世界的一次激情相拥。伴随着击打声，我们可以看到屏幕上方显示 60 这个字样，每次光影、数字的交锋都预示着北京奥运的即将莅临。就让我们一同穿越，一同倒数，一起用震撼的节奏，激荡千年祖国的万里疆土，激荡中华民族的奔腾血脉。好，10，9，8，7……

上述教学情境引用北京奥运开幕式中的击缶片段来引入平面直角坐标系建立的必要性，让"北京奥运"走入数学课堂，生动、形象、有趣且富有时代性，让学生在感受"北京奥运开幕式"之余，引导他们分析其中蕴含的数学元素，为建构平面直角坐标系知识结构打下良好基础。

（2）听觉通道和媒体。

提供声音，这是听觉媒体最基本的特点。先声夺人，它更直接、传神、生动、真实、亲切，更能引发学生的情绪反应和情感参与的积极性。由教师讲解、学生发言、录音等听觉通道传递教学信息的效率虽不如视觉高，但学生不易疲劳。为充分发挥学生的感官功能，教师还可采用视听结合的方法，用视觉形象增强声音对学生的刺激，从而增强学生学习的效果。因此，听觉媒体还可以配合幻灯、投影、实物等视觉媒体综合运用。

【案例】在"轴对称"（人教版八年级上册第十三章第一节）的导入教学中：

> 师：同学们，我们先来欣赏课件上的图片，映入大家眼帘的是在花丛中翩翩起舞的彩蝶、寒冬中晶莹别透的雪花、京剧中五颜六色的脸谱、工

艺中精美绝伦的窗花。(展示图片的同时配以《天空之城》的音乐)

上述教学情境中，教师在展示美丽的轴对称图片的同时，配合优美动听的轻音乐，以婉转、生动的描述性语言为学生制造了一个又一个精美绝伦的画面，从听觉通道上给学生以强有力的冲击，留下无限的想象空间。

（3）触觉、嗅觉通道和学生的操作。

由于触觉、嗅觉通道的信息量较小，在课堂上使用较少，其实触觉、嗅觉通道比视觉、听觉通道更直接，由此通道输入的信息较难遗忘。教师在教学活动中，应当根据教学内容的特点，选择合适的传输通道，或运用变化技能适当地变换传输通道，尽可能地调动学生的不同感官，还应尽量为学生提供动手操作的机会，通过实践活动培养和发展学生的动手能力、观察能力和思维能力，维持学生的注意力，保持学生的学习兴趣，活跃课堂气氛，提高课堂教学效率，改进课堂教学。

研究表明，参与学习活动的感觉器官越多，学习效率就越高。在学生感到疲劳之前及时地变化信息传输通道，实际上是保证了信息传输通道的效率。

【案例】"三角形内角和"（人教版七年级下册第七章第二节）。该学段的学生具有好动、喜欢动手操作的特点，但注意力易分散，应采用丰富多彩、各式各样的教学方式来吸引学生的注意力。请参阅如下片段：

师：同学们，还记得我们在小学四年级学过的三角形内角和定理吗？

生：记得。

师：它的内容是什么？

生：三角形的三个内角和等于180°。

师：很好，但是这个定理还没有得到严格

图10-1

的证明。如何证明呢？这就是我们这节课要来探究的问题。

（板书：7.2 三角形的内角和）

师：已知任意一个△ABC（如图10-1），求证：$\angle A+\angle B+\angle C=180°$。

师：我们来看一下，这里出现了一个180°，那老师要问了，在过去所学的知识当中，有没有什么性质或定理有出现180°的？

生1：平角的度数等于180°。

师：对了，平角的度数等于180°。例如图10-2中∠AOB是一个平角，

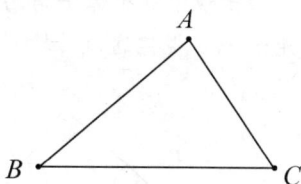

因此它的度数是180°。（多媒体展示）（视觉通道传输和多媒体课件运用）

生2：两条直线平行，同旁内角的和等于180°。

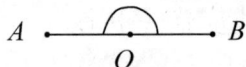

师：好，两条直线平行，同旁内角互补，既然互补的话，它们的和就等于180°。例如，图10-3中的两条直线$AB/\!/CD$，∠2和∠3是同旁内角。（多媒体展示）所以∠2加∠3就等于多少？

生：180°。

师：那么还有没有呢？

生3：邻补角的和等于180°。

师：对了，邻补角的和等于180°，例如图10-3中的∠1的邻补角是？（多媒体展示）

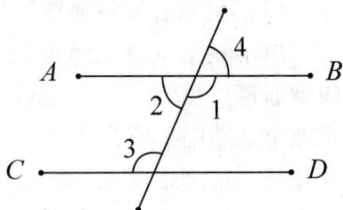

生3：∠2和∠4。

师：所以∠1 + ∠2 = ∠1 + ∠4 = 180°。

师：我们找到了3条思路，今天老师先要和大家一起来探讨如何利用第一条思路，也就是平角的定义，来得到我们定理的证明。

师：首先，老师想请同学们拿出手中的三角形（上节课布置的），观察一下，看看能不能通过对它进行剪切、拼接，从而构造出一个平角。

师：小明同学。（小明同学上台操作演示，其他同学底下操作）（触觉通道传输）

师：（小明上台操作演示后）我们看到小明同学是把三角形下边的两个角∠B和∠C撕下来，然后分别把它们拼在∠A的左边和右边。我们看到这里貌似出现了一个像平角的∠BAC（如图10-4），而且这条直线跟下面这条边是……（视觉通道传输）

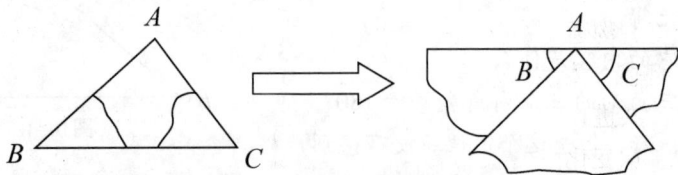

图10-4

生：平行的。

师：但是这个角到底是不是平角呢，我们还要进一步来证明。可能刚刚小明同学在上面演示的时候，有些同学看不太清楚，下面老师通过多媒体动画进行演示，再来把这个过程操作一遍。（视觉通道传输和多媒体展示）首先，一个三角形，老师把它下边的两个角——∠B和∠C撕下来，然后分别把∠B拼在∠A的左边，∠C拼在∠A的右边，也就得到了和刚刚小明同学一样的∠BAC，那么这个角是不是就是180°呢？如果是的话，我们就可以说三角形的三个角的内角和确实是180°。（接下来和学生一起进行直观肯定）

师：不过呢，无论是刚刚小明同学的操作，还是老师的多媒体动画演示，都不是严格意义上的证明，因为实际证明题目时我们不可能拿一个三角形来剪切、拼接，那么，我们要怎么办呢？（停顿）刚刚我们是利用内错角来得到平行线，从而证明出这是一个平角。那么，现在我们能不能反过来，先作一组平行线，构造出平角，再利用内错角相等，通过等量代换得到定理的证明呢？答案是肯定的，下面老师就来给大家梳理一下这个证明的过程。（视觉通道传输和听觉通道传输同时运用）

这节课是七年级下册第七章"三角形"第二节"与三角形有关的角"的第二课时。三角形的内角和定理揭示了组成三角形的三个角的数量关系，此外，它的证明中引入了辅助线，这些都为后续学习奠定了基础，三角形的内角和定理也是几何问题代数化的体现。在教学过程中，教师先从触觉通道入手，引导学生自主动手操作，探究证明的思路；接着，再从视觉通道入手，通过多媒体的动画演示，启发学生利用平行线的知识对其进行证明；最后再板书整个证明过程。整个教学过程遵循学生的认知规律，使学生对知识的认识从感性逐步上升到理性。

3．师生相互作用的变化

新课程教学观指出：教师应该把教学过程看成是师生交往、积极互动、共同发展的过程。新课程强调，教学是教与学的交往、互动，师生之间双方相互交流、沟通、补充，在这个过程中师生分享彼此的思考、经验和知识，交流情感、体验与观念，丰富教学内容，求得新的发现，从而达到共识、共享、共进，实现教学相长和共同发展。为了提高课堂效率，在课堂上教师应注意变化与学生相互作用的方式和学生学习的方式，高度重视课堂教学中的多向交往。师生相互作用的变化可以促进学生的学习，使学生在课堂学习中始终保持良好的心理状态。

（1）师生交流方式的变化。

教学过程是师生双边活动的过程。数学教学活动顺利进行的起点是数学教师与学生的相互交流。从信息论的角度看，这种交流就是指数学信息的接受、加工、传递的动态过程。在这个过程里充满了师生之间的数学交流和信息的转换。现代课堂教学中师生交流方式有教师与全体学生交流、教师与个别学生交流、小组讨论时的交流、个别辅导时的交流。在课堂教学中，几种交流方式应经常变换，这样有利于调节学生情绪，使学生积极参与教学活动，并培养他们的独立思考能力，营造积极的课堂气氛，有效进行课堂教学调控。

【案例】"圆"（人教版九年级上册第二十四章第一节第一课时）。九年级学段学生的认知能力和理解能力相较于七、八年级的学生有了很大的提高，对几何图形已经有了初步的认知基础，且师生交流方式的改变有利于学生主导地位的体现。请参阅如下片段：

师：同学们，小明参加了学校的一个寻宝活动，主办方告诉小明从教学楼向东出发，到达第一棵树后打开手里的锦囊，小明到达第一棵树后打开了锦囊，得到这样一张纸条：宝物埋在距离你左脚3米处的地方。小明看后欣喜若狂，以为自己很快就能找到宝物，可是他东找找西找找，找了老半天就是找不到宝物。小明十分郁闷。

师：好，你们觉得宝物有可能藏在哪里？（停顿）

（教师与学生对话交流，扮演好引导者角色，提出问题）

生1：在小明的左脚正右边的3米处。

生2：在小明的左脚正左方的3米处。

生3：在小明的一点钟方向的3米处。

生4：在小明的三点钟方向的3米处。（学生为课堂主体，发表自己见解）

师：非常好，同学们给出了宝物位置的多种可能性。按照刚才的分析，只要是距离小明的左脚等于3米的点都有可能藏着宝物，对吧？

生：对。

师：那这些点一共有几个啊？

生：无数个。

师：对了，有无数个。那我们能不能把这无数多个点都在纸上给一一画出来呢？

生：不能。

师：那我们要怎样才能把这无数个点都给找出来呢？（教师启发式提问，培养学生创造性思维）

生：连线。

师：对，我们可以选择一条线把这些点通通都给连起来。大家看，这是一个什么图形啊？

生：圆。

师：对了，是一个圆。可是老师又有一个疑问了。我们仅凭一条线把这些点给连接起来就确定它是一个圆似乎不太严密，那么，我们要如何来说明它是一个圆呢？我们知道小明的左脚和宝物之间的距离是一段3米的定长，而小明的左脚又可以看成是一个……

生：定点。

师：所以我们可以取一段3米的定长，再以小明的左脚为定点，绕着这个定点旋转一周所构成的图形，不就可以包含所有点吗？那么，通过定点和定长这两个要素确定出来的图形是什么？

生：圆。

师：对了，圆。（如图10-5）非常好。那通过老师刚刚的描述，现在你们能够给出圆的准确定义了吗？首先我们要找到一个……

生：定点。

师：再取一段……

生：定长。

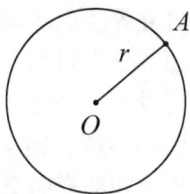

图10-5

师：定长的线段绕它固定的一个端点（定点）旋转一周所形成的图形叫作圆。其中，定点是这个圆的中心，我们也叫它圆心。定长的线段我们就称之为半径。圆心和半径是圆的最基本的两个要素，只要确定了这两个要素，我们就能确定一个圆。那么现在大家用上这两个要素，告诉小明，宝物的具体位置是怎样的呢？

生：宝物在以小明的左脚为圆心、半径为3米的圆上。

师：非常好。同学们在刚刚的寻宝活动当中，不知不觉已经接触认识了一种新的几何图形——圆。下面就让我们一起走进圆的世界，来更加深刻地了解它吧！

这节课选自九年级上册第二十四章第一节"圆"的第一课时。圆是常见的几何图形之一，不仅日常生活中的许多物体是圆形的，而且在工农业生产、交通运输、土木建筑等方面都可以看到圆。第一节是在小学学过的一些圆的知识的基础上，系统地研究圆中的一些相关概念。圆的概念又是进一步研究圆和其他图形的位置、数量关系的依据，是全章的基础。在教学中，教师通过与学生对话交流，时而作为引导者，提出疑问，引导学生进行思考，回答问题；时而让学生积极发表自己的见解，培养其创造性思维。师生交流方式的变化能够让学生保持长时间的有意注意，有助于提高课堂教学效率。

（2）学生活动方式的变化。

从信息论上看，课堂教学是由师生共同组成的一个信息传递的动态过程。在传统的教学中，教师往往采用"一言堂"、"大满贯"的教学方式，这种"独角戏"的做法比较突出和强调接受与掌握，相对来说冷落和忽视发现与探究，使学生的学习成了被动接受、记忆的过程，窒息了学生的思维和智力，摧残了学生的学习兴趣和热情，不利于学生的发展。新课程标准指出，现代教学主张既重结果更重过程，提倡自主、合作、探究的学习方式，充分尊重学生的主体地位。教师应该把学习过程中的发现、探究、研究等认识活动突显出来，使学习过程更多地成为学生发现问题、提出问题、分析问题和解决问题的过程。因此，教师应注意变化学生的活动方式，可以通过分组学习、师生之间共同讨论、做实验等，将"一言堂"转变为"群言堂"，使学生在一个轻松、愉快的学习氛围中学习，同时也加强了学生之间的横向交流和师生之间的纵向交流，达到教师期望的效果。

【案例】"等腰三角形的判定"（人教版八年级上册第十三章第三节第一课时）。该节是在学生学习了等腰三角形的性质"等边对等角"、"三线合一"的基础上，通过逆向思考，发现并证明等腰三角形的判定定理。等腰三角形的判定定理是证明两条线段相等的重要方法，它是把三角形中角的相等关系转化为边的相等关系的重要依据。教材通过对"如果一个三角形有两条边相等，那么它们所对的角相等；反过来，如果一个三角形有两个角相等，那么它们所对的边有什么关系"的思考，引导学生猜想，并运用证明三角形全等的方法，得出等腰三角形的判定定理。请参阅如下片段：

教学核心环节1：创设问题情境。

问题1：等腰三角形的性质1是怎样的？这个命题的题设和结论分别是什么？

师生活动：学生口述等腰三角形的性质1，独立指出其题设和结论。题设：一个三角形是等腰三角形；结论：两个底角相等。

追问：交换这个命题的题设和结论，你能得到一个怎样的新命题？

师生活动：学生独立思考，相互交流，得到新命题：如果一个三角形有两个角相等，那么这个三角形是等腰三角形。

设计意图：从等腰三角形的性质出发，自然引入新课，沟通了新旧知识的联系，培养了学生逆向思维的能力。

问题2：请动手画一个三角形，使它有两个角相等。你所画的三角形是等腰三角形吗？

师生活动：学生动手画图、测量并相互交流，得出结论：所画的三角形是等腰三角形。

设计意图：让学生在动手画图的过程中初步得出结论，感受实验几何是研究几何图形的一种重要方法。

教学核心环节2：证明等腰三角形的判定方法。

问题3：你能证明"如果一个三角形有两个角相等，那么这个三角形是等腰三角形"这个结论吗？

师生活动：引导学生画出图形，写出已知、求证，学生独立完成证明过程。教师指出，我们通常这样描述等腰三角形的判定方法：如果一个三角形有两个角相等，那么这两个角所对的边也相等（简写成"等角对等边"）。

追问1：你还有其他的证明方法吗？能作底边上的中线吗？

师生活动：学生相互交流作其他辅助线的方法，得出不能作底边上的中线来证明的结论。

设计意图：让学生经历文字命题的完整证明过程，进一步明确文字命题的证明步骤，培养学生的逻辑推理能力。

追问2：等腰三角形的性质与判定有什么区别？

教学核心环节3：初步应用，巩固新知识。

例1：求证：如果三角形一个外角的平分线平行于三角形的一边，那么这个三角形是等腰三角形。

师生活动：学生独立画出图形，写出已知、求证，完成证明过程。如果学生有困难，教师引导分析：①要证明 $AB=AC$，如何选择证明方法？AB、AC 在同一个三角形中，应选择"等角对等边"；②建立三角形的外角和与之不相邻的内角关系；③利用平行转移已知角，最终使得相等的角转化到同一个三角形中。

设计意图：培养学生将数学中的文字语言翻译成符号语言的能力，巩固等腰三角形的判定方法。

例2：已知等腰三角形底边长为 a，底边上的高为 h，求作这个等腰三角形。

师生活动：学生动手作图，教师给予适当的指导。

设计意图：学生在作图的过程中掌握作图的方法，巩固等腰三角形的相关知识。

教学中，教师注意变化学生的活动方式，通过分组学习、师生之间共同讨论、实践等，将"一言堂"转变为"群言堂"，使学生在一个轻松、愉快的学习氛围中学习，同时也加强了学生之间的横向交流和师生之间的纵向交流，达到教师期望的效果。

五、章后语

不同的教学手段有不同的教学特点，针对不同的教学目的和不同的教学内容，需要选择对应有效的变化类型和方法。为了有效地发挥变化技能的作用，取得最好的课堂教学效果，教师运用变化技能时，要注意以下实施策略：

（1）要针对不同的教学目标确立具体的变化技能。

不同的教学目标应该采用不同的变化技能，不能将一种变化技能运用于所有的教学。要充分认识教师的教态变化对学生有着潜移默化的教育作用以及情感上的影响。因此，每一次的变化都应该有明确的目的，不能为了变化而变化，将变化当成终极目标，这样不但无法收到最好的教学效果，反而事倍功半、本末倒置。

（2）选择变化技能时要充分考虑学生的认知水平，针对学生的能力，了解他们的兴趣以及教学内容的特点。

变化是引发学生学习动机、兴趣的武器。但是，并不是所有的变化技能都适用于所有的学生，必须围绕学生的特点设计各种相对应的变化方式，针对不同的年龄层次选择不同的变化技能，且变化的运用必须清晰准确。只有让学生理解了所学知识，变化技能才能产生最大的效果。

（3）变化技能之间、变化技能与其他技能之间的连接要自然流畅。

课堂教学中往往不可能只运用一种教学技能，而是多种技能交替使用。因此，变化技能的设计、使用需要其他技能的共同协助，这就要求各种变化技能之间以及变化技能与其他技能之间的连接应该自然流畅，平滑连接，防止生硬的过渡给人以突兀感。

（4）变化技能的应用要适时适度，不能过分夸张，表演痕迹切忌太重。

变化技能是引起学生注意的方式。适时是指要在恰当的时候运用变化技能，教师技能的变化总是为特定的教学目的服务，因此应该在特定的时机采用。变化技能的使用应该适度，不能过分变化，分散学生的注意力，以致耽误了教学进度。尤其是非语言行为的运用要繁简适度，过繁会使学生眼花缭乱，过简则显得呆板，两者都会影响课堂教学效果。另外，在教学过程当中，情感的流露应该是自然而然的，比如，微笑、点头、身体动作等，这些教态不应该是表演出来的，而应该是情不自禁。如果一切变化都在设计中，那么整个教学过程将会变得生硬、缺乏感染力。

第十一章 一堂课中情感共鸣的最后一个音符
—— 谈数学教学结束技能的运用与提升

古人谈论文章写作时，曾有"凤头、猪肚、豹尾"之说。有了良好的开头，同样要有完美的结尾来加以呼应。只有将结束部分把握好，才能收到立项的效果，否则，就会出现"虎头蛇尾"的问题。精彩的课堂教学与做文章一样，导入必须先声夺人，引人入胜，结束同样要注意设计和组织。教师只有把握好这一技巧，通过运用良好的结束技能，才能再次激起学生的思维高潮，给学生留下无穷的回味。

例如，在人教版五年级上册第六单元第二节"三角形的面积"的课堂结束时，教师简单地说一句："这节课就学到这里吧。"这种课堂结束显得单调、草率、苍白、无力。相反地，如果教师在结束"三角形的面积"这一课时，采用以下课堂总结：教师先把两个全等的三角形拼成一个平行四边形，根据平行四边形的面积公式推导出三角形的面积公式，然后引申出可不可以用长方形、正方形进行分割来推导三角形面积公式，让学生把准备好的长方形、正方形纸板沿对角线剪开，看它们符不符合三角形面积公式。

在该总结中，教师不仅引起了学生的学习兴趣，而且加深了学生对所学知识的理解，增强了学生的探索和钻研精神。同时也注意留有余地，留下了"空白"，设下了悬念，为下一堂课埋下伏笔，做到给人以新意，给人以启示。

一个新颖有趣、耐人寻味的课堂总结，不仅能巩固知识、检查效果、强化兴趣，还能激发学生求知的欲望，活跃思维，开拓思路，发挥学生的创造性。同时，一堂课的结尾如何，不仅能衡量出一个教师教学艺术细胞的多少，掂量出教师教学基本功的强弱，而且能直接影响学生的学习兴趣、思维习惯和学习效果。因此，教师应不断提高教学技术和教学技巧，优化结束过程，在热烈、愉快的气氛中把一堂课的教学推向高潮，以达到"课结束，趣犹存，思犹在"的最佳效果。

一、概　念

俗话说，"编筐编篓，重在收口；描龙画凤，难在点睛"，"头难起，尾难落"。就课堂教学而言，"口"之所以难"收"，"尾"之所以难"落"，是因为它是一堂课走向成功的最后一步。

明朝人谢榛曾在《四溟诗话》中说："凡起句当如爆竹，骤响易彻；结句当如撞钟，清音有余。"其意思是说，文章开头要响亮，使人为之一震；结尾要有韵味，使人觉得余音绕梁，不绝于耳。这里虽然讲的是写作，但对于我们的课堂教学也同样受用。

著名的教育家、编辑家袁微子先生也曾说，成功的课尾教学，不仅能体现教师的技巧，而且会让学生感觉主题更明，意味犹存，情趣还生……

无论是哪种观点，都告诉我们，一堂成功的课，离不开一个好的结尾。那么，究竟什么是结束技能呢？

结束技能是完成一项教学任务终了阶段的教学行为，通过归纳总结、领悟主题、实践活动、转化升华和设置悬念等方式，对所学知识和技能及时地进行系统巩固和运用，使新知识有效地纳入学生的认知结构中。结束技能广泛地应用于一节新课讲完、一章书学习完，以及讲授新知识、新概念的结尾。完善、精要的结尾，可以使课堂教学锦上添花、余味无穷。

结束技能的特点主要有：

1. 灵活性

一方面，结束技能从广义的角度看，它不仅仅可以应用于一堂课的结尾，也可以应用于课上任何相对独立的教学阶段。另一方面，教学的结束方式是多种多样的。"教学有法，教无定法。"课堂总结没有固定的模式，教师应根据不同的教学内容、学生的认知特点和理解情况，以及具体的课堂教学条件，灵活地、恰到好处地选用结束方式。

2. 简洁性

结束技能主要用于课堂教学的结尾阶段，是教师结束教学任务的行为方式，因此结束的语言应是整堂课教学内容的高度提纯。教师需用精练、准确的语言概括所讲的主要内容，才能达到明确学习要求，总结解题思路、方法和规律以及要注意的问题等目标。

3. 启发性

艺术的结尾能为一节课锦上添花，同时也能激发学生的学习兴趣，鼓起学生的思维之翼。具有启发性的结尾能使学生对教学内容深思求解，或有所启迪而渐悟其理，或激发兴趣而继续学习，促进学生思维的进一步发展。

二、功 能

精心设计的结尾与草率收尾的结尾，效果是截然不同的，教师在结尾时应努力为学生创设一种"教学已随时光去，思绪仍在课中游"的感觉。从信息及其加工的角度来看，结束技能是帮助学生对新知识学习中获得的信息进行提炼、筛选、简化，有重点地记忆、存储，并通过与原有知识信息的联系，促进知识的结构化和迁移运用，使新知识有效地纳入学生的认知结构中的过程。完善、精要的结尾，可以使课堂教学锦上添花、余味无穷。把"结束"上升至艺术的高度去重视、去研究，首先应明确它以下几个重要的功能。

1. 启发思维，引导学生自主探索

在全课结束时，教师运用巧妙的结束方法，可以通过提出一些有深度的问题，让学生进一步思考，课后进行探索，这样既能引导学生总结自己学习本课内容时的思维过程和解决问题的方法，又能促进学生开阔视野，激活思维，启迪智慧，从而使学生深入开展思维活动，提高探究能力。

【案例】在人教版七年级上册第三章第四节"列方程解应用题"的练习课教学中，教师在结束教学时，给出了一道与学生在本节课学习中产生的不全面的思维定式有矛盾的练习题，以此作为课堂总结：

> 某班买练习册和连环画共 26 本，付款 42 元。其中，练习册单价 2 元，连环画平均每本 1.5 元。练习册和连环画各买了多少册？（用方程解）

在"列方程解应用题"的练习课中，不少学生经过几个习题的练习，很自然就产生了"题目问什么就设什么为 x"的不全面的思维定式。因此，教师在这节课教学结束时给出这样一道与思维定式有矛盾的题目，这一个题目中有两个问，按照"问什么就设什么为 x"的思维定式，就要设两个 x。这就使学生在认识上产生了矛盾。这样通过问题启发的结束，既有助于学生否定自己的片面认识，又有助于开阔学生的视野，激活学生的思维，加深学生对所学知识的理解。

2. 承前启后，架起新旧知识的桥梁

在全课结束时，教师可对所学的知识内容进行概括总结，使学生对所学的知识有一个完整的印象。还可以围绕单元教学目标向学生提出有关问题，为之后新课题的讲授创设教学情境，埋下伏笔，诱发学生继续学习的积极性。

【案例】在人教版六年级上册第五单元第三节"圆的面积"一节课结束时，教师作出如下的课堂总结：

教师拿出一张正方形纸片，用剪刀剪成一个圆，问学生："怎样求圆的面积？"（复习 $S_圆 = \pi r^2$ 公式）。随即教师拿起剪去的部分，问："怎样求它的面积？"（$S_{剪去部分} = S_正 - S_圆$）。再用剪刀在圆纸片中任意剪去一个三角形，问："现在谁能求出它的面积？"（$S_{剩余部分} = S_圆 - S_{三角形}$）。然后再拿一张圆纸片，把它对折后问学生："会不会求它的面积？"再对折后，问："现在呢？"

运用这种方式结束，让学生感到兴奋、欢乐、有趣，从而激发学生的求知欲，既让学生巩固这节课所学的圆形面积的计算，同时也为之后学习扇形面积、组合图形的面积的计算打下了基础。

3. 总结归纳，形成系统的知识结构

在全课结束的时候，教师通过小结，强调重要事实、概念、定理、公式、法则和规律，进行系统的整理、归纳，概括比较相关的知识，建立与其他知识间的联系，形成知识网络，使学生对所学新知识的理解更加清晰、明确、系统，便于学生巩固记忆。

例如，在人教版六年级上册第一单元第三节"带分数乘法"一节课结束时，教师引导学生作出如下的归纳总结：

算式	计算过程			计算结果
加减法	通分	不化成假分数	不约分	能约分的要约分。是假分数的要化成带分数或整数
乘法	不通分	化成假分数	化后约分	

这课中由于学生会受到带分数加减法的干扰，往往将带分数的整数部分与分数部分分别相乘或把带分数部分先通分再约分。为了帮助学生弄清两者之间的异同点，结尾的时候，教师用准确简练的语言，提纲挈领地把整节课的主要内容以及与它相关的内容加以总结概括，给学生以系统、完整的印象，促使学生加深对所学知识的理解和记忆，培养其综合概括的能力。

4. 突出重点，强化巩固记忆

在全课结束时，教师可通过设计一些口头或书面的练习思考题、实际操作或评价活动、总结等，训练学生的行为技能，使学生对所学到的新知识、新技能了然于胸，理解得更加清晰、准确，抓住重点、难点，从而达到复习、巩固和运用的效果。

【案例】在人教版高中数学必修 1 第三章第四节"均值不等式"的定理学习之后，教师作出如下的总结：

我们在运用均值不等式定理"$\dfrac{a+b}{2} \geq \sqrt{ab}$（当且仅当 $a=b$ 时取等号）"时应注意以下三个原则："一正"，即两个数必须为正数；"二定"，即两个正数的和为定值或积为定值；"三相等"，即必须注明等号成立的条件。以上三个条件缺一不可。

在学生学习完均值不等式定理，并对它进行深入思考之后，教师在结尾处强调定理运用的三个原则，这样既突出了教学的重点，开掘了学的深度，同时也引导学生进入更高一层的思想境界，使学生有耳目一新、茅塞顿开之感。

5. 设计练习，及时进行巩固反馈

教师通过对教学内容的课堂问答或对学生当堂练习、课后习题、思考题等进行讲评小结，及时得到准确的教学反馈信息，肯定正确，纠正错误，为改进或调整下一节课或下一部分的教学内容做好准备。

例如，平面几何、三角函数中的定理、公式繁多，而且容易混淆，通过课堂结尾的练习，能让学生学会区分异同之处，有利于教学知识的巩固和掌握。

三、应用原则

在课堂教学中，好的结束能给人以美感和艺术上的享受，但这并不是教师灵机一动就能够达到的效果，而应在平时的教学中增强对课堂总结的设计意识。根据结束这一环节在课堂教学中的重要作用来分析，在课堂教学中的课堂总结应遵循以下六大原则：

1. 即时性原则

这条原则要求教师对讲授的新知识要做到及时总结和复习巩固。心理学研究表明，记忆是一个不断巩固的过程，由瞬时记忆到短期记忆再到长期记忆，有一个转化过程，实现这个转化过程的最基本的手段是及时总结和周期性的复习。教学心理学研究表明，课堂及时回忆要比 6 小时以后回忆的效率高出 4 倍。因此，教师在讲授新知识之后要对所学知识及时归纳、概括总结，促使学生对该问题自觉地进行概括、抽象和简化，以加深理解和记忆。这样不仅可以更深刻地对所学内容进行总结，而且可以拓宽学生的知识视野。

【案例】在学习完高中数学必修 4 第一章第一节"任意角和弧度制"中任意角的诱导公式后，教师引导学生作出如下的总结：

把公式中的角都看成锐角，根据"奇变偶不变，符号看象限"的原则来转化。

学生在学习完任意角的诱导公式后，面对如此多的公式便会感到很茫然。此时，教师要及时对学生进行引导，让学生进行理解记忆，这样的总结不仅能及时构建重复、强化记忆，减少遗忘，同时能引导学生养成及时总结的习惯，这种习惯对于学生积累学习经验、提高解题技能也同样很有帮助。

2. 针对性原则

这条原则要求教师在教学结束时的总结要紧扣教学目标、知识结构，抓住教学重点，针对学生实际。学生对所学知识的理解、掌握需要一个内化、同化的过程，教师通过对重难点内容的强调，强化学生对知识的理解和掌握，使所作的总结有利于学生回忆、检索和运用所学的知识。

【案例】在学习完人教版五年级下册第四单元第一节第三课时"分数与除法"中"除法的意义"之后，教师通过提出问题来作出这节课的总结：

①什么叫除法？②除法与乘法的关系是什么？③"0"为什么不能做除数？

然后让学生带着这 3 个问题阅读教材，并要求学生把书上的重点地方画出来，看谁画得又快又好。教师在教室内巡视，及时点拨，启发诱导。最后再点名让学生进行总结。

这种结束方式是在教授新知识后，教师通过提问，有针对性地强调重点内容，不仅能够促进学生对重点知识的理解和记忆，还能培养学生的阅读习惯，使其掌握归纳、小结的方法。

3. 系统性原则

布鲁纳在《教学过程》一书中曾指出："不论我们教什么学科，务必使学生理解该学科的基本结构。"在数学教学中也应使学生对一节、一个单元的结构有所理解，并掌握该结构中知识之间的关联。学生是在展开分析教学内容的过程中学习知识的，但在这一过程中不可能对知识形成系统、明确的认识。因此，当学习过程进行到一个阶段之后，需要通过总结、归纳形成系统的认识。

这条原则要求教师在教学结束时通过精心加工概括出本课的知识结构，深化重要事实、概念和规律，使之形成系统化、简约化和有效化的知识网络，帮助学生对零散的、孤立的知识进行归纳，使学生了解概念、规律的来龙去脉，对所学知识融会贯通。总结不仅仅是对原有问题一丝不差的重复，也不是面面俱到的简化，而是对讲述的数学事实概括得精练体。语言简练、科学实用，使学生印象深刻、领悟所学知识的精髓，使数学认知结构系统化、网络化。

例如，在人教版高中选修 1－1 第二章"圆锥曲线与方程"的复习课中，教师引导学生作出如下的总结：

> 我们至今已经学习完椭圆、双曲线和抛物线这些圆锥曲线，现在由同学们自己总结，请归纳出描述这几种圆锥曲线定义的文字语言和图像语言及其标准方程。（由学生概括，教师板书）

这种总结方式实现了师生间的互动，教师易于了解学生掌握的情况。让学生对前面的具体问题作高度抽象概括，把感性认识上升到理性认识，这样既符合学生的认知心理，又可帮助学生把握学习重点，理清学习思路，有利于培养学生思维的条理性，使学生对课文知识的学习系统化、深刻化，能够让学生及时地进行查漏补缺。

4. 实践性原则

这条原则要求教师在教学结束时要安排恰当的学生实践活动，适当增加与学生的互动，如练习、问答、对话、小结和实验等，既巩固知识，又令学生回味无穷，使学生学有所得、体验成功，从而较为理想地实现教学目标，实现技能的转化。同时也能充分发挥教师的引导作用，调动学生学习的积极性，达到师生间良性的互动。

【案例】在人教版高中数学必修 3 第三章第一节"随机事件的概率"的结尾时，教师作出如下的总结：

教师拿"2、3、4、5、6、7"6张扑克牌，从中任取两张，问：

①两张牌的数字之和有几种可能？（5、6、7、8、9、10、11、12、13）

②针对上述的几种可能结果，让一位同学来任选两张，其他同学猜可能出现的结果，看谁猜中的次数最多。

教师通过设计这样一个有趣的实验来结束课堂，操作性很强，让学生产生了浓厚的兴趣，使学生学有所得、体验成功，而且也对下一次课的内容作了一个很好的铺垫。

5. 迁移性原则

恰当迁移，活学活用。卢梭在《爱弥儿》中说："为了使一个青年能够成为明智的人，就必须培养他有自己的看法，而不能硬是要他采取我们的看法。"正处于信息时代的学生们，早已不再两耳不闻窗外事，他们对新闻、时事、社会焦点都有着浓厚的兴趣。因此，教师在临近课堂教学的尾声时，可结合课堂教学的内容把一些问题进行迁移延伸，逐步引导学生由课内向课外拓展，以开拓学生的思维空间，激发学生的学习兴趣。

这条原则要求教师在教学结束时，要引导学生根据课堂教学的内容，通过联系实际或创设情境，对所学知识进行拓展延伸，使学生形成灵活的学习技巧和能力，让他们对教学内容深思求解，或有所启迪而渐悟其理，进一步启发学生的思维，激发学生的学习兴趣。

例如，在学习完人教版六年级上册第三单元"分数除法"之后，再教授小数、分数四则混合运算，可先从整数四则混合运算的训练入手，再通过情境创设迁移到小数、分数的四则混合运算。

数学是一门逻辑严谨性、系统性很强的学科，前面知识是后面知识的基础，后面知识是前面知识的延伸。在小学数学课堂教学中，教师通过利用学生已有的知识，把前后知识有机地联系起来，使学生顺利地进行知识迁移，对小数、分数四则混合运算的意义和性质理解得更加透彻，从而提高了课堂教学的效果。

6. 适当性原则

这一条原则要求教师所设计的结束内容，需要针对学生有意注意和无意注意的认知特点，以及学生自身的知识结构进行设计。既要控制时间，做到不提前、不拖堂，又要把握小结内容的数量和质量；既全面又突出重点，不可过多地增加学生的负担。

好的教学结束具有理清脉络、巩固知识、强化重点、加深记忆、深化理解、活跃思维、激发及培养兴趣等多方面的积极作用。为了更好地实现结束的功能和作用，在掌握技能实施原则的基础上，在数学课堂上运用结束技能时，还必须遵从以下要求：

（1）留足时间，切忌草草收场，虎头蛇尾。

结束总结要有适量的时间作保障。一般来说，结束总结所用的时间，少则需要 2~3 分钟，多则需要 3~5 分钟。要避免临近课堂的结尾，看到时间不多了，就"紧急刹车"，课上到哪就算哪，草率收尾。既没有梳理总结，也没有回顾练习，更没有让人回味的余地。这样的结束非常仓促，致使整堂课显得虎头蛇尾。也要避免由于课堂教学节奏过快，留给结束的时间过多，以致在总结时信口开河、胡拉乱扯，使课堂黯然失色。

（2）要有吸引力，形式多样，切忌淡而无味。

"教学有法，教无定法"，在数学课堂教学中结束技能的方法是多种多样的。能够灵活地、恰到好处地选用结束方式在课堂教学中是非常重要的。同时，充满情趣的课堂总结能有效地激发学生的学习动机，使学生的身心得到放松，浓厚的学习兴趣得以保持。结束总结应成为学生学习的强心剂，而不能成为催眠剂。切忌在教学过程中出现平淡无奇的结束，这样既达不到启发思维、回味无穷的境界，也容易使学生在平淡中淡忘所学的知识。教师要在有限中追求无限，突破课堂教学的时空局限，让一堂课的结束充满浓郁的色彩，使学生感受到"语已尽而意无穷"的境界，使学生在课后咀嚼回味，展开丰富的联想。

（3）注意结构完整，首尾照应，切忌前后矛盾。

教学是有客观规律可循的。依据教学的客观规律，课堂教学应该是由几个互相联系的环节组成的一个完整统一体。课堂教学结束作为一个不可或缺的重要环节，应充分发挥和考虑自身的作用与地位，注意讲授内容的前后联系，适当地照应开头，使结尾像一条主线，能够将前后零散的知识串联起来，形成完整的知识结构，保证课堂教学结构的完整性。若在结尾总结的时候出现前后矛盾，比如结束与导入提出的问题相矛盾、结束与讲授内容相矛盾、教师所表达的观点与教材观点相矛盾等，这些都会使学生在认知上造成冲突，影响学生对教学内容的正确理解。因此，要尽量避免在结尾的时候出现前后矛盾。

（4）要紧凑有序，控制时间，切忌冷场与拖堂。

课堂教学结束总结的时间很短，教师必须言简意赅，学生活动要精要简练，当课堂总结由于不同原因而出现各种意外的情景时，教师要善于运用教育智慧，因势利导，巧妙地给教学画上一个完美的句号。同时，经过一节课的学习，学生已非常疲劳，如果教师拖堂，容易使学生产生逆反心理。大部分学生不喜欢教师拖堂，甚至怨恨教师拖堂。拖堂是不符合学生心理的，会造成学生思维惰性、心理疲劳等消极影响。因此，在结束总结时切忌拖泥带水，要干净利落。

▌四、类型与方法

一个恰到好处的结束能起到画龙点睛、承上启下、提炼精华乃至发人深省的作用，能给学生留下深刻的印象，加深学生的记忆，激发学生对下一次课学习的欲望，同时也能启发引导学生，让学生的思维进入积极的状态，主动地求索知识的真谛。课堂结束的方法有很多种，教师应根据每堂课的具体教学目标和学生的实际情况等多方面、多角度地活把握。只要做到针对不同的课堂教学类型，根据不同的教学内容和要求，巧妙地运用结束技能，紧扣教材，大胆创新，因势利导，随机应变，精心设计出既具有特色，又富有实效的课堂结束方式，就一定能够收到事半功倍的效果。

1. 趣味结束法

所谓趣味结束法，是指在课堂小结时，把当节所学的重点内容归纳整理成几个有韵律的词语或富有诗意的短句，使学生感到既富有情趣，又简明好记。其特点是简明扼要而又有趣味性。在教学中，当一堂课所讲的知识点比较多且要记的每一个知识点的内容又比较长时，学生运用理解记忆、逻辑记忆等方法往往事倍功半，在这种情况下运用趣味式记忆法就非常必要了。

【案例一】在"一次函数"（人教版八年级下册第十九章第二节）的复习课教学中，教师作出如下课堂总结：

> 一次函数是直线，数形结合是关键，k 值决定增减性，待定系数真方便，长度坐标要对应，灵活应用常检验。

该节课是八年级下册第十九章"一次函数"第二节"一次函数"的第二课时，是一节概念的复习课。在此之前学生已经学习了正比例函数的概念、图像和增减变化规律，以及一次函数的概念、图像和增减变化规律。通过这节课的学习，学生对一次函数的概念、图像和变化规律的认识会更加完整，这对之后进一步研究其他类型的函数具有启示作用。且八年级的学生活泼好动，对于学习比较复杂、烦琐的知识，上课有时难以集中精神，他们往往对简洁、生动的知识比较感兴趣。这样的心理发展水平决定了这个时期的学生在学习活动中，更倾向于教师采用有趣的、自己感兴趣的学习方式进行学习。因此，在教学的结尾时，教师采用这种类似于口诀的总结，简洁明了，朗朗上口，既通过口诀浓缩总结一节课的内容，突出重点知识，抓住这节课的关键，同时又能激发学生的学习兴趣，集中学生的注意力。

【案例二】在"全等三角形"（人教版八年级上册第十二章第一节）的教学中，教师作出下的课堂总结：

（学生手中有一对全等三角形的模具，对于两个全等三角形的对应点、对应边、对应角等基本图形性质的认定学生已经掌握）

师：同学们，你们能不能将手中的两个全等三角形变换成不同的组合图形？

生：可以。

师：现在请同学们自己动手操作，在操作的过程中，指出相应的对应边和对应角。

（在短时间内学生就能将各种不同的组合图形一一摆弄出来）

这节课是八年级上册第十二章"全等三角形"第一节"全等三角形"的第一课时，是一节概念课。在此之前学生已经学习了线段、角、相交线与平行线以及三角形的有关知识。通过这节课的学习，学生更全面地认识全等三角形的概念和性质、全等三角形的对应边和对应角。这些概念是后面判定三角形全等、应用三角形全等证明线段相等或角相等时常用到的概念。所以，这节课要学会根据具体情况，针对两个全等三角形不同的位置关系，准确地找出它们的对应边和对应角。而八年级的学生具有一定的空间想象能力以及观察分析能力，且活泼好动，但对于比较琐碎的知识点不容易掌握牢固。因此，教师通过让学生自己动手操作的方式，在探索全等三角形的过程中发展空间观念，培养几何直觉，感受数学的乐趣，真正让学生做到在玩中学、在做中学，营造一种良好的学习氛围。

【案例三】在"圆的周长"（人教版六年级上册第五单元第二节）的教学中，教师作出如下的课堂总结：

师：用所学的知识，请同学们设计一个方案，来得到操场上的大柳树的半径，你有办法吗？

生1：用尺子量。

师：怎么量？把树砍断量，这样可行吗？

生2：不可以，这样不是破坏生态了吗？

师：提醒一句，我们今天学习了什么？

生：圆的周长。

师：如何算得的呢？

生：……

师：如果知道了周长，你能得到半径吗？老师就提醒大家这些，接下来请同学们在5分钟内制订出方案，然后以小组为单位去操场上实施。

（学生们在提示下想到先测出周长后，用圆的周长公式算出半径）

这节课是六年级上册第五单元"圆"第二节"圆的周长"。在此之前学生已经学习了长方形、正方形等平面图形以及它们的周长、面积计算，也认识了圆这种图形。通过这节课的学习，让学生经历测量、计算、猜测圆的周长和直径的关系、验证猜测等过程，理解并掌握圆的周长的计算方法。这为后面圆的其他性质和几何图形的学习奠定了基础。六年级的学生活泼好问，勤于动手，但是空间观念和运用所学知识解决实际问题的能力相对较弱。因此，教师在这节课的结尾，通过引导学生参与到有趣的实践活动中去，可让学生在实践中来感受"圆的周长"这一公式的应用。新课程标准指出，学生数学学习的过程就是数学活动的过程，学生的数学学习内容应该是现实的、有意义的、具有挑战性的，内容的呈现应该采用不同的表达方式，以满足多样化的学习要求。因此，教师通过有趣的实践活动的方式来结束"圆的周长"这一课时的内容，让学生在做中学，在实践中巩固，不仅能够加强学生对该知识点的掌握程度，更能让学生学会将所学的知识运用到解决生活的实际问题中去。

2. 系统总结法

系统总结法是教师引领学生以准确、简练的语言对课堂讲授的知识进行归纳、概括、总结，梳理讲授内容，理清知识脉络，突出重点和难点，归纳出一般的规律、系统的知识结构等的方法。这是较常用的一种结束方式，它可以在一节课结束时进行，也可以在有联系的几节课结束后进行。这种结束能使内容系统化，以简便的方式纳入学生正在形成的知识结构中，使学生进一步明确学习的主要内容，以便理解和运用所学知识，掌握学习方法。这类结束方式既可以由教师做，也可以由教师引导学生来做，或是师生共同讨论来做。

【案例一】在"解一元一次方程（一）——合并同类项"（人教版七年级上册第三章第二节）的教学中，教师作出如下的课堂总结：

> 师：本节课我们学习了同类项的定义是：所含_____，并且_____也相同的项，叫作同类项。
> 生：所含字母相同，并且相同字母的指数也分别相同的项，叫作同类项。
> 师：如何进行同类项的合并？
> 生：找出同类项，字母不变，系数相加。

年级上册第三章"一元一次方程"第二节"解一元一次方程（一）——合并同类项与移项"。在此之前学生已经学习了用字母表示数以及有理数运算。通过这节课的学习，让学生通过探究的形式，讨论一般同类项的合并，并采用与数进行类比的方式，讨论了利用数的运算律（交换律、结合律、分配律等）将多项式中的同类项进行合并，进一步体现了"数式同性"。这是解一元一次方程的基础知识，也为后面学习分式和根式运算、方程以及函数等知识奠定了基础。七年级的学生活泼聪明，但还是难以快速、准确地区别出同类项，往往会判断错误或漏找同类项。因此，教师经过总结后，通过填空的形式让学生找出同类项的共同点和不同点，以此来训练学生熟练地找出同类项，同时也为整个合并同类项的计算奠定了坚实的基础。

【案例二】在整式中的"多项式"（人教版七年级上册第二章第一节第三课时）的教学中，教师作出如下的课堂总结：

> 师：这节课我们学习了：几个单项式的和叫_____，这个和指的是_____。
> 生：几个单项式的和叫多项式，这个和指的是代数和。
> 师：最高项的次数叫_____。
> 生：最高项的次数叫多项式的次数。
> 师：不含字母的项叫_____。
> 生：不含字母的项叫常数项。

这节课是七年级上册第二章"整式的加减"第一节"整式"的第二课时

"多项式"，是一节概念课，是在学生已经学习了用字母表示数、有理数运算以及单项式的基础上展开的。教材利用几个生活中的实际问题，通过让学生在解决问题中用字母表示数、对式子进行简化等引出多项式的概念，使学生感受到学习这些概念是实际的需要。这是一个重视数学学习与实际生活的联系、从实际情境中抽象出数学概念的过程。多项式的学习也为后面学习整式的加减、一元一次方程等知识奠定了基础。七年级的学生具有一定的概念学习的知识经验，但是，让学生在同一节课同时接触几个概念，学生还是很容易将这几个概念混淆。因此，教师可针对教学内容的重点、难点和关键点对学生教学内容进行归纳总结，让学生学会多项式这一课时中的重点内容，并学会如何判断一个式子是不是多项式，同时也掌握了多项式的次数、系数以及常数项等多个概念，为后面学习整式的其他内容打下基础。系统的总结能起到重现知识、加深印象、形成知识网络结构的作用。

【案例三】在"用综合法证明不等式"（人教版高中数学选修 4 - 5 第二章第二节）的教学中，教师作出如下的课堂总结：

（1）综合法证明不等式的意义。

（2）综合法证明不等式的依据：①已知条件；②不等式的性质；③基本不等式。

这节课是高中数学选修 4 - 5 第二章"讲明不等式的基本方法"第二节"综合法与分析法"第一课时"综合法"。在此之前学生已经学习了不等式的基本性质、基本不等式等相关概念。通过这节课的学习，让学生学习综合法，并利用这种证明方法进一步加深对不等式的认识和理解，这也为更进一步认识不等式以及掌握数学的思想方法奠定了基础。高中的学生具有较好的知识经验和独立概括总结的能力，因此，教师在新课结束后，经过引导，对全课内容作一个概括全貌式的总结，总结大意，强化重点，明确关键，揭示规律，这样的总结可使学生对所学知识形成系统化、网络化的知识结构，明确学习的主要内容，利于学生理解和运用所学知识，掌握学习方法。

3．拓展延伸法

拓展延伸法是指教师在总结归纳所学知识的同时，与其他科目或以后将要学到的内容或生活实际联系起来，把知识向其他方面扩展或延伸的结课方法。此法利于拓宽学生的知识面，激发学生学习、研究新知识的兴趣。

运用要求是思路清晰，表达简洁，留有余地。

【案例一】在"平行四边形的判定"（人教版八年级下册第十八章第一节第二课时）的教学中，教师作出如下的课堂总结：

> 师：这节课我们学习了哪几种平行四边形的判定方法？
>
> 生：①根据定义；②根据对边；③根据对角线。
>
> 师：如果一个四边形有两组对角相等，那么这个四边形是否为平行四边形？

这节课是八年级下册第十八章"平行四边形"第一节"平行四边形"第二课时"平行四边形的判定"，是初中数学几何部分十分重要的一节内容。它既是对前面所学的全等三角形和平行四边形性质的一个回顾和延伸，又是以后学习特殊平行四边形的基础。同时，它还进一步培养了学生简单的推理能力和图形迁移能力，更通过平行四边形和三角形之间的相互转化渗透了化归思想。八年级的学生思维比较活跃，想象能力较强，但还需要教师加以引导。因此，教师在这节课的课堂总结，首先是从平行四边形的边和对角线角度对这节课的教学内容进行梳理和总结，然后从对角的角度让学生去思考，便于学生进一步思考，激发学生探究的欲望。

【案例二】在"除数是两位数的除法"（人教版四年级上册第六单元第二节）的教学中，教师作出如下的课堂总结：

> 师：我们这节课学习了两位数的除法法则，我们一起来回忆一下，都有哪些法则？
>
> 生：①从被除数的高位除起，除到哪一位，商就写在哪一位上；②每次除得的余数必须比除数小；③投影显示法则。
>
> 师：很好，那如果除数是三位、四位的，又应该怎么计算？还适不适用以上的法则呢？

这节课是四年级上册第六单元"除数是两位数的除法"第二节"笔算除法"。这节课是小学阶段整数除法学习的最后阶段，也是学生学习整数除法的关键阶段，它是在学生学习了除数是一位数的除法、三位数乘两位数的基础上进行教学的，具有承前启后的作用。这节课让学生在观察、讨论、对比、交流的基础上，以文本的形式呈现计算法则，让学生填出关键步骤，使学生明确计算步骤。学生在此之前接触的都是简单的计算，"三位数除以两位数"对于四年级学生来说，是计算学习的一次飞跃。因此，教师在这节课总结的时候，引导学生强调重要的概念，形成知识网络，使学生对所学知识更加清晰、明确、系统，既巩固旧知识，同时也迁移新知识，做到承前启后，发展学生的思维，为之后讲授新课创造教学情境并埋下伏笔，诱发学生超前学习的积极性和主动性。

4. 比较法

比较法是教师对教学内容采用辨析、比较、讨论等方式结束课堂教学的方法，意在引导学生对新学概念与原有认知结构中的类似概念或对立概念进行分析、比较，既找出它们各自的本质特征，又明确它们之间的内在联系和异同点，使学生对内容的理解更加准确、深刻，记忆更加牢固、清晰。

【案例一】在"有理数中的相反数"（人教版七年级上册第一章第二节第三课时）的教学中，教师作出如下的课堂总结：

师：今天我们学习了相反数的概念，它与倒数之间有什么区别呢？现在请同学们跟老师一起来完成下面的这个表格：

名称		相反数	倒数
定义		只有符号不同的两个数互为相反数	乘积是 1 的两个数互为倒数
一般形式		a 与 $-a$	a 与 $\dfrac{1}{a}$ $(a \neq 0)$
相同点		两数的相互关系	两数的相互关系
易混点		符号相反	分子、分母相反
不同点	符号	异号	同号
	特例	0 的相反数是 0	0 没有倒数
	运算性质	绝对值相等，和为 0，商为 -1（0 除外）	积为 1

这节课是七年级上册第一章"有理数"第二节"有理数"第三课时"相反数"，是一节概念课。这节课是在学生已经掌握正数、负数和数轴的有关知识的基础上进行的，重点要掌握如何借助数轴理解互为相反数的意义，掌握什么样的数叫互为相反数，怎样确定一个数的相反数等。七年级

的学生比较好动，对于两个相近的概念常常因为粗心而忽视某些细节，导致混淆相反数和倒数的概念。因此，教师在课堂结束时，通过师生共同分析讨论，进一步总结、归纳并比较相反数和倒数的定义、一般形式、相同点、易混点、不同点等多方面的内容。通过表格形式进行比较，让学生简洁明了地认识相反数与倒数之间的区别与联系，学会理性思考，能够深刻理解相反数的相关知识。

【案例二】在"同底数幂的乘法"（人教版八年级上册第十四章第一节第一课时）的教学中，教师作出如下的课堂总结：

师：学习完同底数幂的乘法，它和我们初一学的合并同类项的区别在哪呢？现在看看同学们能不能把这个表填完整？

	合并同类项	同底数幂乘法
条件	底数相同，指数相同	底数相同
结论	底数、指数都不变，系数相加	底数不变，指数相加
表达式	$a^m + a^m = 2a^m$	$a^m \times a^n = a^{m+n}$
用途	整式的加减	整式的乘法

这节课是八年级上册第十四章"整式的乘法与因式分解"第一节"整式的乘法"第一课时"同底数幂的乘法"，是在学生已经学习了有理数运算、列简单的代数式、一次方程及不等式、整式的加减运算等知识的基础上进行的，是基本而重要的代数初步知识。这些知识是之后学习分式和根式运算、函数等知识的基础，在后续的数学学习中具有重要意义。同时，这些知识也是学习物理、化学等学科及其他科学技术不可缺少的数学基础知识。八年级的学生对新学的知识还处于一知半解的时候，容易将之前所学的知识套在新知识上。因此，教师在"同底数幂的乘法"这一课时的课堂总结上，将其与初一学习过的合并同类项放在一起，比较两者的条件、结论、表达式和用途，循序渐进地给学生总结教学内容，让学生对学过的内容和新学的内容有更加清晰的理解，符合现阶段学生的认知水平。

5. 悬念启下法

叶圣陶曾说："结尾是文章完了的地方，但结尾最忌的却是真个完了。"所以一堂有品位的好课，不应是学生学习的结束，而应是把结束作为一种新的开始。

悬念启下法是在课结束时，教师选择时机设置悬念，引发学生探究欲望的方法。知识点总是有一定的连贯性，前后几节内容前呼后应，连成一体。因此，对于下一节课的内容，在这节课的结尾提出，采用巧设悬念的方法，在扣人心弦处戛然而止，不仅能收到"欲知后事如何，且听下回分解"的艺术效果，同时也能使学生产生继续探究的强烈愿望，为后续教学奠定良好的基础。

【案例一】在"解一元二次方程"的习题课（人教版九年级上册第二十一章第二节）的教学中，教师作出如下的课堂总结：

> 师：前面我们所学的一元二次方程，其根的情况有哪些？
>
> 生：有三种情况：有不相等的两个实根，有相等的两实根，没有实根。
>
> 师：大家仔细分析一下，有没有根或有什么样的根，主要与什么有关呢？
>
> （学生开始思考、议论，讨论慢慢地集中到了 b^2-4ac）
>
> 师：在不解方程的前提下，同学们能判定一个一元二次方程根的情况吗？请总结其规律，下节课交流。

这节课是九年级上册第二十一章"一元二次方程"第二节"解一元二次方程"，是一节复习习题课。这节课是在学生已经掌握了一元二次方程的定义、一般形式等相关概念以及会初步解一元二次方程的基础上进行的，是学会利用方程解决实际问题的基础，同时是解决诸多实际问题的需要，为勾股定理、相似等知识提供运算工具，也是学习二次函数的基础。九年级的学生具有好奇求知的心理，为了符合该阶段学生的认知水平，教师在这节课的最后做这样的教学设计，目的是为下节课学习根的判别式埋下伏笔，引导学生在课后学会对知识进行预习探究，激发学生的求知欲，引发学生继续往下学习的动机。

【案例二】在"椭圆的标准方程"（人教版高中数学选修1—1第二章第一节第一课时）的教学中，教师作出如下的课堂总结：

师：现在我们来看一组彗星图片，大家回去通过上网或到图书馆查阅有关彗星的资料并试着回答：为什么有的彗星经过若干年后能够再次光临地球，而有的彗星却和地球只有一面之缘呢？请同学们课后思考。

这节课是人教版高中数学选修1-1第二章"圆锥曲线与方程"第一节"椭圆"第一课时"椭圆的标准方程"。这节课是在学生已经学习了直线和圆的方程，并初步学习了求曲线方程的一般方法和步骤的基础上进行的，它是进一步研究椭圆几何性质的基础；同时它也为进一步研究双曲线、抛物线提供了基本模式和理论基础。该年龄段的学生具有一定的空间想象能力和自主探究学习的能力。因此，教师在这节课的最后做这样的教学设计，是为了通过引出问题，让学生自己找资料来寻找答案，不仅将学习内容进行适当的拓展，培养学生自主学习的能力，同时也造成了一种悬念，引起学生的好奇心，激发学生自己去探索新问题的欲望，为下一堂课的学习埋下了伏笔。

【案例三】在"分数的意义"（人教版五年级下册第四单元第一节）的教学中，教师作出如下的课堂总结：

在讲完"分数的意义"后，让学生先用橡皮条在长方形钉子板上框出24 等分，找出其中的18 份用分数表示为：$\frac{18}{24}$（如图11-1）；接着，拿出竖向的两条橡皮筋，这时，原来的18 份变成占整个长方形的$\frac{6}{8}$（如图11-2）；再拿去横向的4 条，变成整个长方形的$\frac{3}{4}$（如图11-3）。

师：这里的分数$\frac{18}{24}$、$\frac{6}{8}$、$\frac{3}{4}$表示的大小为什么一样？请同学们课后思考。

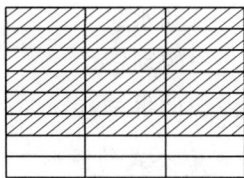 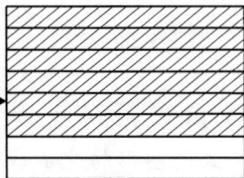 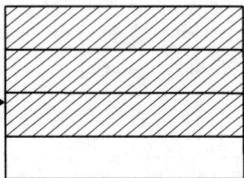

图11-1　　　　　　　图11-2　　　　　　　图11-3

这节课是人教版五年级下册第四章"分数的意义和性质"第一节"分数的意义"。在此之前学生已经学习了整数和小数等相关知识,对分数有初步的认识,能够对简单的分数进行大小比较和同分母加减。这节课所学的知识是小学数学教学的重要内容,也是进一步学习数学和其他学科所必需的基础知识。通过这节课的学习,给学生积累一些感性知识,并引导学生由感性认识上升到理性认识,概括出分数的意义,比较完整地从分数的产生、分数与除法的关系等方面加深对分数意义的理解。数学知识前后总是紧密联系的,对于小学生而言,分数比较抽象,学生在实际生活中遇到分数也比较少,理解和掌握是比较困难的。因此,本案例中教师在课堂总结的时候,通过动手操作,让学生更加直观地认识分数,掌握分数的意义,同时也有意识地联系下一节课的知识内容,将学习的内容进行适当的拓展,引而不发,以旧引新,唤起学生的好奇心,从而引起学生期待的心理,激发学生探索新问题的欲望,为下节课的学习内容埋下伏笔。

6. 提问法

提问法是在课堂结束时,教师围绕着教学内容进行口头提问,让学生回答,然后教师或其他学生再根据回答的情况进行必要的修正和补充的方法。需要指出的是,口头提问必须针对要点、难点和关键点,切忌跑题。教师在提问的过程中,要以发展学生的智能为重心,激发学生的积极思维,培养学生的综合概括能力、语言表达能力,以及发现疑点和问题的能力,并逐步把这些问题由感性认识提高到理性知识,牢固地掌握知识点。

【案例一】在"平行四边形面积的计算"(人教版五年级上册第六单元第一节)的教学中,教师作出如下的课堂总结:

师:今天我们学习了平行四边形面积的计算,我们是用什么方法求出它的面积公式的?

生:先把平行四边形变成长方形,再根据长方形的面积公式来求平行四边形的面积公式。

师:这种方法叫什么呢?

生:割补法。

师:我们经常会遇到新的图形,想求它的面积,就可以用这种"割"、"补"的方法,把未知面积公式的图形转化成我们知道面积公式的图形,来求它的面积公式。

这节课是人教版五年级上册第六单元"多边形的面积"第一课时"平行四边形的面积"。这节课是在学生已经掌握并能灵活运用长方形、正方形面积计算公式，理解平行四边形特征的基础上进行教学的。这部分知识的学习、运用会为学生学习后面的三角形、梯形等平面图形的面积奠定良好的基础。通过这节课的学习让学生经历知识的探索过程，使学生不仅掌握面积计算的方法，更参与面积计算公式的推导过程，并在操作中积累基本的数学思想方法和活动经验，完成对新知识的建构。该年龄段的学生具有一定的独立思考和自主探索的能力，因此，教师在这节课的总结上，通过提问的方法，一步一步地引导学生总结出求平行四边形面积的方法——割补法，并对割补法的用法进行补充，进一步引导学生系统地形成以割补法求面积的知识体系，发展学生的思维，使学生能够牢固地掌握平行四边形面积的相关知识。

【案例二】在"分解质因数"（人教版五年级下册第二单元第三节第二课时）30＝2×3×5 的教学中，教师给出如下的课堂总结：

师：什么叫质因数？质数与因数有什么区别？

生：（经过思考讨论后）每个合数都可以写成几个质数相乘的形式，其中每个质数都是这个合数的因数，叫作这个合数的质因数。30 这个合数就可以写成质数 2×3×5 的形式，而质数 2、3、5 都是合数 30 的因数，叫作30 的质因数。

师：什么叫分解质因数？分解质因数通常按哪几步进行？

生：（经过思考讨论后）在分解质因数时，先用能整除这个合数的质数去除，如果商是合数，就用能整除这个合数的质数继续除下去，直到商是质数为止，把各除数和最后的商连起来。要注意的是，每个除数都必须是质数，并且要从最小的质数开始。

这节课是人教版五年级下册第二单元"因数与倍数"第三节"质数和合数"第二课时"分解质因数"。这节课是在学生已经掌握了因数和倍数的意义，了解了 2、5、3 倍数的特征，质数和合数的意义之后学习的又一重要内容。它是学生学习求最大公因数和最小公倍数的基础，在该章教学内容中起着承前启后的重要作用。通过这节课的学习，教师在其中扮演着活动前的策划者、活动中的引导者和合作者、疑难处的参与者和研究者的角色，通过搭建一架无形的"梯子"，让学生在自主探究中拾级而上。由于该年龄段的学生具有一定的自主思考能力，但归纳总结的能力相对较弱，因此，在这节课的总结部分，教师采用提问的方式，使学生逐步掌握质因数、分解质因数的概念，并且归纳出分解质因数的步骤，总结出所有的合数的分解质因数的方式都是一样的，让学生理解透彻、印象深刻、记忆牢固，更重要的是培养和锻炼了学生比较、抽象、概括等思维能力及探究精神。

▎五、章后语

课堂结束虽只是一整节课堂教学的冰山一角，却是不可缺少的重要环节。结课的方法虽然很多，但归纳起来主要有两类，即封闭型结课和开放型结课。封闭型结课的目的是巩固学生所学的知识，把学生的注意力集中到课程的要点上，这种方法是对教学内容的归纳总结，对结论和要点的进一步明确与强调，并尽可能地引出新问题，把学生学到的知识应用到解决新问题中去。开放型结课是在一个与其他学科、生活现象或后续课程联系比较密切的教学内容完成后，不仅限于对教学内容要点的复习巩固，还把所学的知识向其他方面延伸，以拓宽学生的知识面，引起学生更浓厚的学习兴趣，或把前后知识联系起来，使学生的知识系统化的结课类型。总之，课堂结束应该是新颖、灵活、多变的，一个具有特色和富有实效的课堂总结，可以成为精彩的课堂教学的点睛之笔，为课堂教学画上完美的句号。

以下是优化数学教学结束技能的策略：

1. 结束要注意做到水到渠成、自然妥帖

课堂教学结束是一堂课发展的必然结果，是外在客观时间与教学内容内在发展同时结束时所需要的教学行为。因此，教师在课堂教学时，要严格按照课前设计的教学计划，根据教学时间与教学的逻辑发展由前而后顺利地进行，力求做到有目的地调节课堂教学的节奏，使课堂的结束水到渠成、自然妥帖。要避免课堂教学节奏过快，生拉硬套地结课。这样会严重影响课堂教学结构的完整性，妨碍课堂教学结束应发挥的作用。同时也要避免太晚结课，出现拖堂的现象。要按时下课，否则学生失去耐心，设计得再好的结束也不愿听，还会影响良好思维效能的发挥和下节课的学习效果。

2. 结束要注意做到结构完整、首尾照应

教学是有客观规律可循的。根据教学的客观规律，课堂教学应该是由几个互相联系的环节组成的一个完整的统一体。课堂的结束作为课堂教学中一个不可或缺的重要环节，要注意前后知识间的联系，首尾照应，使结束语和前面的教学内容保持脉络贯通，保证教学结构的完整性。要做到结束过程与导入过程首尾呼应，前后一致，尽可能使结束的语言犹如一条线，

引领学生将之前零散的知识串联起来，形成完整的知识结构，使整节课浑然一体，切忌出现有头无尾、头大尾小或头小尾大的现象。同时也要避免乱设悬念，扰乱学生的思维。如果在导入时提出的问题，在教学过程中没有明确地给出回答，就应该在结束时加以讨论，使之明确。

3. 结束要注意做到语言精练、紧扣中心

课堂的结束要简洁明快、干净利落。结束的语言不可拖泥带水，一定要少而精，概括性极强，紧扣本节课的教学中心，形成知识网络结构，使其起到总结全课、首尾呼应、突出重点、提炼主题、提升认识、升华情感的作用。"没有结束语的结尾贫乏无力，可是没完没了的结尾则令人生畏。"课堂的结束过程在一节课中所占时间较短，因此，教师在总结归纳部分，要简明扼要，紧扣教学目标，以精练的语言提示知识结构和重点，不能只是简单地重复一遍黑板上的大小标题，而是对重点、要点进行升华，使学生对课堂所学的知识有一个完整而主题又鲜明的认识。

4. 结束要注意做到内外沟通、立疑开拓

在学校教学中，课堂教学只是教学的基本形式，而不是唯一的组织形式。为了充分发挥各种教学组织形式在培养学生中的协同作用，课堂的结束要有意识地对一些内容进行拓展延伸，不能只局限于课堂本身。让课堂的结束既成为课堂学习的指导，也成为课外学习的指导，沟通课内与课外，指导学生进行拓展，进一步启发学生思维，把学生引导到更广阔的生活世界、知识世界里去学习，从而拓宽学生的知识面，增强学生的各种能力，给学生留有思考的余地与活动的空间。

总之，结尾无定法，妙在巧用中。绝妙精彩的结尾是教学内容与艺术形式的完美结合。课堂就好比是一所房子，而教师就是引路人，要善于把学生引进门，不让他们感到有一丝被动的压力；同时教师也是留客者，要使学生久久不肯离去，即使最终要离开也是被动而不是自愿的。因此，结束技能运用得当，不仅可以归结全篇、深化主题，而且可以使学生展开联想与想象的翅膀，收到扣人心弦、引人入胜的效果。每一位教师应从实际的教学出发，重视对课堂结束技能的学习和研究，自如地运用和创造课堂的结束方式，并努力成为驾驭课堂的高手。

第十二章 一种教学、教研改革的手段
—— 谈数学教学说课技能的运用与提升

说课，最早由河南省新乡市红旗区教研室于 1987 年提出来。当时教研室的教研员到一个偏僻的山区学校听课，因车辆故障耽误了时间，到学校时学生已经放学了，只能叫原来的上课教师把所上的课"说"给大家听，这就是最早的"说课"。后来，随着教育教学改革的深入，说课慢慢地演变为一种教研活动，受到各级教育行政部门、教研部门、中小学校以及高等师范院校的青睐。实践证明，说课活动有效地调动了教师投身教学改革、学习教育理论、钻研课堂教学的积极性，是提高教师素质，培养研究型、学者型教师的最好途径之一。

▌一、概 念

关于说课，目前缺乏统一、权威的界定。但综合起来，有以下共识，即说课是指教师以教育教学理论为指导，在认真备课的基础上，面对同行、教研人员或专家，采用有关教辅手段，系统地解说自己对某节内容的理解和教学设计观点，并阐述准备采用的教学方法、策略，特别是突出重点、克服难点的总体设想及其理论依据，然后由听者评析，达到互相交流、共同提高的目的。说得简单点，说课其实就是"说说怎么教"、"为什么要这样教"。

可以这么认为，说课是介于备课和上课之间的一种教学研究活动，是对备课的一种深化和检验，使之理性化，也是对上课的一种更为严密的科学准备。

由于说课的目的不同，说课可以是课前说，也可以是课后说。前者主要关注教学设计中的思想方法和策略手段，后者则要关注教学设计所引起的教学效果，并对其原因加以探讨和反思。应聘面试说课以及师范生说课比赛主要以前者为主。

▌二、特 点

1. 从说课目的看，说课融交流与研究于一体

说课是一种集思广益的活动，无论是说课者还是听说者，都会对相关的说课内容深入思考，切磋教学技艺、交流教学经验，从而达到提高课堂教学效率、促进教学研究的目的。

2. 从组成上看，说课由解说与评说两部分组成

其中，解说是重点，主要阐明执教者教什么、怎么教、为什么这样教以及这样教的理论依据等问题；评述则是针对解说而进行的评议、交流和研讨。当然，在一些说课比赛中，评述更多地表现为答辩的形式。

3. 从教学设计看，要做到实践与理论相结合

说课不但要展示教学设计，并且要依据教育教学理论表明设计意图；不但要阐述采用了什么教学方法，并且要深入分析学生以及教学内容，依据学生年龄心理特征和教学实际说明为什么采用这种教学方法等。

4. 从操作方面看，说课过程简易、操作性强

上课、听课等教学教研活动都要受时间和场地等限制。说课则不同，说课不受时间、地点、人数和教学进度的限制。另外，说课的内容及其要求要明确、具体、规范而且可操作。说课在教学中最能体现教师对教学理论的应用，是一种简单易懂的带有普遍意义的教研活动。说课时间一般是10～20分钟。

5. 从表达形式看，以口头语言为主，其他手段为辅

说课就是教师针对某一具体课题，口头表述其教学设想及其理论依据，因此说课主要以口头语言为主。当然，为使说课更有效果，除口头表达外，还需要其他辅助手段，如实物展示、计算机等。

三、功　能

1. 有利于提高教研活动的实效

以往的教研活动一般都停留在上几节课，再请几个人评评课。上课的教师处在一种完全被动的地位，听课的教师也不一定能理解授课教师的意图，导致教研实效低下。通过说课，让授课教师说说自己教学的意图，说说自己处理教材的方法和目的，让听课教师更加明白应该怎样去教，为什么要这样教，从而使教研的主题更明确、重点更突出，提高了教研活动的实效。

2. 有利于提高教师备课的质量

为提高教学效果，教师必须认真备课，但是有调查表明，许多教师都只是简单地备怎样教，很少有人会去想为什么要这样备，备课缺乏理论依据，导致备课质量不高。而通过说课活动，可以引导教师思考为什么要这样教学，这就能从根本上提高教师备课的质量。

3. 有利于提高课堂教学的效率

完整的说课，不但要求深入钻研教材、课程标准和深入分析学生的基本学情，还要求综合考虑教材、学情、课标设计、教学重点和难点等教学的各个环节，并要求说清楚各个教学环节设计的意图。所以，教师通过说课，可以让自己的教学更具有系统性、科学性和针对性，从而克服传统教学的随意性和经验性，提高课堂教学的效率。

4. 有利于提高教师的自身素质

一方面，说课要求教师具备一定的理论素养，这就促使教师不断地去学习教育教学理论，提高自己的理论水平。另一方面，说课要求教师用语言把自己的教学思路及设想表达出来，这就在无形中提高了教师的组织能力和表达能力，提高了教师的素质。

由于说课特有的积极意义，使得说课越来越得到中小学校、地方教育部门以及高等师范院校的重视。说课因此也成了教研活动、教师资格证考试和教师招聘考试中重要的环节。

▌ 四、应用原则

1. 区别性原则

说课与上课密切相连，两者都围绕着同一个教学课题，从中都可以展示教师的课堂教学艺术，都能反映教师语言、教态、板书等教学基本功。一般来说，从教师说课的表现可以预见教师上课的神情，从说课的成功可以预见其上课的成功。但说课与上课各有特点，两者不能混为一谈。

要求不同。上课主要解决教什么、怎么教的问题；说课则不仅解决教什么、怎么教的问题，而且还要说明"为什么这样教"。

对象不同。上课是课堂上教师与学生间的双边教学活动；说课是课堂外教师同行间的教研活动。上课的对象是学生，说课的对象是具有一定教学研究水平的领导和同行。

评价标准不同。上课的评价标准虽也看重教师对课堂教学方案的实施能力，但更看重课堂教学的效果，看重学生实际接受新知识、发展智能的情况；说课重在评价教师掌握教材、设计教学方案、应用教学理论以及展示教学基本功等方面。因此，只有明确说课与上课的区别，才能使说课更规范、有的放矢。

2. 理论性原则

说课的核心在于说理，在于说清"为什么这样教"。这就要求在各个教学环节、教学活动的设计中，说课者需要阐述设计意图，让听评者不但知道你"教什么"，更知道你"为什么这么教"。而那些没有理论指导的教学，只知道做什么，不了解为什么这样做，永远是经验型的教学，只能是高耗低效。因此，说课者必须认真学习教育教学理论，主动接受教育教学改革的新信息、新成果，并将其运用到说课之中。

但是，说课的内容必须客观真实、科学合理，不能故弄玄虚、生搬硬套一些教育教学理论的专业术语。要真实地反映自己是怎样做的，为什么这样做。哪怕是不科学、不完整的做法和想法，也要如实地说出来，以引起听者的思考，通过相互切磋，形成共识，进而完善说者的教学设计。

3. 准确性原则

准确性原则是说课应遵循的基本原则，是说课质量的基础。首先，说课应做到说课内容完整、系统、正确，且说教材、说目标、说教法、说教学过程等必要环节一般不能缺失。再者，教材分析要求准确透彻，重难点正确无误，教学目标明确、准确，教法安排合理，述说教学过程不能出现知识性错误。

4. 辅助性原则

有的教师在说课过程中，既无说课文字稿，也没有运用任何辅助手段。由于说课有一定的时间要求，所以只见讲者心急如焚"超速行驶"地说，而听者云里雾里跟不上，这样的说课难以达到预期的效果和目的。更有甚者，明明说自己动脑筋设计了多媒体课件来辅助教学，但在说课过程中，始终不见踪影。所以，说课教师需要运用一定的辅助手段，如多媒体课件的制作、实物投影仪、说课文字稿等，在有限的时间里向同行及评委们说清楚课、说好课。

5. 表达性原则

口头表达是说课的主要表达方式。说课时间短、内容多，如何在有限的时间有效、完整地完成说课，语言表达能力尤其重要。第一，说课时应注意沉稳冷静，精神饱满，举止大方得体；第二，吐字清晰，语气平和，语速适中；第三，注意声调抑扬顿挫，有声有色，灵活多变；第四，表达简练干脆，详略得当，要做到说主不说次、说大不说小、说精不说粗、说难不说易，要坚持有话则长、无话则短；第五，注意无声语言的恰当运用，教态要标准，肢体语言要恰当，要面带微笑，眼神不时和听评者交流。

总之，说课的十几分钟内，应调动一切可以调动的因素，包括自己的体势、手势、表情、眼神、语调等，说课才能生动活泼、风趣幽默、富有感染力，也才能引起听评者的共鸣。

6. 准备性原则

说课的效果直接反映着说课者对教材的理解程度。对教材理解越深刻，说课内容将越充实、全面，反之就只能是蜻蜓点水、触及皮毛。因此，在说课前，应精心查阅、搜集、选用相关说课教学资源并深入研究。一般来说，数学课程标准的教学要求、教参对教学内容的分析、知识背景材料、数学问题、教具模型、多媒体课件等，都是必备的案头资料。

7. 针对性原则

针对性原则是指说课应按照说课评价表中的各项展开说课。教学学科的说课作为一种教研活动，主要以《数学课程标准》为基本依据，重在对"教什么"、"怎么教"、"为什么这样教"进行科学评价，评价细则反映在数学说课评价标准。说课者只有理解并按评价标准的要求说课，才能有的放矢，从而达到良好的效果。

8. 创新性原则

说课重在互相交流，共同提高。尽管说课有一定方法可循，但不能囿于成规，应防止教条式的倾向。说课者要注意突出自己的教学个性和创新精神，防止生搬硬套、"克隆"别人的说课方法和内容。当然，也不能一味强调创新，全盘否定一些已被实践证明的颇有生命力的思想方法。要在借鉴已有的优秀成果的基础上，结合教学内容以及学生、教学环境等要素的实际情况，开拓创新，才能有特色、高质量地完成说课。对于严重缺乏教学经验的师范生而言，借鉴并创新应用已有的优秀成果显得尤为重要。

五、内 容

一般来说，说课主要包括说教材、说学生、说教法、说教学过程四个方面。

1. 说教材

说教材，就是说课者在认真研读课程标准和教材的基础上，简析说课课题，系统地阐述课题的教学内容以及教学内容在教学单元乃至整个教材中的地位和作用；围绕课程标准对课题内容的要求，将三维目标化解到具体的教学环节；确定教学的重点、难点、关键点以及课时的安排等。

(1) 简析说课课题。

主要是简要说明本次说课的内容来自哪一个学科、哪一册、哪一章、哪一节等，这有助于同行或专家快速了解相关内容。

【案例】"同角三角函数的基本关系式"：

> 我说课的内容是同角三角函数的基本关系式的教学，用的教材是人民教育出版社出版的全日制普通高中课程标准试验教科书必修 4 的第一章"三角函数"§1.2.2 的同角三角函数的基本关系式（第 8~20 页），该课时主要学习三个同角三角函数基本关系式及恒等变形，并利用其求值。

（2）**剖析教材的地位和作用。**

任何一门课程的教材，从其知识内容到编排形式，都会构成一个系统。要说出对教材的整体把握，就需要明确本课题或章节内容在整个学段和年级的教材系统中所处的位置及其作用。只有明确了这一点，才能在教学中重视前后知识的内在联系，准确地认定教材的重点和难点，从而提高课堂教学效率。因此，教师应根据课程标准的要求，在认真阅读、钻研教材及充分备课的基础上，说出教学课题所涉及的数学知识的特点、地位及其作用。

【案例】"同角三角函数的基本关系式"：

> 从教学内容角度看：承上启下，是三角函数的核心知识；是求值、化简、证明等三角函数变换问题的基础知识，又是培养学生观察、归纳、发现及逻辑思维能力和探索、创新与批判精神的良好素材。
>
> 从教材编写角度看：公式由八个减为三个（减负），与旧教材相比，新教材内容大变革。
>
> 从美学欣赏角度看：三个"代表"，一首"绝唱"。

（3）**说教学目标。**

教学目标体现着教学的方向，预示着教学应达到的目的。教学目标主要体现在三个维度，也称三维教学目标，分别是"知识与技能"、"过程与方法"、"情感态度与价值观"。确定教学目标的依据，一是课程标准的规定，二是单元章节的要求，三是课时教学的任务，四是教学对象的实际。要把这四点结合在一起通盘考虑，来确定教学的起点和终点。

一般地，三维目标的描述，力求准确、具体，具有可观察性、可操作性和可评价性。为此，需要注意以下要求：

①知识与技能目标要具体详细。对于知识掌握层次，主要分为了解、识记、理解、掌握、应用五个层次。譬如，概念、原理的理解，不能只空洞地写理解什么概念，而要写出理解的具体内容。对于技能的运用，需要按照运用的层次来写，如一般练习、熟练操作、灵活运用等；在写数学能力时，要具体说明发展了什么数学能力，如逻辑推理能力、空间想象能力、计算能力、创新能力等。

②过程与方法目标要抓六个方面。传统教学是"重操作，轻理解；重知识，轻思想；重结论，轻过程"，而数学新课程则十分强调过程教学。过

程与方法目标反映了过程教学的理念，强调要从数学思想、数学能力、数学思维、数学意识、问题解决、活动经验这六个方面去考虑书写，要写出具体思想及其内容、能力、思维内容、意识、问题解决中的内容和过程。

③情感态度与价值观目标要抓小放大。情感态度价值观的目标促使学生形成良好的价值观与良好的个性。应具体着重考虑学习兴趣、学习情感、学习体验等几个方面。情感态度价值观属于内隐的心理结构，不是明确知识，无法通过传授而直接获得，学生必须通过过程学习间接获得。在教学设计时，要以知识技能为基础，以过程方法为途径，在引导学生学习数学的过程中，形成良好的情感态度与价值观。在写情感态度价值观目标时，要多写当期的、微观的具体内容的感受、体会、喜好，少写远期的、宏观的信念、价值观。

【案例】"同角三角函数的基本关系式"：

（一）知识与技能
（1）掌握同角三角函数基本关系式及恒等变形，并利用其求值。
（2）掌握特殊与一般、函数与方程、分类与整合及化归与转化的数学思想。
（二）过程与方法
（1）让学生体验观察、探究、发现、分析、归纳得出数学规律的学习过程，渗透认识是由具体到抽象的辩证唯物主义思想。
（2）引发学生学习数学的兴趣，提高学生的表达、交流等数学能力，优化学生的思维品质。
（三）情感与态度
（1）培养学生乐于探索、勇于发现、敢于创新的科学精神。
（2）创造（鲜活的）数学，享受数学（的快乐），以美启真。

（4）说教学重点、难点。
确立教学重点、难点是教学设计的一个关键，也是说课活动必须阐述的一个内容。要确定重点、难点，就必须搞清什么知识是重点，分析学习难点是如何形成的。
教学重点是指有共性、有重要价值（包括认知价值、迁移价值和情意价值）的内容，在教材中贯穿全局、带动全局，起核心作用，并由教材本身所处的地位和作用来决定。从数学学科来看，教学重点知识主要包含了核心知识（基本概念、基本原理）、核心能力（抽象思维能力、逻辑推理与判断能力、空间想象能力、数学建模能力、数学运算能力、数据处理与数值计算能力、数学语言与符号表达能力等）、核心数学思想（数形结合思想、方程与函数思想、建模思想、分类讨论思想、化归与转化思想等）等。这些内容的学习不仅有利于知识本身的系统化，而且还有利于学生能力、水平的提升。

教学难点就是学生难以理解和掌握的内容。学习难点如何形成？一般说来，主要有以下几个方面：①学生没有知识基础或者知识基础很薄弱；②学生原有的经验是错误的；③内容学习需要转换思维视角；④内容抽象、过程复杂、综合性强。具有上述一个或多个特点的内容，都可能成为教学难点。在寻找教学难点时，要统筹考虑知识本身以及学生的实际情况。

值得注意的是，在说教学重点和难点时，需要指出突破难点的关键。所谓关键，就是理解、掌握某一部分知识或解决某一个问题的突破口，它是攻克重点、突破难点之所在，往往起转折点的作用。

【案例】"同角三角函数的基本关系式"：

教学重点：公式探究、发现、构建、证明及运用。

教学难点：公式的建立与灵活运用；分类与整合。

关键：凡是学生想得到、说得出、需要动手实践的就让学生去想、去说、去实践；题组训练，交流讨论，促成"顿悟"。

2. 说学生

学生是教学活动的主体。教学的本质和根本目的是让学生健全发展。美国著名认知教育心理学家奥苏伯尔在其名著《教育心理学》的扉页中写道："如果我不得不将教育心理学还原为一条原理的话，我将会说，影响学习的最重要的因素是学生已经知道了什么，我们应当根据学生原有的知识状况去进行教学。"教师对学生的认识和对学生具体情况的把握，是做好教学工作的重要前提。对学生分析得越准确、透彻、具体，教学活动就会安排得越恰当，课堂教学的气氛就越好，教学的效益就越高。这就要求在说课时必须说清楚学生的基本学情，具体要求有：

（1）说学生的知识与技能。

知识、技能是指学生对学习新内容所具有的基本的、前提性的知识与技能，这是学生进入新的学习的基础，是教学活动的基本立足点。教师应在深入分析教材的基础上，力求准确把握学生已储备的相关知识和能力，才能有的放矢地设计出有效的教学方案。

（2）**说学生的能力。**

学生的能力主要包括观察判断能力、思维能力、知识迁移能力、知识运用能力、实践能力等，对学生能力的培养是教学的重要目标。同时，学生的能力也是教学活动得以开展的重要因素与资源。正确、准确地分析学生的能力，既是正确、准确地设计教学目标的前提，也是设计好教学活动的前提。

（3）**说学生的学习态度与学习风格。**

学生的心理、身体和智力上的差异以及由此形成的学习态度和学习风格等，对教学效果有着重要影响。说课时，说课者应交代所教班级学生的实际情况（包括学生的心理特征、情感、态度和价值观等），以及准备采取哪些措施有针对性地指导不同学习风格的学生学习。

【案例】"同角三角函数的基本关系式"：

> 知识上：刚学了任意角的三角函数，掌握较扎实。
>
> 方法上：研究过指数、对数、数列等公式的构建，适应以探究为主导策略的教学模式。
>
> 思维上：较活跃，善于经验型—理论型抽象思维。
>
> 能力上：发现、创新、概括、数学交流能力较强。
>
> 情感上：大部分学生好奇，喜表现，乐于探究。

3．**说教法**

"学"是"教"的起点和终点，"教"是为"学"服务的。因此，"教法"应包括"教"的方法和"学"的方法，两者相辅相成、互相促进。在说教法时，要说清楚准备选用什么教学方法、采取什么学习方法，以及采用这些教学方法与学习方法的理论依据。具体来看，需要说清楚以下几方面：

（1）**说教学方法。**

说教法可以理解为说教学方法，或者说教学方法中某个具体的教学方式和手段的选择及应用，如为完成教学任务所采用的课堂教学模式及其理论依据、为突出重点和突破难点采用的手段与理由、为处理某个习题所采用的策略和措施等。选择何种教学方法，关键在于教师对教材特点和学生认知规律的把握，但无论采用什么样的方法，都要始终贯彻"具有启发性"、"突出主体性"、"注重思维品质"的原则。另外，教师为上课制作的教具、多媒体课件等辅助工具，在说课过程中，教师可以向大家简明扼要地说清它们使用的目的和作用。

（2）说学习方法。

学法是指学生学习知识、掌握知识的方法和途径。要说好学法，首先必须深入研究学生，处理好课堂教学中的师生关系，重新摆正师生的位置。要改变陈旧的师者在讲台上滔滔不绝，"我讲你听"，学生在下面目不斜视，"你问我答"的教学模式。其次，要注重对某学习方法的指导过程的阐述，如说明教师是通过怎样的情境设计，使学生在怎样的活动中养成哪些良好的学习习惯、领悟出何种科学的学习方法等。

【案例】"同角三角函数的基本关系式"：

> 教学方法：激趣式发现、互动式探索、启发式讨论、反馈式评价。
> 指导学法：实验猜想、归纳类比、合作探索、交流互补。
> 教学手段：多媒体辅助教学。

4. 说教学过程

教学过程的基本内涵是课堂结构，应该是整个说课过程中的精华、高潮所在因为通过这一过程的分析才能看到说课者独具匠心的教学安排，才能反映出教师的数学观、数学教学观以及教学的个性与风格，也只有通过对教学过程设计的阐述，才能看到其教学安排是否合理、科学，是否具有艺术性。说教学过程时，应重点说清楚以下几方面：

（1）说设计思路。

说设计思路就是对教学流程主要环节的概括，有助于听者更清晰地了解和把握说课者关于教学活动的整体安排。设计思路主要隐含在教学流程中，而教学流程的具体环节取决于所使用的教学模式。使用频率最高的是讲练结合教学模式，其教学流程包含课题导入、讲解新课、巩固与应用、课堂小结、课后作业等基本环节。以下是关于"同角三角函数的基本关系式"说课的教学流程图：

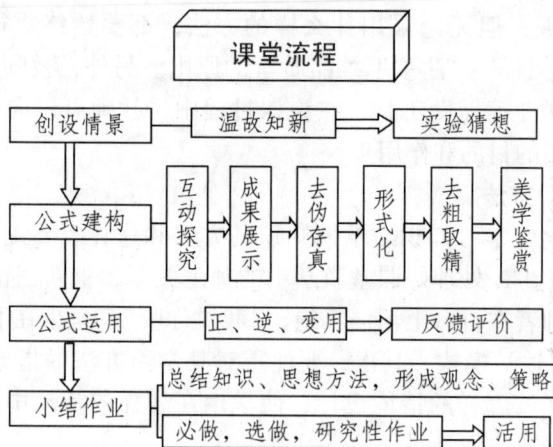

（2）说教学流程。

说教学流程，就是围绕设计思路，把具体的教与学的双边活动安排以及这样安排的理论依据说清楚。需要注意的是，说教学流程并不是要将备课教案像给学生上课一样讲一遍，而是要把自己对数学内容的理解和处理，结合学生的实际情况，把采取哪些教学措施来组织教学的基本想法说清楚。一些具体内容只需概括介绍，使听评者能听明白教的是什么、怎样教的、学生要参与哪些重要的数学活动等即可。力求做到重点内容重点说、难点内容详细说、理论依据简单说。

（3）说教学过程中一些细节的处理。

说教学过程还应关注一些具体细节的处理，诸如问题情境活动的创设，反馈调控的策略，师生问答及学生讨论的安排，数学实验操作或演示活动的设计，使用多媒体的时机、方式和注意点，抓住重点、突破难点的方法，课堂练习、作业、板书等的设计及其设计意图等。

值得注意的是，由于教学是围绕着教学重点来开展的，而教学的关键又在于突破难点。因此在阐述教学流程时，必须在如何突出重点和如何突破难点上多作文章。此外，学习者的学习热情和兴趣制约着学习活动的开展和学习效果的好坏。所以，教学设计的阐述也要体现如何激发学生的学习热情和兴趣等内容。

附 录

说课课题："三视图"

尊敬的各位评委：

大家好！我是×号选手×××，来自×××系。今天我说课的内容是人教版九年级下册第二十九章第二节"三视图"的内容。我将从设计理念、教材及学情、教学目标、教法学法和教学程序这几个方面来谈一谈。

一、设计理念

1．陶行知：生活教育论

"生活即教育"是陶行知生活教育理论的核心。生活教育是生活所原有、生活所自营、生活所必需的教育。教育的根本意义是生活之变化。生活无时不变，即生活无时不含有教育的意义。他反对传统教育，提倡开放型、密切结合生活实际的新教育。

2．布鲁纳：建构主义论

"知识的获得是一个主动过程。学习者不是信息的被动接受者，而是知识获取的主动参与者。"

3．数学课程："三基于"

如何基于新课程改革精神和"双主"教育理念，凸显教师主导和学生主体的价值。

如何基于"数学再创造"理念，设计一个大致可信的、自然的知识生长过程。

如何基于学生学习心理规律，促进学生高效学习数学的习惯与方法形成。

本节课我将依据这些理念，运用教育学、心理学的知识，设计有利于学生发展的数学活动。

二、教材分析

1．教材的地位和作用

从教材编写的角度看："三视图"贯穿于中小学各个阶段，小学阶段要求学生理解从不同方向观察简单物体，初中阶段要求会画简单几何体的三视图，高中阶段则要求会看三视图并画出立体图。同时上一节刚学完正投影，视图又是正投影的产物，所以这节课在教材上起着螺旋上升、承上启下的作用。

从教材的内容角度看：本节课的知识不仅包括三视图的基本概念和规律，而且包括反映立体图形和平面图形的联系与转化的内容，是培养学生观察、想象、发现及空间想象能力的良好素材。

从美学欣赏角度看：三视图是一个紧密不可分的整体。

2. 教学目标分析

课程标准设定的目标是：会画简单几何体的三视图。依据这一目标，结合本节课的教学内容和学生认知规律，我确定本节课的教学目标为：

知识与技能目标：

①让学生在投影的角度理解三视图的概念、掌握三视图的画法。

②能识别简单物体的三视图，会画简单几何体的三视图。

过程与方法目标：

①通过让学生观察小零件，想象物体的整体与局部，引导学生用已学的知识背景和生活经验，探索出物体三视图的画法。

②让学生敢想、敢说，让课堂真正成为学生创造的乐园，成为学生个性飞扬的战场！

情感、态度与价值观目标：

在教学中，通过探究三视图画法原理的过程，培养学生乐于探索、勇于发现、敢于创新的科学精神。

3. 教学重点、难点分析

教学重点：让学生从投影的角度理解三视图的概念并掌握三视图的画法。

教学难点：理解几何体与三视图之间的关系，正确画出课本上小零件的三视图。

突破的方法：

（1）感知模型：动态演示模型。

（2）交流讨论，小组合作，促成"顿悟"。

三、学情分析

我教的学生基础知识掌握程度不错，但对抽象知识理解有一定的难度，学习自觉性和接受能力比初一、初二的学生强，喜欢探索、爱好活动，所以本节课通过多处引用三视图在生活中的应用必然可以引起学生的兴趣，让学生产生强烈的自主参与的愿望。

四、教法学法

根据布鲁纳的"发现学习法"，本节课我将采取"创设问题情境—组织数学活动—引导自主、合作学习—观察发现得到概念—问题解决"的教学模式，并将恰当地运用多媒体课件优化教学。

根据本节课的特点及学生的认知心理，让学生在教师营造的"可探索"

环境里，积极参与，通过自己的观察、想象、思考、实践、交流，主动发现规律，获得知识，体验成功。培养学生将自主学习与合作学习相结合的学习能力。

五、教学程序

为了达成以上教学目标，突出重点，突破难点，我创设了以下的教学过程：

教师活动	学生活动	设计意图
一、创设情境 　　教师想让张师傅制作出这个长方体的小零件（左下图），应该怎样向张师傅描述它的形状和规格呢？ 　　再展示课本上的小零件（右下图），又应该怎样描述？ 　　展示学生描述的但与小零件不一样的图形，引导学生寻求更准确、更简洁的方法，借此引出视图定义。	长3、宽2、高2。 　　由两个相同的长2、宽1、高1的长方体组成的阶梯形小零件。 　　学习视图的定义。	创设生活情境。 　　启发学生从正投影的角度把握零件的信息，解决的问题为什么要学习视图。
二、建立模型。 　　提问：为了全面地把握整个几何体，应该选择怎样的视图才能比较准确、全面地表达它呢？ 　　演示长方体三视图的形成。 	学生小组讨论。（发现前后、左右、上下两个视图是一样的，因此可以用三个视图来表示） 　　归纳三视图的定义。	直观教学使学生获得丰富的感性知识，以便更好地把抽象概括上升到理性认识。

（续上表）

教师活动	学生活动	设计意图
三、分析模型 最后让学生讨论这些视图分别反映了几何体的哪些尺寸。 长对正 高平齐 宽相等	学生讨论交流 3 个视图的关系，探索出长、宽、高对应相等。	突出解决了怎样画三视图，并对画法原理展开探究，通过学生讨论、教师演示，学生再观察、发现，最终认识三视图的画法及原理。
四、应用模型 1. 完成圆柱体的三视图。 2. 画出钢管的三视图。 	观看、思考、尝试画图，理解。（可见的用实线，被遮挡的用虚线） 学生思考、尝试画出零部件的三视图。	巩固三视图画法、长方体的变形训练题。 圆柱的变形训练题。 解决难点、首尾呼应。
3. 小组合作完成小零件的三视图。 		

（续上表）

教师活动	学生活动	设计意图
五、小结知识 1个知识点——三视图。 2个注意点： 　大小：长对正，高平齐，宽相等。 　实虚：可见的用实线，被遮挡的用虚线。	学生归纳补充，教师再补充。	体现以学生为主体、教师为主导的理念；加深学生的理解，提高学生的记忆。
六、作业布置 　根据全班学生的知识基础、学习能力和学习条件，我将作业分为3大题。	第1、2题为全班必做的题；第3题为中等生选做的题；第4题为选做的题。	作业突出层次性。
七、板书设计 §29.2　三视图 一、三视图的定义 　一个物体在三维投影面内同时进行正投影。 二、三视图的对应规律 　主、俯视图——长对正 　主、左视图——高平齐 　俯、左视图——宽相等	一目了然、便于记忆。	

第十三章 一种提升数学教师教学能力的助推器
—— 谈数学教学说题技能的运用与提升

　　说题是指说题者基于数学教育理论，面向学生、同行、专家或教研人员、口头表达为主、其他方法为辅，表述对某个数学问题的解题思路和教学策略的看法。其内容包括问题的产生和运用背景、问题的表层与深层含义、问题解决的方法与策略、问题解决的心理障碍、问题的数学价值与教育意义、问题的拓展与创新等。

　　说题依说题者可以分为教师说题和学生说题，而学生说题又可分为中学生说题和高等院校师范生说题。目前中学说题有以考核教师素质为目的的教师说题、针对中学生素质提高的教师指导下的学生说题、旨在提高课堂效率的师生互动说题等。针对师范生的说题是为了培养学生发现问题、提出问题、分析问题和解决问题的能力，激发学生的实践创新热情，提高师范生的专业素质。

　　实践表明：说题有利于考查教师的教学基本功，有些地区的教育部门在新教师的选拔和优秀教师的评选上，采用说题的方式；说题有利于提高师范生的数学解题能力和数学教学能力，有利于数学师范生综合素质的提高，促进其教师专业素质的发展；说题有利于提升学生的思维能力、表达能力、交流能力及解题能力等。

　　值得注意的是，说题活动在广东省内尚未全面推广。针对高等院校师范生的说题比赛还处在摸索阶段，针对教师的说题比赛仅局限于珠三角地区。笔者相信，有关说题的研究将会受到奋斗在教育第一线的数学教师的青睐，它将会帮助学生跳出题海，乐于学习，也将提高数学教师的解题能力和对知识的熟练程度。

　　有关说题活动的具体流程和评价标准，众说纷纭，总的来说是大同小异，万变不离其宗。同说课一样，不求面面俱到，但求说出内涵、说出思想、说出亮点。虽然对一道题目可以说的内容有很多，但作为最基本的说题，应该包括题目的重组性、特殊性、探究性、相关性等几个方面，具体到操作环节上，虽然没有固定的模式，但至少要说出以下三个环节：题目赏析、解法与变式、教学启示。以下就收集到的一些资料与读者一起分享。

▍一、以考核教师素质为目的的教师说题

　　数学中的说题，简而言之就是"说数学题"。而"说数学题"，是数学

教师针对给予学生的各种练习，不但要说清题目，还要说明怎样解、为什么这样解；该题与新课程理念、新课程标准有什么联系；对培养学生的数学素质所起的作用；与有关的数学教育理论是怎样联系的；能说清楚该题目的出处（本题目所蕴含的数学知识及与该题前后相联系的数学内容）和解决该问题的思考途径（包含解题的数学方法、技巧和数学思想）等。数学说题，在形式上就是通过分析数学题目，说清楚"如何解题"和"解题的作用"；从表面看来，是教师说数学知识间的前后联系、如何解出这个题目的方法和策略，其实质展现的是教师自身数学教育的理论功底、数学知识的掌握程度、数学方法的理解能力及数学教学的前瞻性理念。

　　说题应注意的问题：说题活动的目的是通过面向教师同行的"说"，带动全体教师的"思"，以实现更好的"教"。为了达到这一目的，实施时必须注意以下几点首先，作为一种教研活动（或者作为考查教师基本功的一个载体），说题的对象应该是教师而不是学生。也就是说，说题并不是简单地讲题。因此，在说题的过程中应尽量简练。比如在说解法时，要重点突出为什么会这样分析、为什么要这样解，而其中关于计算等解题过程可以省略。其次，说题过程要循序渐进。说题过程中关键是要让人清楚地了解说题的目的和要求，明确说题在实践中的具体意义和在整个学习过程中的作用，探讨教学中人们关心的问题，尤其是那些学生难听懂、难理解、难掌握，教师难讲清的问题。再次，说题过后要让有经验的名教师点评，适当总结，做到示范适中、点拨适时、启发适当、评价适度，切忌一蹴而就。最后，作为说题者，在说题结束后也要进行适当的总结反思，为自己逐渐成长打好基础。总之，数学学科教研活动的内容和方式在不断发生变化，尤其在"说"的活动上，由原来的"说整节课"到"说教学片段"，再到目前新推出的"说题"活动。这一系列变化的一个显著特点是"说"的内容范围逐步压缩变小，不再拘泥于套路和形式，体现了以小见大、去虚务实的教研理念，以期更好地反映教师的基本功。这一切，需要教师吃透教材，进行精心研究和设计；需要教师拓展视野，完善知识结构；需要教师具有临场组织和应变能力，它给予教师更广阔的思考空间，也促使教师转变教育教学观念，提高教育教学能力。

（一）　教师说题举例

　　说题是现阶段出现的一种新型的活动，它在教师的各项考核和业务比赛中占有重要的地位。其对于提高课堂的习题教学，使课堂的习题教学最大限度地贴近学生的思维实际，提升学生的数学思维能力，让学生充分地参与到学习的过程中来都有重要的作用。教师说题的内容主要涉及说题意、说思维、说思路、说规律等方面。

【例1】如图 13-1，动点 Q 在线段 AB 上，过点 A，B 分别向同一方向作两条垂直于 AB 的射线 l_1、l_2，在射线 l_1 上取一点 D，使得 $AD = AQ$，在线段 AB 上取一点 E，使得 $DE = BQ$，过点 E 作 $EC \perp ED$，交射线 l_2 于点 C，连接 CD，设 $AB = a$（a 为常数），线段 $AQ = x$（x 为变量）。

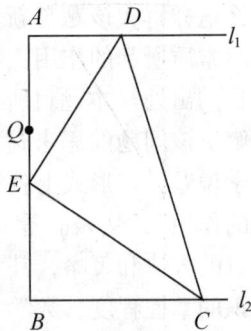

图13-1

（Ⅰ）问：增加一个什么条件，下列两个结论能同时成立，请写出这个条件的几何表示和对应的 x 的值，并给予证明。

① $AD + BC = CD$；② DE、CE 分别平分 $\angle ADC$、$\angle BCD$。

（Ⅱ）探究：$\triangle BEC$ 的周长是否与 a 有关。若有关，请用含 a 的代数式表示 $\triangle BEC$ 的周长；若无关，请说明理由。

分析：本题主要是看教师对题目的理解与处理，对于该题的说题可以分为以下几步：

(1) 说题目的背景。

这道几何题是在中考数学的环境中诞生的一道原创的探究题。

(2) 说题目的已知、未知。

已知：①射线 l_1、l_2 垂直于线段 AB，垂足为点 A、B；②$AD = AQ$，$DE = BQ$，$EC \perp ED$；③ $AB = a$（a 为常数），线段 $AQ = x$（x 为变量）。

未知：①增加几何条件，并求 x 的值；②判断 $\triangle BEC$ 的周长是否与 a 有关。

(3) 说题目的求解过程。

说方法：对于这道题的求解主要用到的方法有：①相似三角形及相似比与周长比的关系；②直角三角形中的勾股定理；③等腰三角形、全等三角形性质的应用。

(4) 说题目中蕴含的数学思想。

①本题主要运用了数形结合的思想、转化与化归的思想、由一般到特殊的思想。

②基本图形提炼：本题所用到的基本图形如图 13-2 所示。

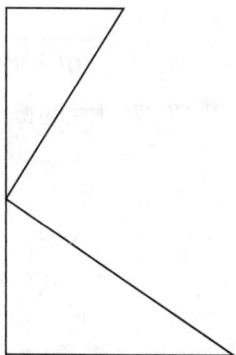

图13-2

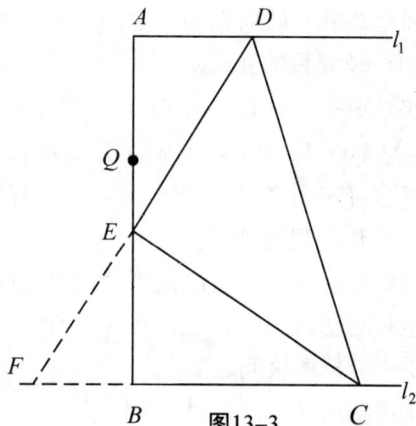

图13-3

（5）说过程。

①若四边形 $ABCD$ 是一个矩形，要满足问题（Ⅰ）中的两个结论成立，反推，可以比较简单地得知 E 为 AB 的中点；若是直角梯形，由一般到特殊，猜测 E 为 AB 的中点时这两个结论也成立。

解：条件的几何表示为 $EA=EB$，$x=\dfrac{3}{8}a$，证明如下：

如图 13-3，延长线段 DE 交 CB 的延长线于点 F，易得 $\triangle ADE \cong \triangle BFE$（AAS），得 $FB=AD$、$DE=FE$，$\therefore CE$ 垂直平分 DF，$\therefore CF=CD$，即 $FB+BC=AD+BC=CD$，$\because \angle ADE=\angle F=\angle FDC$，$\therefore DE$ 平分 $\angle ADC$，由等腰三角形三线合一得 CE 平分 $\angle BCD$。

在 $Rt\triangle AED$ 中，$AD=x$，

$\because ED=BQ$，$AD=AQ$，

$\therefore ED+AD=BQ+AQ=AB$，

$\therefore ED=AB-AD=a-x$，

$AE=\dfrac{1}{2}a$，由勾股定理可得 $x=\dfrac{3}{8}a$。

该题还可以通过多过 E 作线段 DC 的垂线，垂足为 F 来求解。

②利用基本图形，通过相似来解决第二个问题，结合一定的技巧可以在计算方面更为简便。

由题可得：$\triangle ADE \backsim \triangle BCE$，$\because AE=\sqrt{(a-x)^2-x^2}$，$BE=a-AE$，

又 $\because \dfrac{C_{\triangle ADE}}{C_{\triangle BCE}}=\dfrac{AD}{BE}$，即 $\dfrac{x}{BE}=\dfrac{2a-BE}{C_{\triangle BCE}}$，

$\therefore C_{\triangle BCE}=\dfrac{2a\cdot BE-BE^2}{x}$，代入 BE 得 $C_{\triangle BCE}=2a$。

因此△BCE 的周长与 a 有关，与 x 无关。

(6) 说题目的变式。

如原题图：（Ⅰ）若 $AD=1$，$BC=7$，点 E 在何处时△$ADE \backsim$△BCE；（Ⅱ）若 $AD=1$，$BC=7$，a 在什么取值范围内，以 CD 为直径的圆与直线 AB 有且只有一个交点、两个交点、没有交点。

(7) 说题目的功能。

该题目能够比较全面地考查学生的几何感知能力，利用探究的方式激发学生对问题的思考，也体现了数学知识的连贯性，教会学生从问题或条件入手来分析解决问题。

①该题的基本图形是图 13－2。

②由特殊到一般，先猜测得出结论，再进行证明求解也是数学的一种方法。

③求线段或表示线段长通常是把该线段放在直角三角形或相似三角形中。

④能够灵活运用相似三角形的有关性质求解周长和面积问题。

⑤通过题目的分析，让学生学会总结、归纳，遇题能触类旁通、举一反三，提高学习效率。

当然，对于不同的题目，有不同的说题侧重点。如例 2，比较侧重解题的过程，原因在于这道题本身有难度，而且解题部分也可以作为精彩部分，有很多种解题方法。而对于有些题目则不然，例如：

已知关于 x 的抛物线 $y=x^2-(a+18)x+56$ 对应的图像为抛物线 C。

（Ⅰ）求证：不论常数 a 取何实数，抛物线 C 的顶点都在抛物线 $y=-x^2+56$ 上；

（Ⅱ）当 a 为整数时，求所有满足 $y=0$ 的整数 x。

对于这道题目，第一问比较简单，求出抛物线 $y=x^2-(a+18)x+56$ 的顶点坐标代入抛物线 $y=-x^2+56$ 进行验证即可。第二问只要用到因式分解来求解。但是这道题能够发展成一类题目——"与 a 无关"的题目类型。根据第二题的求解，其性质方法可推广到解二元一次方程组以及解二元一次不等式组的应用上，耐人寻味。可见，即使是一道简单的题目也可以从不曾深思的角度挖掘问题，将它精彩地说出来。说题的实践性和不可复制性在这里体现得淋漓尽致。

【例 2】（2012 年福建课标卷理科第 19 题）

如图 13－4，椭圆 $E: \dfrac{x^2}{a^2}+\dfrac{y^2}{b^2}=1$（$a>b>0$）的左焦点为 F_1，右焦点为

F_2，离心率 $e = \dfrac{1}{2}$。过 F_1 的直线交椭圆于 A、B 两点，且 $\triangle ABF_2$ 的周长为 8。

（Ⅰ）求椭圆 E 的方程；

（Ⅱ）设动直线 $l: y = kx + m$ 与椭圆 E 有且只有一个公共点 P，且与直线 $x = 4$ 相交于点 Q。试探究：在坐标平面内是否存在定点 M，使得以 PQ 为直径的圆恒过点 M？若存在，求出点 M 的坐标；若不存在，说明理由。

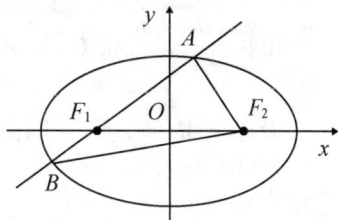

图13-4

(1) **说题意**。

本题考查椭圆的性质、圆的性质、直线与圆的位置关系、平面向量等基础知识，考查运算求解能力、推理论证能力、转化与化归思想、数形结合思想、函数与方程的思想、特殊与一般的思想。其深刻背景为：已知椭圆的一个焦点 F 及相应准线，过准线上任意一点 Q，作椭圆的两条切线 PQ、RQ，切点分别为 P、R，则直线 PR 过椭圆的焦点 F。

本题已知"以 PQ 为直径的圆恒过点 M"即 $PM \perp MQ$，而直线 $x = 4$ 恰是椭圆 $\dfrac{x^2}{4} + \dfrac{y^2}{3} = 1$ 的右准线，可见该问题是上述背景的逆向思考，可以预见定点 M 就是椭圆的右焦点 $F_2(1, 0)$。试题没有直接要求考生证明 $PM \perp MQ$，而以开放题型出现，要求考生探究定点的存在性。在解决问题的过程中，不仅要求考生熟练地运用代数方法研究椭圆的几何性质，还要求考生利用椭圆的对称性对定点的位置进行预设。在考查考生运算能力的同时，突出考查了考生的探究能力，对考生的转化与化归能力也提出了更高的要求，试题充分彰显了新课程的新理念。

(2) **说解答**。

（Ⅰ）$\because |AB| + |AF_2| + |BF_2| = 8$，即 $|AF_1| + |F_1B| + |AF_2| + |BF_2| = 8$，

而 $|AF_1| + |AE_2| = |F_1B| + |BF_2| = 2a$，$\therefore 4a = 8 \Rightarrow a = 2$。

又 $e = \dfrac{c}{a} = \dfrac{1}{2}$，故 $c = \dfrac{1}{2}a = 1$，$\therefore b^2 = a^2 - c^2 = 3$，

$\therefore$ 椭圆方程为 $\dfrac{x^2}{4} + \dfrac{y^2}{3} = 1$。

（Ⅱ）解法 1：由 $\begin{cases} y = kx + m \\ \dfrac{x^2}{4} + \dfrac{y^2}{3} = 1 \end{cases}$ 得 $(4k^2 + 3)x^2 + 8kmx + 4m^2 - 12 = 0$。

又 $\Delta=64k^2m^2-4(4k^2+3)(4m^2-12)=0$，得 $4k^2-m^2+3=0$，

$\therefore x_P=-\dfrac{4km}{4k^2+3}=-\dfrac{4k}{m}$，$y_P=\dfrac{3}{m}$，即 $P\left(-\dfrac{4k}{m}, \dfrac{3}{m}\right)$。

由 $\begin{cases} y=kx+m \\ x=4 \end{cases}$ 得 $Q(4, 4k+m)$。

设存在 $M(x_1, 0)$，则由 $\overrightarrow{MP}\cdot\overrightarrow{MQ}=0$ 可得 $-\dfrac{16k}{m}+\dfrac{4kx_1}{m}-4x_1+x_1^2+\dfrac{12k}{m}$

$+3=0$，

$\therefore (4x_1-4)\dfrac{k}{m}+x_1^2-4x_1+3=0$，由于对任意 m, k 恒成立，

联立 $\begin{cases} 4x_1-4=0 \\ x_1^2-4x_1+3=0 \end{cases}$ 解得 $x_1=1$，故存在定点 $M(1, 0)$ 符合题意。

解法 2：同解法 1 得 $P\left(-\dfrac{4k}{m}, \dfrac{3}{m}\right)$，$Q(4, 4k+m)$。

假设平面内存在定点 M 满足条件，由图形的对称性知，点 M 必在 x 轴上。

取 $k=0$，$m=\sqrt{3}$，此时 $P(0, \sqrt{3})$，$Q(4, \sqrt{3})$。

以 PQ 为直径的圆为 $(x-2)^2+(y-\sqrt{3})^2=4$，交 x 轴于点 $M_1(1, 0)$，$M_2(4, 0)$。

取 $k=-\dfrac{1}{2}$，$m=2$，此时 $P\left(1+\dfrac{3}{2}\right)$，$Q(4, 0)$。

以 PQ 为直径的圆为 $\left(x-\dfrac{5}{2}\right)^2+\left(y-\dfrac{3}{4}\right)^2=\dfrac{45}{16}$，交 x 轴于点 $M_3(1, 0)$，$M_4(4, 0)$。

所以若符合条件的点 M 存在，则 M 的坐标必为 $(1, 0)$。

以下证明 $M(1, 0)$ 就是满足条件的点：

因为 M 的坐标为 $(1, 0)$，所以 $\overrightarrow{MP}=\left(-\dfrac{4k}{M}-1, \dfrac{3}{m}\right)$，$\overrightarrow{MQ}$

$(3, 4k+m)$，从而 $\overrightarrow{MP}\cdot\overrightarrow{MQ}=-\dfrac{12k}{m}-3+\dfrac{12k}{m}+3=0$，故恒有 $\overrightarrow{MP}\perp\overrightarrow{MQ}$，即存在定点 $M(1, 0)$，使得以 PQ 为直径的圆恒过点 M。

解法 3：由对称性可设 $P(x_0, y_0)$ $(y_0>0)$ 与 $M(x, 0)$。

由 $\dfrac{x^2}{4}+\dfrac{y^2}{3}=1$，得 $y=\sqrt{3-\dfrac{3}{4}x^2}$。又 $y'=-\dfrac{3x}{4\sqrt{3-\dfrac{3}{4}x^2}}$，所以 $k=-\dfrac{3x_0}{4y_0}$。

则直线 l：$y - y_0 = -\dfrac{3x_0}{4y_0}\ (x - x_0)$，故 $Q\left(4,\ \dfrac{3\ (1 - x_0)}{y_0}\right)$。

$\overrightarrow{MP} \cdot \overrightarrow{MQ} = 0 \Rightarrow (x - x_0)(x - 4) + y_0 \cdot \dfrac{3\ (x - x_0)}{y_0} = 0 \Rightarrow x_0(x - 1) = (x - 1)(x - 3)\ (*)$

（*）式对 $x_0 \in (-2,\ 2)$ 恒成立 $\Rightarrow x = 1$，得 $M(1,\ 0)$。

解法 4：设 $P(x_1,\ y_1)$、$R(x_2,\ y_2)$，以该两点为切点的椭圆切线分别为 $\dfrac{x_1 x}{4} + \dfrac{y_1 y}{3} = 1$、$\dfrac{x_2 x}{4} + \dfrac{y_2 y}{3} = 1$，又 $Q(4,\ y_0)$ 在该两条切线上，所以①$x_1 + \dfrac{y_1 y_0}{3} = 1$，②$x_2 + \dfrac{y_2 y_0}{3} = 1$，即 $P(x_1,\ y_1)$、$R(x_2,\ y_2)$ 都在直线 $x + \dfrac{y_0 y}{3} = 1$ 上，而直线 $x + \dfrac{y_0 y}{3} = 1$ 过定点 $M\ (1,\ 0)$，即直线 PR 过定点 $M\ (1,\ 0)$。

由②$-$①，得 $(x_2 - x_1) + \dfrac{(y_2 - y_1)y_0}{3} = 0$，此时 $\overrightarrow{PR} = (x_2 - x_1,\ y_2 - y_1)$，$\overrightarrow{MQ} = (3,\ y_0)$，故 $\overrightarrow{PR} \cdot \overrightarrow{MQ} = 3(x_2 - x_1) + (y_2 - y_1)y_0 = 0$，即 $PM \perp MQ$，故存在定点 $M(1,\ 0)$ 满足题意。

解法 1 提供了一般到特殊的双变量恒成立的解法，有一定的思维技巧，但计算量大；解法 2 提供了特殊到一般再证明的解法，有一定的选择性与计算量，但思维量小；解法 3 引入导数解答切线问题，方法较好，但训练少，学生不熟悉且需要构造函数；解法 4 引入切点弦方程，方法较好。

（3）说思维。

由于定点、定值是变化中的不变量，引进参数表示这些量，通过某时刻变化的量与参数无关，找到定点或定值，其解题的关键是用合适的参数表示变化的量。

当要解决动直线过定点问题时，可以根据确定直线的条件建立直线系方程，通过该直线过定点所满足的条件确定所要求的定点坐标。

证明定值问题时通常把变动的元素用参数表示出来，然后证明计算结果与参数无关；也可先在特殊条件下求出定值，再给出一般的证明。

处理定点问题时通常把方程中参数的同次项集中在一起，并令各项的系数为 0，求出定点；也可先取参数的特殊值探求定点，然后给出证明。

对存在性、探索性问题的研究，教学中应注意突出从特殊到一般的方法。引导学生通过考查极端位置或其他特殊位置，探索出定值（定点）是多少，然后再进行一般性证明或计算。

（4）说拓展。

①结论一般化：已知椭圆 E 的一个焦点 F 及相应准线 l，动直线

$y = kx + m$ 与椭圆 E 相切于点 P，且与准线 l 交于点 Q，则以 PQ 为直径的圆恒过焦点 F。

②点位置特殊化：如图 $13-5$，已知 $PF_1 \perp x$ 轴，$PF_2 \perp F_2Q$，直线 F_2Q 交右准线于点 Q，点 M 为左准线与 x 轴交点，则 P、Q、M 三点共线。

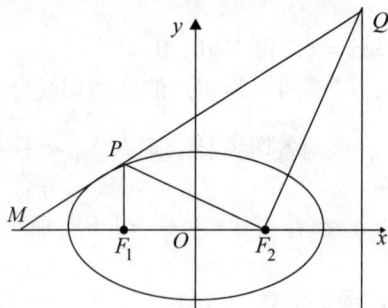 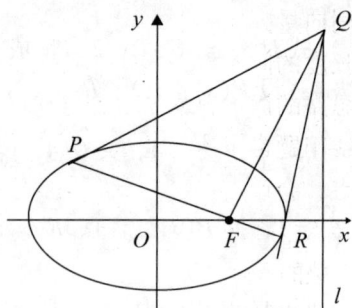

图13-5　　　　　　　　图13-6

③焦点、准线位置一般化：已知 F_1（$-m$，0）、F_2（m，0），椭圆 E：$\dfrac{x^2}{a^2} + \dfrac{y^2}{b^2} = 1$（$a > b > 0$），$PF_2 \perp x$ 轴，直线 F_1Q 交直线 $x = \dfrac{a^2}{m}$ 于点 Q，直线 PF_1、F_1Q 的斜率分别为 k_1、k_2，则直线 PQ 是椭圆的切线 $\Rightarrow k_1k_2 = \dfrac{b^2}{m^2 - a^2}$。

④改变问题：如图 $13-6$，已知椭圆 E：$\dfrac{x^2}{a^2} + \dfrac{y^2}{b^2} = 1$（$a > b > 0$）的一个焦点 F 及相应准线 l，过 l 上任意一点 Q 引椭圆的两条切线 PQ、RQ，切点分别为 P、R，则 $k_{PQ} + k_{RQ} = 2k_{FQ}$。

⑤背景结论一般化：已知椭圆 E：$\dfrac{x^2}{a^2} + \dfrac{y^2}{b^2} = 1$（$a > b > 0$），直线 l：$x = \dfrac{a^2}{m}$，过直线 l 上任意一点 Q，作椭圆的两条切线 PQ、RQ，切点分别为 P、R，则直线 PR 过定点（m，0）。

⑥背景的逆命题及上述⑤的逆命题也成立。

（2012 年安徽卷理科第 20 题）如图 $13-6$，已知 F_1（$-c$，0）、F_2（c，0）分别是椭圆 C：$\dfrac{x^2}{a^2} + \dfrac{y^2}{b^2} = 1$（$a > b > 0$）的左、右焦点，过点 F_1 作 x 轴的垂线，交椭圆的上半部分于点 P，过点 F_2 作直线 PF_2 的垂线交直线 $x = \dfrac{a^2}{c}$ 于点 Q。

（Ⅰ）若点 Q 的坐标为（4，4），求椭圆 C 的方程；

（Ⅱ）证明：直线 PQ 与椭圆 C 只有一个交点。

可见，2012 年福建课标卷理科第 19 题与 2012 年安徽卷理科第 20 题是并蒂连理好题。

⑦改变曲线：把椭圆改为双曲线或抛物线，结论仍然成立。

（5）说反思。

①用向量方法研究解析几何问题，为有关平行或垂直的关系及有关角或线段长度的问题开辟了一条崭新的道路。本题的第（Ⅱ）问着重考查探求解题思路的深层次的探究能力，由陈题改造而成，该题命得较好。一般地，切线问题常出现在抛物线中，而在椭圆中少有涉及。本题要有几何对称性观点，会设点 M，且会用向量法解决问题。

②如何正确处理新课程删减内容？圆锥曲线第二定义不作要求后，是否与准线有关的问题可以一概避开？采用新定义的方法也可以改编。同时，我们要适度关注射影几何某些性质的特殊化。高考题考查的知识大多是课本直接或间接涉及的内容，命题者往往把研究的路径藏于本题外，因此需要重视解题的再探究过程，感知知识的发生、发散、发展过程，明晰问题的来龙去脉，寻求问题的解决办法，探求结论推广的可能，揭示问题的本质特征。

【例3】（2010 年浙江省高考《考试说明》中的一个数列样题）

设首项为 a_1、公差为 d 的等差数列 $\{a_n\}$ 的前 n 项和为 S_n，已知 $a_7 = -2$，$S_5 = 30$。

（Ⅰ）求 a_1 及 d；

（Ⅱ）若数列 $\{b_n\}$ 满足 $a_n = \dfrac{b_1 + 2b_2 + \cdots + nb_n}{n}$（$n \in \mathbf{N}^*$），求数列 $\{b_n\}$ 的通项公式。

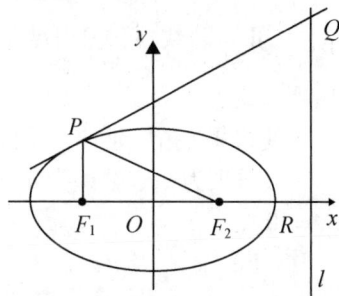

图13-7

针对以上样题，其说题内容可以涉及以下几方面：

（1）试题分析。

此题是一个与数列有关的问题，涉及数列的通项和求和知识。其中第 1 小题是一个简单题，通过基本量应当容易解决；第 2 小题以一个等差数列为蓝本构造出一个新的数列，进行和式的一种变形，涉及方程的思想、类比的思想。

（2）学情分析。

此题的教学过程应当是出现在高考数学第一轮复习之后，学生对数列的基本知识有了一个系统的复习，对数列的解题方法也有了一定程度的掌握，但是第 2 小题中变形数列的求和对于很大一部分学生仍有一定的难度，本题教学的目的是通过学生积极的思维过程，提升学生的理解和掌握能力，达到举一反三的目的。

（3）**解法分析**。

此题涉及的解法有基本量法、等差中项法、通项式关系法、等差和式性质法、数学归纳法。

（4）**变式拓展**。

变式 1（移植命题，从等差到等比）：

设首项为 a_1、公比为 q 的等比数列 $\{a_n\}$ 的前 n 项和为 S_n，已知 $a_3 = -2$，$S_3 = 30$，求 a_1 及 d。

变式 2（突出思想、方程与基本量）：

设首项为 a_1、公差为 d（$d > 0$）的等差数列 $\{a_n\}$ 的前 n 项和为 S_n，已知 $a_2 + a_4 = -13$，$S_5 = 30$，求 a_1 及 d。

变式 3（变和为积，考验应用能力）：

设首项为 a_1、公差为 d 的等差数列 $\{a_n\}$ 的前 n 项和为 S_n，已知 $a_7 = -2$，$S_5 = 30$。

（Ⅰ）求 a_1 及 d；

（Ⅱ）若数列 $\{b_n\}$ 满足 $a_n = \dfrac{b_1 \times 2b_2 \times \cdots \times nb_n}{n}$（$n \in \mathbf{N}^*$），求数列 $\{b_n\}$ 的通项公式。

变式 4（拓展延伸，检验综合水平）：

设首项为 a_1、公差为 d 的等差数列 $\{a_n\}$ 的前 n 项和为 S_n，已知 $a_7 = -2$，$S_5 = 30$。

（Ⅰ）求 a_1 及 d；

（Ⅱ）若数列 $\{b_n\}$ 满足 $b_n = (12 - a_n)\sqrt{2^{10 - a_n}}$，试求数列 $\{b_n\}$ 的前 n 项和。

（5）**反思**。

学生在解决数列问题的时候较容易犯的错误如下：

①$S_n - S_{n-1} = a_n$（$n \geq 2$）中遗忘括号中的条件，导致失分；

②数学归纳法的书写不够规范；

③对于变式中变形后的数列求解方法不够明确；

④个别学生对基础知识、基本概念的掌握上还存在一定问题，较为突出的是对等差数列求和公式 $S_n = na_1 + \dfrac{n(n-1)}{2}d$ 没有熟练掌握。

（二）教师说题比赛真题选

随着数学新课程实验的深入实施，数学学科教研活动的内容和方式在不断发生变化。尤其在"说"的活动上，由原来的"说课"到"说教学片段"，再到当前悄然兴起的"说题"。这些变化的一个显著特点是"说"的内容范围逐步变小。说题活动更能扼住教师有效教学的"咽喉"，有效引导教学的方向，体现去虚务实的教研理念，从而能更好地促进教师的专业化发展。2010 年宁波市职评评定考核中首次改教师说课为教师说题。以下是历届教师说题比赛真题举例。

【案例一】宁波市镇海区说题比赛题

【例4】（2008 年浙江卷第9题）

已知 $\vec{a}$，$\vec{b}$ 是平面内两个互相垂直的单位向量，若向量 $\vec{c}$ 满足 $(\vec{a}-\vec{c})\cdot(\vec{b}-\vec{c})=0$，求 $|\vec{c}|$ 的最大值。

（1）剖析全题，说清题目要素。

与做题一样，首先也是识题。题目的条件与所要求的问题之间必然存在某种联系，对已知条件及所求问题的特征进行全面分析，理清题目中的条件和结论、已知和未知之间的关系，并以此为切入点寻找已知与未知之间的内在联系，获得解题思路和方法。此题主要考查向量的模、数量积的概念、运算及其几何意义，涉及三个向量，两个向量大小方向均已知，并通过数量积的形式呈现出和第三个向量之间的关系。如何由等量关系向不等关系转化，是本题的关键。

（2）形成思路，说清解题方法。

由于向量是具有大小和方向的二维的量，因此对于向量问题的处理，可以从代数和几何两个角度来着手，而代数方面，又可以从向量的数量积运算和坐标运算两个角度出发。

解法1（代数法）：

因为 $(\vec{a}-\vec{c})\cdot(\vec{b}-\vec{c})=0$，所以 $\vec{a}\cdot\vec{b}-(\vec{a}+\vec{b})\cdot\vec{c}+\vec{c}^2=0$，

将 $\vec{a}\cdot\vec{b}=0$ 代入，得到 $\vec{c}^2-(\vec{a}+\vec{b})\cdot\vec{c}=0$，即 $\vec{c}^2=|\vec{a}+\vec{b}|\cdot|\vec{c}|\cos\langle\vec{a}+\vec{b},\vec{c}\rangle$，$|\vec{c}|=|\vec{a}+\vec{b}|\cos\langle\vec{a}+\vec{b},\vec{c}\rangle=\sqrt{2}\cos\langle\vec{a}+\vec{b},\vec{c}\rangle\leqslant\sqrt{2}$。故 $|\vec{c}|$ 的最大值为 $\sqrt{2}$。

当且仅当 $\vec{c}$ 和 $\vec{a}+\vec{b}$ 同向时，$\cos\langle\vec{a}+\vec{b},\vec{c}\rangle=1$，$|\vec{c}|=\sqrt{2}$。

此解法主要是利用向量的数量积的定义以及三角函数的有界性。

解法2（坐标法）：

设 $\vec{a}=(1,0)$，$\vec{b}=(0,1)$，$\vec{c}=(x,y)$，

$(\vec{a}-\vec{c})\cdot(\vec{a}-\vec{b})=(x-1,y)\cdot(x,y-1)=0$，化简得：

$\left(x-\dfrac{1}{2}\right)^2+\left(y-\dfrac{1}{2}\right)^2=\dfrac{1}{2}$。$|\vec{c}|$ 表示以 $\left(\dfrac{1}{2},\dfrac{1}{2}\right)$ 为圆心、

$\dfrac{\sqrt{2}}{2}$ 为半径的圆上的点到原点的距离，$|\vec{c}|$ 的最大值为 $\sqrt{2}$。

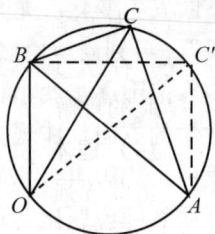

图13-8

此解法主要运用了平面向量的坐标表示，结合向量的模的意义求解。

解法3（几何法）：

如图9，设 $\vec{OA}=\vec{a}$，$\vec{OB}=\vec{b}$，$\vec{OC}=\vec{c}$，

由 $(\vec{a}-\vec{c})\cdot(\vec{b}-\vec{c})=0$ 得 $\vec{CA}\cdot\vec{CB}=0$，即点 C 的轨迹是以 AB 为直径的圆，所以当 OC 为圆的直径（即 C' 位置）时，$|\vec{c}|$ 的最大值为 $\sqrt{2}$。

向量既是代数的对象，又是几何的对象。此解法就是主要运用平面向量的几何表示，巧妙地结合向量的几何意义，运用数形结合的思想，较直观地解决问题。

（3）解后反思，说清教法学法。

以上三种解法是解决向量问题的三种常见解法，分别从代数、几何、坐标运算的角度解决了问题。平面向量是数学中的一个重要概念，它是沟通代数、三角、几何等内容的桥梁之一。利用向量解决一些数学问题，将大大简化解题的步骤，使学生多掌握一种行之有效的数学工具。学生对于向量问题的思考，思路往往不够开阔，这就要求教师在平时的教学过程中，不仅要强化基本知识、基本方法的运用，还应该更加重视对本质的理解，这也是新课程的要求。本题中解法1的代数法是常见的方法，也是考查向量问题的常见形式，学生对于这种解法相对比较熟悉，也能理解掌握。解法2的坐标法需要建立平面直角坐标系，学生比较喜欢这种解法，尤其是在学习了空间直角坐标系以后，常用向量的坐标运算解决立体几何问题，但是在建立坐标系的时候，往往不能深入思考，建立合适的坐标系以简化计算。解法3的几何法主要从平面向量的数量积为0的角度出发，将抽象问题直观化、复杂问题简单化，充分利用数形结合的数学思想方法，从而给我们解题带来简便，这种方法对学生而言要求相对比较高、入手较不易，学生往往有一种畏惧之感，平时教学中，只能通过强调多思、强调本质联系，逐渐提高。这三种方法在平时教学中都要

出现。为了学生能更好地学习向量，可要求学生从这三方面去审视向量问题。在学习向量的过程中，也要求学生能从多角度去思考问题，强化对本质的理解。

（4）追本溯源，说清题目来源。

新课程强调对数学问题本质的理解，对于任何一个以几何形态为背景的平面向量问题，只有抓住了几何问题的本质，在解题的过程中才能游刃有余。对本题而言，其考查的就是定点到定圆上的点的距离问题。在学习圆的知识中，这个问题是比较简单的，当 AB 长为定值时，满足 $CA \perp CB$ 的点 C 的轨迹就是以 AB 为直径的圆。现在以平面向量的形式呈现出来，给人耳目一新的感觉。这样不仅能贯彻化归思想、数形结合的思想，提高运算求解的能力，还能开拓学生视野，启迪学生思维。

（5）衍生拓展，说清题目变式。

以几何问题为背景，考查平面向量的概念、运算、几何意义，是这几年高考的一个热点问题。有的直接以向量形式出现，有的就是几何问题，需要学生自己引进向量。例如，（2010 年浙江卷理科第 16 题）已知平面向量 $\vec{\alpha}$，$\vec{\beta}$（$\vec{\alpha} \neq \vec{0}$），（$\vec{\alpha} \neq \vec{\beta}$）满足 $|\vec{\beta}| = 1$，且 $\vec{\alpha}$ 与 $\vec{\beta} - \vec{\alpha}$ 的夹角为 120°，求 $|\vec{\alpha}|$ 的取值范围；又如（2008 年江苏卷第 13 题）若 $|AB| = 2$，$|AC| = \sqrt{2}|BC|$，求 $S_{\triangle ABC}$ 的最大值。这些问题转化后都是三角形一边为定长、另外两边满足一定条件时求最值的问题。这都要求学生站在比较高的位置上来重新审视向量，要求教师在平时教学的过程中，多角度、多视角地引导学生。

（6）总结归纳，说清思维启迪。

本题通过一题多解、一题多变的研究，揭示了平面向量在代数问题中的应用本质，凸显了"数形结合"及"等价转化"的数学思想方法。向量本身就是数形结合的产物，它兼具代数的抽象、严谨和几何的直观特点。因此，向量问题的解决，从理论上来说总是会有两个途径，即基于几何表示的几何法和基于坐标表示的代数法。在具体做题时，要善于灵活运用。

【案例二】 浙江省湖州市高中数学新课程教师综合素质之说题比赛题

【例5】（2010年安徽卷理科第19题前两问）

已知椭圆 E 经过点 $A(2，3)$，对称轴为坐标轴，焦点 F_1、F_2 在 x 轴上，离心率 $e = \dfrac{1}{2}$。

（Ⅰ）求椭圆 E 的方程；

（Ⅱ）求 $\angle F_1 A F_2$ 的角平分线所在直线 l 的方程。

本题为安徽省2010年高考数学理科卷第19题的前两问，考查椭圆的定义及标准方程、椭圆的简单几何性质、直线的点斜式方程与一般方程、点到直线的距离公式等基础知识。从近几年各省的高考试题来看，圆锥曲线的定义、几何性质和直线与圆锥曲线的位置关系是高考的热点。

（1）说题意。

圆锥曲线的内容在近几年的高考试卷中所占比例一直稳定在14%左右，解答题侧重考查逻辑推理能力、运算能力、分析解决问题能力，常与函数、方程、向量、数列和导数相结合命题。

从考查内容上看，本题涉及的内容较多，既考查椭圆的定义及标准方程、简单几何性质，又考查直线的点斜式方程与一般方程、点到直线的距离公式等基础知识。从解题方法上看，本题考查的求曲线方程的问题是高考中的一个重点，在历年高考中出现的频率较高。

（2）说思路。

①利用"角平分线上的点到角两边的距离相等"，采用解析几何最根本的求轨迹方法，但计算中产生增根，即外角的平分线，所以还要根据图形判定舍去哪一条直线。

②利用角平分线的定义，最基本的想法是此直线平分该角。此解法入口较低，仅利用角平分线定义即可。但计算过程对三角恒等变换的知识有一定要求。

③根据维果茨基"最近发展区"理论，学生现有水平——"用向量知识解决向量问题"，到学生可能发展水平——"用向量知识解决解析几何问题"，两者中间属于学生的"最近发展区"——在平面几何图形中用向量知识解决向量问题。这样搭建了"脚手架"——利用向量加法和菱形的对角线为角平分线这一性质求解，适合解决一般三角形角平分线问题，具有推广性。另外，还可用一些些优秀的思路做适当引导，但不宜面面俱到。

④利用角平分线定理来解决问题，但现在新教材对此定理已经不作要求，体现了几何问题向代数问题的转化。

⑤利用直角三角形的内切圆的特殊性，若求出该三角形内切圆的半径，则进一步可以得到内心的坐标，进而求出角平分线的方程。此法的计算量较小，计算要求不高，有一定思维含量，为较新颖的一种解法。

⑥此三角形是椭圆的"焦点三角形"，椭圆的"焦点三角形"有其固定面积公式 $S = b^2 \tan \dfrac{\theta}{2}$，是我们研究圆锥曲线时一个常用的结论，利用面积公式得到所求直线的斜率。此解法比较简洁，但必须利用已知结论才能体现求解过程的简洁。

⑦利用椭圆的光学性质，解法较简洁，但除了椭圆的光学性质外，还需要掌握过椭圆上任意一点$(x_0，y_0)$的切线方程 $\dfrac{x_0 x}{a^2} + \dfrac{y_0 y}{b^2} = 1$（若不利用已知结论，计算量会很大），虽然不是最佳解法，但其变式和推广具有很好的探究价值。

（3）说规律。

①改变点 A 坐标取值或离心率的值会产生什么样的变化？体会以特殊到一般的数学思想和基本定义、通解通法的重要性。

②将问题变为双曲线，可以体会"形变质不变"；让 A 动起来，可以体会"质变神不变"。

③将问题的背景抽去，其实就是对一个三角形和过一个顶点的角平分线的探究，这才是提出此问题的本质。

▌二、针对中学生素质提高的教师指导下的学生说题

让学生说题，本质上是一种科学思维方式的培养，从形式上模仿教师说课，把审题、分析、解答和回顾总结的思维过程按一定的准则说出来，展现整个思维过程，通过教师的引导查漏补缺、纠正谬误，系统把握解题过程，促进思维能力的发展。下面以一平面向量习题课为例，阐述说题教学的基本流程。

【例6】（2006年浙江卷理科）设 $\vec{a}$，$\vec{b}$，$\vec{c}$ 满足：$\vec{a} + \vec{b} + \vec{c} = \vec{0}$，$(\vec{a} - \vec{b}) \perp \vec{c}$，$\vec{a} \perp \vec{b}$，若 $|\vec{a}| = 1$，则 $|\vec{a}|^2 + |\vec{b}|^2 + |\vec{c}|^2$ 的值是_____。

（1）说题目中知识点。

启发学生从以下角度说题：本题包括平面向量的加法、减法、数量积

及有关向量模的运算，向量的垂直关系与数量积的关系；公式包括 $\vec{a}^2 = |\vec{a}|^2$、$\vec{a} \perp \vec{b} \Rightarrow \vec{a} \cdot \vec{b} = 0$。

（2）说解题的思路方法，启发学生从以下几方面说题。

解法 1（定义法）：

利用关系 $\vec{c} = -(\vec{a} + \vec{b})$，代入 $(\vec{a} - \vec{b}) \cdot \vec{c} = 0$ 求解，得出 $|\vec{a}| = |\vec{b}|$，再利用 $\vec{c} = -(\vec{a} + \vec{b})$ 可以得出 $|\vec{c}| = \sqrt{2}$，最终得出本题答案是 4。

解法 2（坐标法）：

设 $\vec{a} = (1, 0)$，$\vec{b} = (0, y)$，$\vec{c} = -(\vec{a} + \vec{b}) = (-1, -y)$，代入求解。

教师反思 1：

组织学生利用总结的方法和数学思维探究本题的解题方法，最好都由学生发现，千万不能代替学生解题，否则就变成教师灌输的一题多解，对学生的思维没有任何的提升，反而限制学生的思维。

教师反思 2：

从实际课堂教学来看，虽然部分学生在这个例题上走了弯路花去了很多时间，但绝大部分学生还是能够做出正确答案。不过从答案的情况看，解题方法很单一。这个时候课堂教学千万不要急于往后推进，而应留出足够的时间来分析解法 2。

（3）说解题后的检查。

说解题后的检查是指反思解题中可能存在的各种问题，从各个不同的角度迅速检验题目答案是否正确，比如题目中是否有条件是故意迷惑人的、是否忽视了隐含条件、是否忽视了特殊情况等，是否出现计算错误，如果错了，错解的原因是什么，以后如何克服。检查不仅是判断答案正确与否的一种措施，也是解题过程中不可少的步骤。通过此过程可以夯实基础，消除漏洞。

教师反思 3：

学生说题时，教师和其他学生认真倾听其分析，仔细辨别其回答，辨明其回答的对错，必要时让一些同学上来更正和补充，或就此展开讨论乃至争论。这样同学通过倾听取长补短、共同进步，极大地提高了课堂效率。

（4）说解题的变化。

说出是否还有别的方法可以解答本题，特别是简单而有创意的方法，说是否有采用逆向思维。如能长期训练，当学生遇到有多种方法可以解答的题目时，就会对各种解法的前景作出正确的预判，并学会优化选择。

解法 3（数形结合）：

构造 $\overrightarrow{OA} = \vec{a}$，$\overrightarrow{OB} = \vec{b}$，$\overrightarrow{OC} = \vec{c}$，则 $\triangle ABC$ 为等腰直角三角形。

解法 4（数形结合）：

构造 $\overrightarrow{OA} = \vec{a}$，$\overrightarrow{OB} = \vec{b}$，$\overrightarrow{OC} = \vec{c}$，则 O 为 $\triangle ABC$ 的重心，由 $(\vec{a} - \vec{b}) \perp \vec{c}$、$\vec{a} \perp \vec{b}$ 得：$|\vec{a}| = |\vec{b}| = 1$，$|\vec{c}| = \sqrt{2}$。

教师反思 4：

解法 3、解法 4 都是利用了数形结合的方法，但是解法 4 学生基本想不到，此时教师就得提醒甚至讲解了。对于解法 4，教师要引起重视，因为由此可演变出许多题目，在此要特别强化数形结合的思想。

（5）说题目的引申推广。

在解完题目以后，需要考虑的是如果所给问题的条件变了，所用解法是不是仍然适合；如果更换条件，本题又能变成什么样的题目。经过一番推广和引申后，学生解决的就不是一道题，而是一串题，提高了学生的应变能力。

教师反思 5：

课堂上基本没有时间让学生作变式训练的推广和引申，但是可以给学生留作业，学生特别愿意作自己编出来的题，但是教师要逐一审核，也可以组织学生组成审核小组。这样不仅可以激发学生的学习积极性，还能培养学生的数学学习能力。

教育家苏霍姆林斯基（B. A. Сухомлинский，1918—1970）曾经说过："让学生体验到一种自己在亲身参与掌握知识的情感，乃是唤起少年特有的对知识的兴趣的重要条件。当一个人不仅在认识世界，而且在认识自我的时候，就能形成兴趣。没有这种自我肯定的体验，就不可能有对知识的真正的兴趣。"如果教师能走下讲台，把讲台变成学生展示自己思维的殿堂，那么学生的思维能力将得到提升，学生的智慧也将得到培养。我想这才是教育的真正意义。

三、旨在提高课堂效率的师生互动说题

（一）说题教学让数学课堂更精彩

数学说题是指学生经过认真、仔细、严谨的审题，在充分思考的基础上，运用数学语言口述探寻数学问题解决的思维过程、所采用的数学思想方法和解题策略的过程。说题不是对解题过程的简单叙述，也不是对解答

方法的简单汇总，它是在教法、学法理论指导下，将讲、议、练高度升华，让学生通过说、做，达到会学。说题既可以让教师及时补救学生暴露出来的知识缺陷，又可以培养学生的竞争意识和团队合作精神；既使学生摆脱题海战术、减负增效，又对学生综合素质的培养和思维品质的锻炼大有益处；既可以提高学生的数学解题能力和数学交流能力，又可以转变教师的教学理念。为了较好地了解学生的数学知识建构过程和真实的数学思维情况，锻炼学生的数学语言运用能力，可以在课堂上实践说题训练，说题重点是说产生过程、说错因、说变式。

（1）说产生过程。

比如，在高中数学中，数学命题是数学知识的主体，是数学推理的要素和数学证明的依据，是学生数学学习的核心内容之一，也是数学教学的重要组成部分。有些数学命题（如公理、公式、定理等）本身就可以看成一个蕴含着很多数学思想和数学方法的典型例题。在教学中，教师应适当挖掘教材之间的内在联系，发挥数学知识的教育教学功能。对于此类知识的教学，教师可以尝试让学生各抒己见，探讨"命题的获得过程"，让学生亲自参与发现困惑的情景、尝试的过程，经历探索过程的磨砺，汲取更多的思维营养，从而加深对数学知识的理解，掌握数学知识的应用，提高解题能力。

（2）说错因。

说错因就是充分利用学生的错误资源，唤醒学生的学习动机，让学生自己说解答错误的原因，引起大家共同的警示，让学生自己去体会解题过程，去总结解题规律，在纠错、改错、说错中感悟道理，掌握方法，它可以帮助我们摆脱题海战术，真正达到减负增效。实践证明，有的错误很"顽固"，只有让学生亲身"体验"了，或者经多次纠正才能改过来，因此，追究错因更有实质意义。以下是一道典型的用基本不等式求最值的问题。

【例7】若 x，$y \in \mathbf{R}$，$x + y = 1$，求 $\dfrac{5}{x} + \dfrac{2}{y}$ 的最小值。

错解展示：$\dfrac{5}{x} + \dfrac{2}{y} \geqslant 2\sqrt{\dfrac{10}{xy}} \geqslant 2 \times \dfrac{\sqrt{10}}{\dfrac{x+y}{2}} = 4\sqrt{10}$。

生1：不对。取得最小值的充要条件不满足，即前后两个不等式取"="的条件不一致，前者是 $x = \dfrac{5}{7}$，$y = \dfrac{2}{7}$，后者是 $x = y = \dfrac{1}{2}$，正确的解法

应该是：$\dfrac{5}{x} + \dfrac{2}{y} = (x + y)\left(\dfrac{5}{x} + \dfrac{2}{y}\right) = 7 + \left(\dfrac{2x}{y} + \dfrac{5y}{x}\right) \geqslant 7 + 2\sqrt{10}$。

教师再次对错误之处进行强调，并对正确的解法中如何应用条件加以补充说明，小结基本不等式 $a+b \geq 2\sqrt{ab}$ 的应用口诀"一正二定三相等"："一正"，即 a，b 必须是正数；"二定"，即要求和得最小值时积必须是定值，要求积得最大值时和必须是定值；"三相等"，即当且仅当 $a=b$ 时，才能取得最值。

（3）说变式。

说题不应只说解题的错因，教师还应对典型的、易错的题目进行条件分析、变式、归类与引申，由学生说出本质的异同，从而达到"讲一课，学一法，会一类，通一片"的效果。说变式是提高学生分析问题、解决问题能力的有效途径。

上例中，在让学生说错因的基础上，再让学生思考下面的变式和引申与原题有什么不一样的地方。

变式：（2007 年山东卷）函数 $y=a^{1-x}$（$a>0$，$a \neq 1$）的图像恒过定点 A，若 A 点在直线 $mx+ny-1=0$ 上，则 $\frac{1}{m}+\frac{1}{n}$ 的最小值是_____。

生 1：由题意知，函数恒过的定点 A 为（1，1），且 A 在直线 $mx+ny-1=0$ 上，则 $m+n=1$，然后按照例 8 的解法即可。

引申：已知 $\triangle AOB$，P 点在线段 AB 上，且 $\overrightarrow{OP}=m\overrightarrow{OA}+4n\overrightarrow{OB}$，则 mn 的最大值为_____。

学生说题是教学改革与实践中提炼出来的一种新型双边教学模式。由于要讲给其他同学听，所以自己就必须去思考并始终积极参与，实现了高中数学新课程强调的学生主体原则；同时，说题活动能够展示学生的思维过程，再现了学生的学习过程，在解题实践中完善学生的思维品质及严谨的科学态度，达成了数学新课程知识与技能、过程与方法和情感、态度与价值观的三维目标。通过说题，则教师可以更好地了解到学生的原有知识水平、思考数学问题的方式以及自主思考、分析数学问题的能力，能更多地发现学生数学学习的闪光点，同时也能让教师开拓教学视野，拓展自己的解题思路。

（二）初中数学课堂缺失的"插曲"——学生说题

针对初中数学课堂教学中存在的问题，在课堂教学中让学生说题，通过以下五个步骤，让学生找出问题的切入点、关键处，找出思维关卡，提炼数学思想方法，揭示问题本质，从而使学生对知识、方法及其内在联系有更深的理解。

(1) 让学生说解题之惑。

在学习勾股定理及其逆定理之后，设计这样一道题。

【例8】阅读下列题目的解题过程：

已知 a、b、c 为 $\triangle ABC$ 的三边，且满足 $a^2c^2 - b^2c^2 = a^4 - b^4$，试判断 $\triangle ABC$ 的形状。

$$\text{解：} \because \ a^2c^2 - b^2c^2 = a^4 - b^4, \qquad ①$$

$$\therefore \ c^2(a^2 - b^2) = (a^2 + b^2)(a^2 - b^2), \ ②$$

$$\therefore \ c^2 = (a^2 + b^2), \qquad\qquad ③$$

$$\therefore \ \triangle ABC \text{ 为直角三角形。} \qquad ④$$

问：（Ⅰ）上述解题过程中，从哪一步出现错误？请写出该步的代号_____。

（Ⅱ）错误的原因为_____。

（Ⅲ）本题的正确结论是_____。

这道题极易因忽视对它的深入理解（即忽视隐含条件 a 与 b 是否相等）造成思维定式，产生如上错解现象，并且看不出解题过程错在哪里。通过学生的说题，教师可了解到学生因想当然解题而产生漏解或错解现象的思维原因，让学生意识到解题要有根有据，不能想当然，从而培养学生解答的严密性。

(2) 让学生说解题的得意之举。

为了让学生在解题时保持兴趣，可给学生提供一些用多种方法解决问题的机会。如学了等腰三角形性质，要求学生解答。

【例9】$\triangle ABC$ 是等腰三角形，其中 $AB = AC$，倘若不小心，它的一部分被墨水涂及。想一想：有什么办法把原来的等腰 $\triangle ABC$ 重新画出来？

学生一见题后，兴趣油然而生，想出了一种方法后，兴趣不减，继续思考。结果在说题时出现了三种方法：①作 $\angle C = \angle B$；②作 BC 的中垂线；③对折。这样学生对等腰三角形概念及性质运用就有了非常深刻的印象。

(3) 让学生说解题的失败之因。

如：计算 $5x^2 + 10xy - 5y^2 + 5x^2 - 10xy - y^2$。

学生这样解答：

原式 $= (5x^2 + 5x^2) + (5y^2 - y^2) + (10xy + 10xy) = 10x^2 + 4y^2 + 20xy$。

通过学生的说题，使学生意识到做错的原因是忽视了原式中第三项和第五项的符号，移项时要连同它前面的符号一起移动。

(4) 让学生说瞬间的灵感之念。

在学习三角形的内角和知识时提出问题：如何验证"三角形三个内角的和等于$180°$"？

学生易说出小学所学的拼合实验的过程，从中得到瞬间启发作辅助线，让所作辅助线与原三角形的一边平行。学生的思维被打开，由特殊的证明方法想到一般的证明方法。

(5) 让学生说题目的变式之想。

在针对性研究两圆位置关系时，可采用以下形式。

①已知两圆的圆心距O_1O_2为 4 cm，两圆的半径R、r分别是方程$x^2-5x+6=0$的两根，试判断这两圆的位置关系。

②已知两圆的圆心距O_1O_2为 6 cm，两圆的半径R、r分别是方程$x^2-7x+3=0$的两根，试判断这两圆的位置关系。

③若两圆相离，两圆的半径R、r分别是方程$x^2-7x+3=0$的两根，试写出这两圆的圆心距范围。

接下来，让学生模仿上述题目继续编题与解题。通过这样一题多变的变式训练，学生可以更好地理解和掌握复习内容，同时发挥他们的主动性和创造能力，有利于学生拓展思路，深化思维，提高应变能力。

（三）将说题应用于课堂教学的实践与思考

说题是元认知开发的有力助手。说题不仅要求学生介绍解题过程，更要学生说出获得此解法的思考过程，这就逼迫学生去追溯自己的思维过程。说题要求学生用言语表达，这又逼迫学生去整理自己的解题思路以形成一个完整的流程。说题将内隐的思维转化为外显的言语行为，将一个个跳跃的思维点转化为一个连续的思维过程。这些内容都属于元认知的范畴，这一活动不仅可以让学生对题目的理解深入骨髓，久而不忘，还让学生体会到什么是"看得见的思维"。课堂说题既展示了学生解法的多样性，又训练了学生的数学表达、交流能力。说题充分展示了学生的口头表达能力，其难度比书面表达更大，更能反映学生对解法的理解程度。

【例10】求证：函数$f(x)=mx^2-(5m+n)x+n$（m，n是不同时为零的实数）在区间$(-1,5)$内有零点。

(1) 说题目的背景。

本题以函数零点为背景，常被称为双参数函数问题，探究此类问题具有典型的意义。

(2) 说题意。

本题是一个证明题。已知函数$f(x)=mx^2-(5m+n)x+n$（m，n是不

同时为零的实数），结论为该函数在区间$(-1, 5)$内有零点。

（3）说解法。

本题即证明方程$mx^2 - (5m + n)x + n = 0$在区间$(-1, 5)$内有解（m，n是不同时为零的实数）。由结论知，方程在$\mathbf{R}$上必有解，故判别式$\Delta \geqslant 0$。

由方程在区间$(-1, 5)$内至少有一个根，可联想到两根之间似乎应满足一个关系式（与m，n无关）。因此，建立两根之间的关系式成为解题的关键。

解法1（分类讨论）：

首先考虑两种特殊情形：

①当$m = 0$，$n \neq 0$时，$n(1 - x) = 0$，即$x = 1 \in (-1, 5)$，结论成立。

②当$m \neq 0$，$n = 0$时，$m(x^2 - 5x) = 0$，此时有$x = 0 \in (-1, 5)$，结论成立。[其中$x = 5 \notin (-1, 5)$，故舍去]

再考虑一般情形：

③当$m \neq 0$，$n \neq 0$时，

$\Delta = (5m + n)^2 - 4mn = 25m^2 + 6mn + n^2 = (3m + n)^2 + 16m^2 > 0$。

设方程$mx^2 - (5m + n)x + n = 0$的两个根为x_1、x_2，由根与系数的关系知

$$\begin{cases} x_1 + x_2 = \dfrac{n}{m} + 5 \\ x_1 x_2 = \dfrac{n}{m} \end{cases},$$

所以$x_1 + x_2 = x_1 x_2 + 5$，即$x_1 = \dfrac{x_2 - 5}{x_2 - 1}$（$x_2 \neq 1$）。

（Ⅰ）当$x_1 \in (-1, 5)$时，结论成立。

（Ⅱ）当$x_1 \in (-\infty, -1]$时，$\dfrac{x_2 - 5}{x_2 - 1} < -1$，即$x_2 \in (1, 3) \subset (-1, 5)$，结论成立。

（Ⅲ）当$x_1 \in [5, +\infty)$时，$\dfrac{x_2 - 5}{x_2 - 1} > 5$，即$x_2 \in (0, 1) \subset (-1, 5)$，结论成立。

综上各种情形可知：函数$f(x) = mx^2 - (5m + n)x + n$（$m$，$n$是不同时为零的实数）在区间$(-1, 5)$内有零点。

解法2（构造函数）：

①当$m = 0$，$n \neq 0$时，$n(1 - x) = 0$，即$x = 1 \in (-1, 5)$，结论成立。

②当$m \neq 0$时，原方程可化为$m(x^2 - 5x) = n(x - 1)$，当$x \in (-1, 5)$

时，$\dfrac{n}{m} = \dfrac{x^2 - 5x}{x - 1}$。

令 $x - 1 = t$，则 $t \in (-2, 4)$，

所以 $u = \dfrac{x^2 - 5x}{x - 1} = \dfrac{t^2 - 3t - 4}{t} = t - \dfrac{4}{t} - 3 \in \mathbf{R}$，即函数 $u = \dfrac{x^2 - 5x}{x - 1}$ 的值域

为 $\mathbf{R}$。

故不论 $\dfrac{n}{m}$ 取何实数，方程 $\dfrac{x^2 - 5x}{x - 1} = \dfrac{n}{m}$ 在区间 $(-1, 5)$ 内均有解。

综上可知，函数 $f(x) = mx^2 - (5m + n)x + n$ （m，n 是不同时为零的实数）在区间 $(-1, 5)$ 内有零点。

解法 3（零点定理）：

由已知有：$f(-1) = 6m + 2n$，$f(5) = -4n$，且 $f(0) = n$。

① 当 $m \neq 0$，$n = 0$ 时，$m(x^2 - 5x) = 0$，即 $x = 0 \in (-1, 5)$，结论成立。

② 当 $n \neq 0$ 时，$f(0) \cdot f(5) = -4n^2 < 0$，故 $f(x)$ 在区间 $(0, 5)$ 内有零点。

综上可知，函数 $f(x) = mx^2 - (5m + n)x + n$（$m$，$n$ 是不同时为零的实数）在区间 $(-1, 5)$ 内有零点。

解法 4（构造函数，结合图像）：

要证：函数 $f(x) = mx^2 - (5m + n)x + n$（$m$，$n$ 是不同时为零的实数）在区间 $(-1, 5)$ 内有零点。

即证：方程 $mx^2 - (5m + n)x + n = 0$ 在区间 $(-1, 5)$ 内有解（m，n 是不同时为零的实数）。

即证：方程 $m(x^2 - 5x) = n(x - 1)$ 在区间 $(-1, 5)$ 内有解。

分别令 $h(x) = m(x^2 - 5x)$，$\varphi(x) = n(x - 1)$。

只要证：函数 $h(x)$ 与 $\varphi(x)$ 在区间 $(-1, 5)$ 内有交点。

只讨论 $m \neq 0$，$n \neq 0$ 时的情形，分别作出 $h(x)$、$\varphi(x)$ 的图像，由图可知，函数 $h(x)$ 恒过定点 $(0, 0)$ 和 $(5, 0)$，函数 $\varphi(x)$ 恒过定点 $(1, 0)$。

因此，函数 $h(x)$ 与 $\varphi(x)$ 在区间 $(0, 5)$ 内有交点。

综上可知，函数 $f(x) = mx^2 - (5m + n)x + n$（$m$，$n$ 是不同时为零的实数）在区间 $(-1, 5)$ 内有零点。

（4）说变式与推广。

变式：函数 $f(x) = mx^2 - (5m + n)x + n$（$n \neq 0$）在区间 $(0, 5)$ 内有零点。（题目变简单了，但这才是原题的主题与核心）

推广：从图像可知区间 $(-1, 5)$ 中的 -1 其实是一个虚构的值，该值可以改为小于 0 的任何实数。（本质所在）

（5）说思想方法。

本题的解答过程用到的思想方法有分类讨论的思想、数形结合的思想、等价转化的思想、函数与方程的思想。用到了分析法、综合法、观察法、特殊化方法等思维方法，还用到了换元法、消元法、配方法等数学方法。

（四）说题，让数学习题课教学更有效

弗赖登塔尔（H. Freudenthal，1905—1990）曾提出：学习数学的唯一正确方法是实行再创造，也就是由学生本人把要学的东西自己去发现或创造出来。教师的任务是引导和帮助学生进行这种再创造，而不是把现成的知识灌输给学生。

在数学教学中，习题课是必不可少，它贯穿于整个数学教学的始终。有效的习题课教学，不仅可以帮助学生深入理解概念、深化基础知识、消除困惑、纠正存在的问题、完善知识系统，还可以培养学生分析问题、解决问题的能力，实现知识的飞跃。传统的数学习题课大多是教师选几个典型题目让学生做，然后教师帮助学生分析问题和解决问题，最后总结而已。这种传统的教学模式已经不符合新课程标准的要求，应该把新课标的理念融入习题课的教学中。在教学实践中，说题是对习题课教学改革的一种尝试。

（1）说试题的解题之"想"——想出学生的思维过程。

说题教学与传统习题课教学的最大区别在于课堂上的主角是学生，而不是教师。说题，要求学生把审题、分析、解答和回顾的思维过程展现出来。

【例 11】（2007 年湖北卷第 8 题）

已知两个等差数列 $\{a_n\}$ 和 $\{b_n\}$ 的前 n 项和分别为 A_n 和 B_n，且 $\dfrac{A_n}{B_n} = \dfrac{7n+45}{n+3}$，则使得 $\dfrac{a_n}{b_n}$ 为整数的正整数 n 的个数是（　　）。

A．2　　　　　B．3　　　　　C．4　　　　　D．5

本题主要考查等差数列的前 n 项和与第 n 项之间的联系，正确选项是 D。通过说题，发现部分学生在做题时歪打正着，同样也选 D，如下：

生 1：（错误解法）$\dfrac{a_n}{b_n} = \dfrac{A_n}{B_n} = \dfrac{7n+45}{n+3} = 7 + \dfrac{24}{n+3}$，当 $n = 1$，3，5，9，21 时，$\dfrac{a_n}{b_n}$ 为整数，故选 D。

显然这种解法是错误的，如果不及时发现，错误做法就永远埋在心里，

后患无穷，需要借机引导学生说出正确的做法。

生2：$\dfrac{a_n}{b_n} = \dfrac{A_{2n-1}}{B_{2n-1}} = \dfrac{14n+38}{2n+2} = 7 + \dfrac{12}{n+1}$，当 $n = 1$，2，3，5，11 时，$\dfrac{a_n}{b_n}$ 为整数，故选 D。（此为正确解法）

反思：只有让学生大胆说出自己的想法，教师才能发现他们错误的根源所在，教学才能有的放矢。事实上，做错了不要紧，重要的是让学生知道自己错在哪里，并且纠正这种错误的做法。

（2）说试题的条件之"改"——改出学生的合作交流。

说题，不仅要说试题的解法，还要说试题的条件。在教师合理的预设和引导下，让学生自己改动条件，共同解决问题，充分发挥学生的主观能动性和创造想象空间。

【例12】已知直线 l 过点 M (2，1)，且 l 的斜率为 -2，求直线 l 的方程。

生1：用直线的点斜式方程得 $y - 1 = -2\ (x-2)$。

师：做得很对。点斜式说明了直线仅过一定点 M 不能确定一条直线，这里的条件斜率为 -2 不能缺，能否改成其他条件呢？请在下面空格上填上一个条件，使得方程可求。

命题：已知直线 l 过点 M (2，1)，_____，求直线 l 的方程。

生1：已知直线 l 过点 M (2，1)，且 l 与直线 $y = 2x+1$ 平行，求直线 l 的方程。

生2：已知直线 l 过点 M (2，1)，且 l 与直线 $y = 2x+1$ 垂直，求直线 l 的方程。

生3：已知直线 l 过点 M (2，1)，且 l 与原点 O (0，0) 距离最远，求直线 l 的方程。

生4：已知直线 l 过点 M (2，1)，且 l 的横截距与纵截距相等，求直线 l 的方程。

此时，教师可引导学生解决该生提出的问题，果然和预设的结果一样，大部分学生能得出直线 $x + y - 3 = 0$，只有部分学生注意到还有一条直线 $x - 2y = 0$。教师及时让得出正确答案的学生说明理由，在错中纠错，可使记忆更加深刻。

生5：已知直线 l 过点 $M(2，1)$，且 l 与坐标轴围成的面积为8，求直线 l 的方程。

抓住该生的问题，及时进行拓展，如果面积小于4，这条直线就不存在，并要求学生思考一下原因，顺势为下面的预设作铺垫。

师：直线 l 与坐标轴的正半轴一定可以围成一个三角形，此三角形的面积存在最小值吗？（经过思考很快就有学生提出以下命题）

生6：已知直线 l 过点 $M(2，1)$，且 l 与坐标轴的正半轴围成的三角形面积最小，求直线 l 的方程。

教师提示此题有多种解法，请大家解决后一起交流。学生们兴头十足，有的说"设直线的斜率为 k，用点斜式表示为 $y-1=k(x-2)$"，有的说"设直线的横截距和纵截距分别为 a、b，用截距式表示为 $\frac{x}{a}+\frac{y}{b}=1$"。学生各抒己见，说明说题已经激发了他们的学习兴趣，他们感受到了合作交流、积极探索带来的乐趣。虽然此题的其他解法不能一一展现出来，但给学生提供了一个合作、探究学习的平台。

（3）说试题的结论之"换"——换出学生的探究兴趣。

说题，不仅说试题的条件改动，还要说试题的结论变换。让学生尝试改变命题的结论或变换结论和条件，可使学生对命题的内在逻辑联系有更清楚的认识，加强学生动手实践、自主探究的能力，激发学生的探究兴趣。

【例13】（2006年人教版数学2-1第二章抛物线例5）过抛物线焦点 F 的直线交抛物线于 A、B 两点，通过点 A 和抛物线顶点的直线交抛物线的准线于点 C。求证：直线 BC 平行于抛物线的对称轴。

引导学生建立如图13-9所示的坐标系，做完此题后，教师作如下引导。

师：这道题的条件和结论分别是什么？

生1：条件①直线 AB 过焦点 F，②直线 AC 经过原点 O；结论③直线 BC // x 轴。

师：回答很准确！事实上是：①②→③。请再看下面的题目。

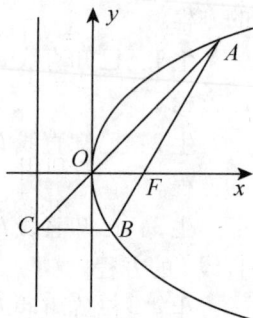

图13-9

命题1（2001年全国卷文科第20题）：设抛物线 $y^2=2px(p>0)$ 的焦点为 F，经过点 F 的直线交抛物线于 A、B 两点，点 C 在抛物线的准线上，且 BC // x 轴。证明：直线 AC 经过原点 O。

师：此题与原题比较有什么异同？

生2：把原题的结论③直线 BC // x 轴作为条件，条件②直线 AC 经过原点 O 作为结论，即①③→②。

师：回答得很好！（引来一片掌声）这是2001年的一道高考题，你们会做吗？（学生的热情顿时被激起）

由于第一题的铺垫，很快就有学生做完了此题，满脸笑容，无比自豪。

师：事实上，高考题并不那么神奇，好多题目来自教材题目的改编或深化。你们会编题吗？

生3：会，②③→①即得到以下命题。

命题2：设抛物线 $y^2 = 2px(p > 0)$ 的焦点为 F，A、B 两点在抛物线上，点 C 在准线上，直线 AC 过原点 O，$BC /\!/ x$ 轴，求证：直线 AB 过焦点 F。

师：这个命题是正确的，请你们证明一下自己改编的题目。

一石激起千层浪，学生纷纷探讨起来。大家显得特别兴奋，脸上显示出成就感。可见，让学生亲自探究，改编题目，不仅能使他们享受到成功的喜悦，更重要的是激发了他们的探究热情和兴趣。

（4）说试题的变式之"延"——延出学生的能力空间。

说题，既要说试题的条件改动，又要说试题的结论变化，还要说试题的变式引申。在习题课的教学中，通过一题多变的教学，把一些看似不同但本质上有相关的题目串联在一起，让学生说出题目之间的区别和联系，可以摆脱题海战术，在提高学生的构思、探究、推理及数据和信息处理等多方面能力的同时提高了学生解决问题的实践能力。

【例14】已知 $A(-1, 1)$，$B(1, 2)$，点 P 在 x 轴上，求 $|PA| + |PB|$ 的最小值。

生1：$A_1(-1, -1)$ 是点 A 关于 x 轴的对称点，$|PA| + |PB| = |PA_1| + |PB| \geqslant |A_1B| = \sqrt{13}$，当且仅当 A_1、B、P 三点共线时取得最小值 $\sqrt{13}$。

变式1：已知 $A(-1, 1)$，$B(1, 2)$，点 P 在 x 轴上，求 $|PA| - |PB|$ 的最大值。

生2：还是利用三角不等式 $|PA| - |PB| \leqslant |AB| = \sqrt{5}$。

师：很好，根据数形结合，充分利用几何关系解决问题。请大家再看下面的函数题。

变式2：已知 $x \in \mathbf{R}$，求函数 $f(x) = \sqrt{x^2 + 2x + 2} + \sqrt{x^2 - 2x + 5}$ 的最小值。

刚开始，学生找不到解题突破口，经过提示，学生很快找到思路。

师：此题与原题有联系吗？

生3：有。两个根式分别看作两点间的距离，通过配方得：

$$f(x) = \sqrt{x^2 + 2x + 2} + \sqrt{x^2 - 2x + 5} = \sqrt{(x+1)^2 + (0-1)^2} + \sqrt{(x-1)^2 + (0-2)^2}$$
$$= |PA| + |PB| \geqslant \sqrt{13}.$$

引申1（人教版数学必修二第115页复习题第7题）：设 $a, b, c, d \in \mathbf{R}$，求证：对于任意 $p, q \in \mathbf{R}$，有 $\sqrt{(a-p)^2 + (b-q)^2} + \sqrt{(c-p)^2 + (d-q)^2}$
$\geqslant \sqrt{(a-c)^2 + (b-d)^2}$。

生4：还是差不多。由 $A(a, b)$，$B(c, d)$，$C(p, q)$，利用两点间的距离公式，原式即 $|AC| + |BC| \geq |AB|$，当且仅当 A，B，C 三点共线时取等号。

引申2（人教版数学必修二第110页习题第8题）：已知 $0 < x < 1$，$0 < y < 1$。求证：$\sqrt{x^2 + y^2} + \sqrt{x^2 + (1-y)^2} + \sqrt{(1-x)^2 + y^2} + \sqrt{(1-x)^2 + (1-y)^2} \geq 2\sqrt{2}$。

生：数形结合，设 $P(x, y)$，$O(0, 0)$，$A(1, 0)$，$B(1, 1)$，$C(0, 1)$，

左边 $= |PO| + |PB| + |PA| + |PC|$，

因为 $|PO| + |PB| \geq |OB| = \sqrt{2}$，$|PA| + |PC| \geq |AC| = \sqrt{2}$，故左边 $\geq 2\sqrt{2}$。

师：什么时候取到等号呢？（学生根据图形很快齐口同声地回答）

生：当且仅当点 P 在正方形 $OABC$ 对角线的交点时取到。（学生露出得意的笑容）

引申3：设 x_k，$y_k(k=1, 2, 3)$ 均为非负实数，求证：

$$\sqrt{(2010 - y_1 - y_2 - y_3)^2 + x_3^2} + \sqrt{y_3^2 + x_2^2} + \sqrt{y_2^2 + x_1^2} + \sqrt{y_1^2 + (x_1 + x_2 + x_3)^2} \geq 2010。$$

面对引申3，学生的笑容凝固了，大家突然陷入一片沉思中。

师：与上面的题目相比，该题有什么区别和联系呢？

生：结构完全相同，一定也用两点间的距离公式，但不能确定合适的点。

经过引导，学生先找出容易求得的点 $O(0, 0)$，$A(0, 2010)$，$B(x_1 + x_2 + x_3, y_1)$，$D(x_3, y_1 + y_2 + y_3)$，再根据式子的结构特征，又找到了另一个点 $C(x_2 + x_3, y_1 + y_2)$，接下去，根据图形容易想到三角不等式：

左边 $= |AD| + |CD| + |BC| + |OB| \geq |AC| + |BC| + |OB| \geq |AB| + |OB| \geq |OA| = 2010$。最后，当师生一起做完此题时，教室里先是"嘘"声一片，接着便是一片掌声。可见，学生对攻破此题感到无比的自豪。

波利亚（George Polya, 1887—1985）说过："一个有责任心的教师与其穷于应付烦琐的数学内容和过量的题目，还不如适当选择某些有意义但又不太复杂的题目去帮助学生发掘题目的各个方面，在指导学生解题的过程中，提高他们的才智与推理能力。"

因此，习题课的说题教学，在课前要做好充分的准备。一要考虑所选的试题能覆盖一些重要知识点；二要考虑试题在学生的能力范围之内，能展开说；三要考虑试题能拓展延伸，提高学生的思维能力。在课中，教师要做好引导和铺垫工作，使说题在有效的范围之内顺利进行；在课后，恰当地帮助学有余力的学生消化课堂留下的拓展延伸题。

四、高等院校师范生教学技能大赛——以广东省说题比赛为例

(一) 大赛目的

提高师范生数学素养，培养师范生的教学技能，是适应当前就业需要、发展教师终身教育的需要。为了提高师范生的综合素质，教育部、各师范院校开展了多种多样的活动，如师范技能大赛（全国）、"为了明天"模拟课堂大赛（华南师范大学）、基本师范技能大赛、说课大赛等。这些活动促进了师范生在教学技能方面的发展，学生在模拟课堂教学中的表现越来越好。然而，数学教学不仅仅是基本的导入、讲演、板书等技能，更加注重数学思维的过程，强调数学的思想和方法。教师不仅要表达清晰、板书合理，还要讲解背景、展现思维、灵活变化、适度拓展等。因此，数学教学技能的培养需要更加具有针对性的手段。

说题是教师基于数学教育理论和解题理论，面向同行、专家或教研人员，以口头表达为主，以其他教具为辅，表述对某个数学问题解决的综合情况，包括选题的意义、解析题意、思维方法、探寻思路、归纳比较、拓展推广、达成目标、解题的教育价值等，并与听者共同研讨问题的适用性、问题的解法、对学生理解数学的作用，以及对提高学生数学素养的价值等。

说题更加有利于培养师范生的数学教学能力，同时也将促进他们数学素养的发展。为此，我们开展说题大赛，从数学学科的角度，使师范生在数学理解、教学能力、组织能力等方面获得提升。

(二) 大赛简介

说题大赛包括书面说题和口头说题两个环节，即笔试和答辩。

（1）笔试：笔试环节是学生进行解题，题目均属于高中中等难度的试题，强调数学概念、定理的应用。

（2）答辩：答辩的内容主要包括说题目、说思路、说思想（方法）、说推广、说价值等。

(三) 从说题比赛的笔试谈数学解题

笔试考查的就是参赛选手的解题能力，参赛选手需要在规定的时间内解答三道问题，并分析解题思路、数学思想方法和题的推广。因此，我们首先得聚焦"说题比赛"真题，从真题中去探索"说题比赛"的出题方向

和解题的基本技巧、使用的数学思想方法。

2013 年第一届广东省数学专业师范生教学技能大赛笔试题

（考试时间：60 分钟）

答题要求：请解答下列各题，并分析解题思路、数学思想方法和题的推广。每题各 35 分，其中解答 20 分；分析解题思路、数学思想方法和题的推广 15 分。

1. 如图，矩形 $ABCD$ 的一边在直角坐标系中的 x 轴上，折叠边，使点 D 落在 x 轴上点 F 处，折痕为 AE，已知 $AB = 8$，$AD = 10$，并设点 B 坐标为 $(m, 0)$，其中 $m > 0$。

(1) 求点 E，F 的坐标（用含 m 的式子表示）；

(2) 连接 OA，若 $\triangle OAF$ 是等腰三角形，试求 m 的值。

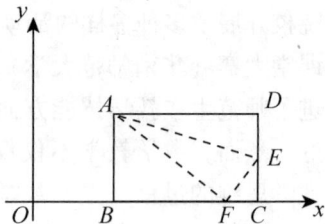

图13-10

解题分析：

本题第一问根据折叠的对称性和已知条件，$AF = AD = 10$，$FE = DE$，可在 $Rt\triangle ABF$ 中求得 $BF = 6$，进而可求 $FC = 4$。再设 $EF = x$，则 $EC = 8 - x$，可在 $Rt\triangle ECF$ 中求得 $x = 5$，$EC = 3$。由于点 B 坐标为 $(m, 0)$，则点 E，F 的坐标分别为 $E(m+10, 3)$，$F(m+6, 0)$。

第二问采用分类讨论的思想，当 $\triangle OAF$ 是等腰三角形时，腰有下列三种情况：$AO = AF$，$OF = AF$，$AO = OF$，分别求解可得 $m = 6$，$m = 4$，$m = \dfrac{7}{3}$。

2. 试证明平面向量基本定理。

如果 $\vec{e_1}$，$\vec{e_2}$ 是同一平面内两个不共线的向量，那么对于这一平面内的任一个向量 $\vec{a}$，有且只有一对实数 λ_1，λ_2，使 $\vec{a} = \lambda_1 \vec{e_1} + \lambda_2 \vec{e_2}$。

解题分析：

本题要求证明平面向量基本定理，定理属于高中的基础知识，由于应试教育的弊端，大多数学生注重理论的应用，而对理论的证明则不太关注。该定理考查的就是对理论知识的证明，为现今的教育模式敲响警钟，提醒大家注重基础理论的掌握。

本题要求参赛选手掌握必备的理论知识，利用分类讨论的思想，完成定理的证明，并给出问题的推广。从整体上看，本题需要证明存在性和唯一性两个方面：存在性需要分为向量 $\vec{a}$ 与非零向量 $\vec{e_1}$（或 $\vec{e_2}$）平行和向量

$\overrightarrow{a}$ 与不共线的向量 $\overrightarrow{e_1}$，$\overrightarrow{e_2}$ 均不平行两种情形，平行时又得分方向相同和方向相反两种情形；唯一性通常采用反证法加以证明。

3. 某快递公司在一条直线道路上有 n（$n \geq 2$）个送货点，现要在该直线上设立一个货物分发点，请研究：该分发点设在何处，可使各个送货点与其距离的总和最小？

解题分析：

本题考查的是由特殊到一般和分类讨论的数学思想方法，先通过在 $n = 2$，$n = 3$，$n = 4$ 的特殊情形下探讨分发点的设立位置，进而归纳出一般情况下，分发点该如何设立。通过简单的数形结合，我们很容易解决 n 取有限值时分发点的设立问题，对于一般的情形，问题的讨论还是有一定难度的。

（四）从说题比赛的答辩谈数学说题

这里所说的说题指的是参赛选手在规定的时间（15 分钟）内简单扼要地将自己的解题思路说出来，包括分析解题思路、所使用的数学思想方法和题的推广，并回答评委的提问。为提高说题成绩，有创造性的解题方法、清晰的说题过程、回答问题时敏捷的思维是不可或缺的。

2013 年第一届广东省数学专业师范生教学技能大赛笔试题
（考试时间：60 分钟）

答题要求：请解答下列各题，并分析解题思路、数学思想方法和题的推广。每题各 35 分，其中解答 20 分；分析解题思路、数学思想方法和题的推广 15 分。

1. 如图，矩形 $ABCD$ 的一边在直角坐标系中的 x 轴上，折叠边，使点 D 落在 x 轴上点 F 处，折痕为 AE，已知 $AB = 8$，$AD = 10$，并设点 B 坐标为 $(m, 0)$，其中 $m > 0$。

（1）求点 E，F 的坐标（用含 m 的式子表示）；

（2）连接 OA，若 $\triangle OAF$ 是等腰三角形，试求 m 的值。

说题分析：

本题考查折叠、勾股定理和分类讨论思想的运用。说题时第一问要说清楚求点 E，F 的坐标需要哪些量，这些量又可以与哪些量建立起联系，进而探讨可以在哪些三角形当中求得需要的数据。本题通过已知与未知、问题和结论之间的环环相扣，考查参赛选手的语言表达、概括和组织能力。第二问说清楚当 $\triangle OAF$ 是等腰三角形时，需要分三种情况进行讨论。本题可将折叠推广为旋转，图形的旋转与折叠是中学数学的一个重要内容，由于图形的旋转与折叠只改变图形的位置，不改变图形的形状及大小，因而在图形的旋转、折叠变换中，保持了许多图形定量的不变性，如图形中线段的长短不变、图形中角的大小不变等。这些图形定量的不变性，在初中几何全等型问题的解决中，具有很重要的运用价值，一些要通过作辅助线进行全等证明的数量关系，由图形的旋转（折叠）变换就可以直接得到。

2. 试证明平面向量基本定理。

如果 $\vec{e_1}$，$\vec{e_2}$ 是同一平面内两个不共线的向量，那么对于这一平面内的任一个向量 $\vec{a}$，有且只有一对实数 λ_1，λ_2，使 $\vec{a} = \lambda_1 \vec{e_1} + \lambda_2 \vec{e_2}$。

说题分析：

本题考查是分类讨论、数形结合、转化（化归）等思想方法的灵活运用。说题时需要将清晰、全面的思路说出来，首先指出本题的结论包括存在性和唯一性两方面的证明，然后结合题意说明向量 $\vec{a}$ 与不共线的向量 $\vec{e_1}$，$\vec{e_2}$ 的关系：向量 $\vec{a}$ 与其中一个向量平行；向量 $\vec{a}$ 与 $\vec{e_1}$，$\vec{e_2}$ 两向量均不平行。平行时又分同向和反向两种情况加以证明，均不平行时结合三向量共面，利用数形结合，由向量三角形法可得结论。本题可推广到三维和 n 维情形。向量是近代数学中重要和基本的数学概念，是沟通代数、几何与三角函数的一种工具，它有着极其丰富的实际背景，又有着广泛的实际应用，因此，它有很高的教育价值。平面向量基本定理揭示了平面向量的基本关系和基本结构，是进一步研究向量问题的基础，是进行向量运算的基本工具，是解决向量或利用向量解决问题的基本手段。平面向量基本定理蕴含了一种十分重要的数学思想——转化思想，因此，它有着十分广阔的应用空间。

3. 某快递公司在一条直线道路上有 n（$n \geq 2$）个送货点，现要在该直线上设立一个货物分发点，请研究：该分发点设在何处，可使各个送货点与其距离的总和最小？

说题分析：

本题考查的是由特殊到一般、数形结合与分类讨论的数学思想方法，通过特殊情形下分发点的设立位置归纳出一般情况下分发点该如何设立。对一般的情形，参赛选手需要以清晰的语言描述自己的解题思路。本题的推广也值得深思，可推广到三角形内到各顶点的距离之和最小的点（即 Fermat 点），以及三角形的内角在不同限制条件下的情形，还可以推广到凸四边形对角线的交点就是该四边形的 Fermat 点。

参考文献

［1］教育部. 全日制义务教育数学课程标准（实验稿）［M］. 北京：北京师范大学出版社，2001.

［2］教育部. 普通高中数学课程标准（实验）［M］. 北京：人民教育出版社，2003.

［3］付道春. 新课程中教学技能的变化［M］. 北京：首都师范大学出版社，2003.

［4］孙连众. 中学数学微格教学教程［M］. 北京：科学出版社，1999.

［5］孟宪恺. 微格教学基本教程［M］. 北京：北京师范大学出版社，1992.

［6］奚定华. 数学教学设计［M］. 上海：华东师范大学出版社，2001.

［7］孙立仁. 微格教学理论与实践研究［M］. 北京：科学出版社，1997.

［8］张奠宙，宋乃庆. 数学教育概论［M］. 北京：高等教育出版社，2004.

［9］王尚志. 数学教学研究与案例［M］. 北京：高等教育出版社，2006.

［10］［美］德瓦爱特·爱伦，王维平. 微格教学［M］. 北京：新华出版社，1995.

［11］［美］Donald R. Cruickshank，Deborah L. Bainer，Kin K. Metcalf. 教学行为指导［M］. 北京：中国轻工业出版社，2003.

［12］邵利，罗世敏. 中学数学课堂教学技能实训教程［M］. 北京：科学出版社，2011.

［13］奚根荣. 初中数学有效教学实用课堂教学艺术［M］. 北京：世界图书出版公司，2009.

［14］王晓军. 数学课堂教学技能与微格训练［M］. 杭州：浙江大学出版社，2011.

［15］叶雪梅. 数学微格教学［M］. 厦门：厦门大学出版社，2010.

［16］范建中，高惠仙. 微格教学教程［M］. 北京：北京师范大学出版社，2010.

［17］杨国全. 课堂教学技能训练指导［M］. 北京：中国林业出版社，2001.

［18］朱家生，施珏. 中学数学课堂教学技能训练［M］. 长春：东北师

范大学出版社，2002.

［19］王秋海. 数学课堂教学技能训练［M］. 上海：华东师范大学出版社，2008.

［20］胡淑珍. 教学技能［M］. 长沙：湖南师范大学出版社，2000.

［21］陈晓慧. 教学设计［M］. 北京：电子工业出版社，2005.

［22］涂荣豹，王光明，宁连华. 新编数学教学论［M］. 上海：华东师范大学出版社，2006.

［23］何小亚，姚静. 中学数学教学设计［M］. 北京：科学出版社，2012.

［24］罗新兵，王光生. 中学数学教材研究与教学设计［M］. 西安：陕西师范大学出版社，2010.

［25］许高厚，施铮，魏济华，郑维新，张永祥. 课堂教学艺术［M］. 北京：北京师范大学出版社，1997.

［26］荣静娴，钱舍. 微格教学与微格教研［M］. 上海：华东师范大学出版社，2000.

［27］孙正川，王文，高仕汉. 课堂教学技能训练［M］. 武汉：华中理工大学出版社，1999.

［28］付建明. 课堂教学基本技能训练［M］. 杭州：浙江大学出版社，1995.

［29］张磊，张君敏. 数学教学技能与案例设计研究［M］. 广州：暨南大学出版社，2013.

［30］陈正顺. 数学问题解决的思维过程［J］. 教育教学论坛，2010（19）.

［31］陶弘标. 课堂教学的结尾艺术［J］. 青年教师，2011（4）.

［32］巫海华. 对数学"说题"活动的几点思考［J］. 中学课程辅导，2013（19）.

［33］成克利. 中学数学教学中开展说题活动的实践与认识［J］. 数学教育学报，2001，10（2）.

［34］翁凯庆，马岷兴. 研究性教学探索［J］. 数学教育学报，2000，9（2）.

［35］陈柏良. 中学数学教学中开展说题活动的实践与思考［J］. 数学教学通讯，2002（6）.

［36］白锋. 说题——提升数学教师教学能力的助推器［J］. 语数外学习·教学参考，2013（4）.

［37］王秋生，邵琼. 也谈"说题"［J］. 中学数学月刊，2013（9）.

［38］许俊君. "说题"的实践与思考［J］. 中学数学教学导航（高中版），2013（7）.

［39］杨威. 一种新的教研活动——"说题"［J］. 数学通讯，2011（5）.

［40］郁来雷. 观摩一次说题比赛的几点感受［J］. 中学数学杂志，2011（11）.

［41］蓝小军. "说题"教学让数学课堂更精彩［J］. 师道·教研，2012，（12）.

［42］周俊敏. 初中数学"说题"的探究［J］. 中国科教创新导刊，2013（6）.

［43］陶树新. 初中数学课堂缺失的"插曲"——学生的说题［J］. 教师，2013（21）.

［44］杨丽华. 将"说题"应用于课堂教学的实践与思考［J］. 中学数学，2013（1）.

［45］汪志强. 如何"说题"，数学习题课教学才更有效［J］. 数学教学通讯（教师版），2010（5）.